Abstecher
Seiten 72 – 85
Stadtplan 1 – 8

Alfama
Seiten 30 – 39
Stadtplan 7, 8

BAIXA

BAIRRO ALTO
UND ESTRELA

ALFAMA

**Bairro Alto
und Estrela**
Seiten 48 – 59
Stadtplan 4, 7

Baixa
Seiten 40 – 47
Stadtplan 4, 7

Vis-à-Vis

LISSABON

Vis-à-Vis

LISSABON

Hauptautorin: Susie Boulton

DORLING KINDERSLEY
LONDON • NEW YORK • MÜNCHEN
MELBOURNE • DELHI
www.dk.com

Ein Dorling Kindersley Buch

www.traveldk.com

Texte Susie Bolton, Clive Gilbert, Peter Gilbert, Sarah McAlister,
Norman Renouf, Joe Staines, Martin Symington, Tomas Tranæus

Fotografien Linda Whitwam, Peter Wilson

Illustrationen
Isidoro González-Adalid Cabezas/Acanto Arquitectura y Urbanismo,
Paul Guest, Claire Littlejohn, John Woodcock, Martin Woodward

Kartografie
Neil Cook, Maria Donnelly (Colourmap Scanning Ltd.),
David Murphy, Phil Rose Jennifer Skelley,
Leanne Wright (Lovell Johns Ltd.)

Redaktion und Gestaltung *Dorling Kindersley Ltd., London:*
Douglas Amrine, Claire Folkard, Ferdie McDonald, Jim Evoy,
Anthea Forlee, Vanessa Hamilton, Carolyn Hewitson,
Francesca Machiavelli, Rebecca Miles, Alice Peebles,
Nicoal Rodway, Alison Stace

© 1997, 2012 Dorling Kindersley Limited, London
Titel der englischen Originalausgabe:
Eyewitness Travel Guide *Lisbon*
Zuerst erschienen 1997 in Großbritannien
bei Dorling Kindersley Ltd. London
A Penguin Company

Für die deutsche Ausgabe:
© 1998, 2012 Dorling Kindersley Verlag GmbH, München

Aktualisierte Neuauflage 2012 / 2013

Alle Rechte vorbehalten, Reproduktionen, Speicherung in Daten-
verarbeitungsanlagen, Wiedergabe auf elektronischen, fotomechanischen
oder ähnlichen Wegen, Funk und Vortrag – auch auszugsweise – nur mit
schriftlicher Genehmigung des Copyright-Inhabers.

Programmleitung Dr. Jörg Theilacker, Dorling Kindersley Verlag
Projektleitung Stefanie Franz, Dorling Kindersley Verlag
Übersetzung Dr. Eva Dempewolf, Petra Dubilski,
Werner Geischberger, Ulrike Hollmann,
Christian Quatmann und Monika Gerwin
Redaktion Brigitte Maier, Konzept & Text, München;
Matthias Liesendahl, Berlin
Schlussredaktion Philip Anton, Köln
Satz und Produktion Dorling Kindersley Verlag, München
Lithografie Colourscan, Singapur
Druck L. Rex Printing Co. Ltd., China

ISBN 978-3-8310-1855-0
10 11 12 14 13 12

Dieser Reiseführer wird regelmäßig aktualisiert. Angaben wie
Telefonnummern, Öffnungszeiten, Adressen, Preise und Fahrpläne
können sich jedoch ändern. Der Verlag kann für fehlerhafte oder
veraltete Angaben nicht haftbar gemacht werden. Für Hinweise,
Verbesserungsvorschläge und Korrekturen ist der Verlag dankbar.
Bitte richten Sie Ihr Schreiben an:

Dorling Kindersley Verlag GmbH
Redaktion Reiseführer
Arnulfstraße 124 • 80636 München
travel@dk-germany.de

◁ **Das Castelo de São Jorge bei Nacht** *(siehe S. 38f)*
◁◁ **Umschlag: Triumphbogen an der Praça di Comércio** *(siehe S. 47)*

Inhalt

Manuelinischer Kreuzgang, Mosteiro dos Jerónimos *(siehe S. 66f)*

Lissabon stellt sich vor

Festlich geschmückte Statue des heiligen Antonius *(siehe S. 25)*

KARL LUDWIG SCHWEISFURTH
GÜNTER ALTNER
HANS-GÜNTHER KAUFMANN

Schlachten?

Ehrfurcht vor dem Leben
Den Tieren die Würde zurückgeben

48 Seiten, 24 x 24 cm, durchgehend bebildert
Text deutsch/englisch
ISBN 978-3-932949-88-3

Bestellungen über die Schweisfurth-Stiftung,
Südliches Schloßrondell 1, 80638 München
E-Mail: cthomas@schweisfurth.de
Preis: 10,– Euro zzgl. Portokosten
Bankverbindung: GLS-Bank, Konto 820 080 8000, BLZ 430 609 67

WESTEND

Andreas Schlumberger
50 einfache Dinge, die Sie tun können, um die Welt zu retten

256 Seiten mit einem Vorwort von Ernst Ulrich von Weizsäcker. Gebunden

Was kann man als Einzelner schon gegen Dinge wie die globale Erwärmung oder den ökologischen und sozialen Raubbau ausrichten? Eine ganze Menge – und nebenbei lässt sich auch noch Geld sparen. Ob Haushalt, Mobilität oder Ernährung: Überall verstecken sich Ausgabequellen, die der Umwelt schaden und das Portemonnaie belasten. Sie lassen sich clever umgehen, nahezu ohne Komfortverzicht und ohne am bisherigen Lebensstil zu rütteln.

»Ein empfehlenswertes Buch!«
Greenpeace

»Alle Vorschläge taugen dazu, das Gefühl der eigenen Ohnmacht im Angesicht gravierender Umweltprobleme zu nehmen.«
Dr. Ernst Ulrich von Weizsäcker,
Deutscher Umweltpreis 2008

11/1008/01/L

Blick vom Elevador de Santa Justa über die Baixa auf die Kathedrale

Die Stadtteile Lissabons

Zu Gast in Lissabon

Padrão dos Descobrimentos, Belém *(siehe S. 68f)*

Häuser im historischen Maurenviertel Alfama *(siehe S. 30–39)*

Palácio da Pena, Sintra *(siehe S. 104f)*

Benutzerhinweise

Dieser Reiseführer soll Ihnen helfen, Lissabon von seinen schönsten Seiten kennenzulernen. *Lissabon stellt sich vor* beschreibt die Stadt in ihren historischen und kulturellen Zusammenhängen und geht auf die Highlights jedes Lissabon-Besuchs ein. Das Kapitel *Die Stadtteile Lissabons* informiert mit vielen Fotos, Karten und Illustrationen über alle Sehenswürdigkeiten. Dabei führt der Abschnitt *Küstenregion Lissabon* in die nähere Umgebung. Im Kapitel *Zu Gast in Lissabon* finden Sie Vorschläge zu Hotels, Restaurants, Shopping und Unterhaltung. Die *Grundinformationen* helfen mit praktischen Tipps bei der Planung und vor Ort.

Die Stadtteile Lissabons

Lissabon ist in diesem Buch in fünf Areale unterteilt. Jedes Kapitel beginnt mit einer Auflistung der Hauptsehenswürdigkeiten. Diese sind mit Nummern versehen, die Sie auf den *Stadtteil-* und *Detailkarten* und in gleicher Reihenfolge auch im Text wiederfinden.

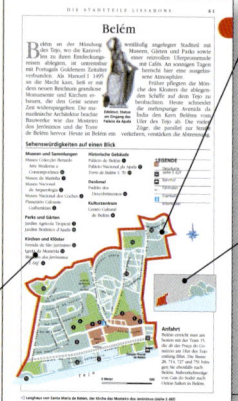

1 Stadtteilkarte
Hier sehen Sie den gesamten Stadtteil mit allen Sehenswürdigkeiten. Alle Attraktionen sind nummeriert und auch im Stadtplan (S. 166–179) *und auf der* Extrakarte *zu finden.*

Eine Orientierungskarte zeigt die Lage des beschriebenen Stadtteils.

Jedes Kapitel erkennen Sie an der Farbcodierung.

Sehenswürdigkeiten auf einen Blick listet das Wichtigste auf: Kirchen, Museen und Sammlungen, historische Gebäude und Parkanlagen.

2 Detailkarte
Aus der Vogelperspektive wird das Zentrum eines Stadtteils gezeigt.

Die Routenempfehlung führt Sie durch die interessantesten Straßen.

Sterne bezeichnen herausragende Sehenswürdigkeiten, die Sie nicht versäumen sollten.

3 Detaillierte Informationen
Alle Sehenswürdigkeiten Lissabons sind einzeln beschrieben – mit Adressen und praktischen Infos. Die dabei verwendeten Symbole werden auf der hinteren Umschlagklappe erklärt.

1 Küstenregion Lissabon
Das Kapitel Küstenregion Lissabon *bietet eine Einführung, in der Landschaft, Charakter und Attraktionen der »Costa de Lisboa« kurz vorgestellt werden. Die* Regionalkarte *auf den Seiten 94f führt Sie zu den Seebädern und den historischen Städten mit ihren prächtigen* palácios.

Stadtplan *siehe Seiten 166–179.*
Karte *Extrakarte zum Herausnehmen.*

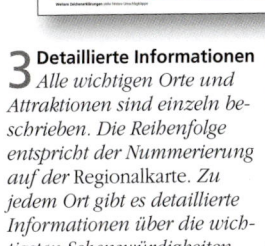

2 Regionalkarte
Diese Karte zeigt das Straßennetz und eine Übersicht der Region. Alle Sehenswürdigkeiten sind nummeriert. Die Regionalkarte *gibt auch hilfreiche Tipps zur Erkundung der Gegend.*

Das Kapitel *Küstenregion Lissabon ist grün markiert.*

3 Detaillierte Informationen
Alle wichtigen Orte und Attraktionen sind einzeln beschrieben. Die Reihenfolge entspricht der Nummerierung auf der Regionalkarte. *Zu jedem Ort gibt es detaillierte Informationen über die wichtigsten Sehenswürdigkeiten.*

Textkästen liefern Hintergrundinformationen.

Die Infobox enthält praktische Informationen, die für einen Besuch wichtig sind.

4 Hauptsehenswürdigkeiten
Den Highlights sind zwei oder mehr Seiten gewidmet. Historische Gebäude werden perspektivisch dargestellt. Bei Museen und Sammlungen erleichtern Ihnen farbige Grundrisse die Orientierung.

Lissabon
stellt sich vor

Vier Tage in Lissabon

Lissabon steckt voller Überraschungen. Dies spürt man in den vielen versteckten Winkeln der Stadt besonders deutlich. Lassen Sie sich von der überwältigend schönen Architektur fesseln, verweilen Sie auf hinreißenden Plätzen und erforschen Sie das maurische

Goldene Spange im Mosteiro dos Jerónimos

Vermächtnis in den Straßen von Alfama. Die Seitenverweise führen zu weiteren Informationen, mit denen Sie den Tag ganz nach Ihren Wünschen gestalten können. In den Preisangaben sind die Kosten für Fahrten, Eintritt und Essen enthalten.

Blick auf São Vicente de Fora und die Kuppel von Santa Engrácia

Historisches Lissabon

- **Prachtvolle Kathedrale: Sé**
- **Alfama und Blick auf die Stadt vom Castelo**
- **Mittagessen in den ältesten Straßen der Stadt**
- **Hügeliges Graça**

Zwei Erwachsene ab 70 €

Vormittags
Starten Sie in Lissabons romanischer Kathedrale **Sé** *(siehe S. 36)* aus dem 12. Jahrhundert. Im Kreuzgang werden maurische Bauten ausgegraben. Begeben Sie sich anschließend aus der Stille der Kathedrale in das Straßengewirr von **Alfama** *(siehe S. 32f)*. Steigen Sie – oder fahren Sie mit der Tram 28 – hinauf zum **Castelo de São Jorge** *(siehe S. 38f)* und genießen Sie den Ausblick.

Sie können in den Lokalen an der Burg zu Mittag essen oder Sie machen sich auf den Weg ins **Restô do Chapitô** *(siehe S. 131)* – Restaurant und Schule für darstellende Künste zugleich – mit schöner Aussichtsterrasse.

Nachmittags
Zur Graça, dem höchsten Areal im Stadtzentrum, führt ein steiler Fußweg oder eine kurze Fahrt mit der Tram. Hier tummeln sich weniger Besucher. Es herrscht eine ganz andere Atmosphäre als am Castelo oder in Alfama. Genießen Sie den Blick vom **Miradouro da Graça** *(siehe S. 37)*. Entspannen können Sie sich im Café an der Igreja da Graça unter Pinien. Folgen Sie den Schienen der Straßenbahn entlang der Rua do Voz do Operário zur Renaissance-Fassade von **São Vicente de Fora** *(siehe S. 34)*. Das angrenzende Kloster ist mit Azulejos gefliest. Gehen Sie zur benachbarten **Santa Engrácia** *(siehe S. 35)*, einer der reizvollsten Kirchen Lissabons. Fahren Sie dann mit der Tram 28 zum **Chiado** *(siehe S. 52f)*. Hier können Sie shoppen oder die interessante Ruine der **Igreja do Carmo** *(siehe S. 52)* besichtigen. Im **Solar do Vinho do Porto** *(siehe S. 54)* im Bairro Alto können Sie den Ausflug mit einem Glas Portwein beschließen.

Kunst und Stiere

- **Zeitgenössische Kunst im eindrucksvollen CulturGest**
- **Restaurierte neomaurische Stierkampfarena**
- **Kunst von Weltrang und Mittagessen im Gulbenkian**

Zwei Erwachsene ab 50 €

Vormittags
Genießen Sie Architektur und die aktuelle Ausstellung im **CulturGest** (Gebäude der Caixa Geral de Depósitos, 1 Rua do Arco de Cego), einer wichtigen Einrichtung für zeitgenössische Kultur. Den Kontrast dazu bildet der **Campo Pequeno** *(siehe S. 80)*, ein wunderbarer maurischer Nachbau und Lissabons Stierkampfarena seit 1892. An der Südseite befindet sich der Palácio Galveias (17. Jh.), einst im Besitz der vom Unglück verfolgten Familie Távora *(siehe S. 71)*. Heute beherbergt er die Stadtbibliothek. Essen Sie im **Museu Calouste Gulbenkian** *(siehe S. 76–79)* zu Mittag, bevor Sie sich die faszinierende Kunstsammlung ansehen.

Klassische Marmorstatue im Museu Calouste Gulbenkian *(siehe S. 76–79)*

◁ **Südportal des Mosteiro dos Jerónimos** *(siehe S. 66f)*

Nachmittags

Nehmen Sie sich Zeit für das Gulbenkian, das eine der erlesensten Kunstsammlungen der Welt präsentiert. Im selben Komplex finden Sie auch das **Centro de Arte Moderna** (*siehe S. 80*), das Museum für zeitgenössische Kunst, sowie einen schönen Park. Steigen Sie den kurzen Weg hinauf zum **Parque Eduardo VII** (*siehe S. 75*) und entspannen Sie im Freiluftcafé **Linha d'Água** (*siehe S. 136f*). Gehen Sie über die Straße, schlendern Sie durch den Park und genießen Sie den Blick auf die Stadt und den Fluss.

Die Torre de Belém (*siehe S. 70*), eines der Wahrzeichen Lissabons

Ein Tag am Fluss

- **Alte und neue Schätze in Belém**
- **Lebhaftes Viertel: Alcântara**
- **Kunst und Geschichte im Museu de Arte Antiga**

Zwei Erwachsene ab 70 €

Vormittags

Die Tram 15 bringt Sie an die Mündung des Tejo nach **Belém** (*siehe S. 60–71*). Sie können auch früher aussteigen und die Promenade am Flussufer entlangspazieren. Belém ist historisch interessant und reich an Sehenswürdigkeiten. Das prächtige **Mosteiro dos Jerónimos** (*siehe S. 66f*) und die **Torre de Belém** (*siehe S. 70*) sind zwei historische Juwele, während das **Centro Cultural de Belém** (*siehe S. 68*) die

Moderne vertritt. In Belém findet man viele Restaurants an der Rua de Belém und der Rua Vieira Portuense.

Nachmittags

Gehen oder fahren Sie zurück nach Alcântara. Clubs, Restaurants und spannende Projekte zur Stadterneuerung bestimmen die Atmosphäre in diesem Teil Lissabons. Im Osten, an der Grenze zu Lapa, steht unübersehbar ein *palácio* mit dem **Museu Nacional de Arte Antiga** (*siehe S. 56f*).

Familientag

- **Modern und eindrucksvoll: Parque das Nações**
- **Meeresflora und -fauna in Lissabons Aquarium**
- **Quinta Pedagógica: Tiere auf dem Bauernhof**

Familie (4 Personen) ab 150 €

Vormittags

Aus der Seilbahn im **Parque das Nações** (*siehe S. 81*) haben Sie einen grandiosen Blick auf den Ponte Vasco da Gama, Europas längste Brücke. Im Park gibt es einen Fahrradverleih und einen Bereich für Inlineskater und Skateboarder. Hauptattraktion ist allerdings das riesige Aquarium **Oceanário de Lisboa** (*siehe S. 81*). Bei der Öffnung (um 10 Uhr) und um die Mittagszeit ist die Warteschlange am Eingang am kürzesten. Ein weiteres Highlight ist der Pavilhão do Conhe-

Der Ponte Vasco da Gama (*siehe S. 81*), die längste Brücke Europas

cimento – Ciencia Viva, ein Wissenschaftsmuseum mit Exponaten »zum Anfassen«. Im Park findet man »schwimmende« Restaurants und Lokale am Ufer. Im benachbarten Shopping-Center Vasco da Gama gibt es ein Fast-Food-Restaurant.

Nachmittags

Vom Parque das Nações aus erreicht man die **Quinta Pedagógica dos Olivais** (Rua Cidade Lobito, Olivais Sul) mit der Metro und einem kurzen Fußmarsch recht schnell. Der kleine Bauernhof befindet sich mitten in einem Wohngebiet und zeigt Kindern die landwirtschaftlichen und handwerklichen Traditionen Portugals. Natürlich gibt es hier auch Hühner, Gänse, Ziegen, Esel, Pferde und Kühe zu sehen. Die Quinta ist bis 17.30 Uhr geöffnet, Führungen müssen im Voraus gebucht werden.

Moderne Kunst und Architektur im Parque das Nações (*siehe S. 81*)

Lissabon auf der Karte

Lissabon (Lisboa), die Hauptstadt Portugals, liegt im Südwesten des Landes an der Atlantikküste. Die Stadt ist rund 300 Kilometer von der Algarve im Süden und etwa 400 Kilometer vom Minho im Norden entfernt. Lissabon ist das politische, wirtschaftliche und kulturelle Zentrum des Landes. Die Stadt erstreckt sich an den steilen Hängen am Nordufer des Tejo. Der Großraum Lissabon umfasst etwa 1000 Quadratkilometer und hat rund drei Millionen Einwohner, die eigentliche Stadt rund 545 000. Lissabon wird als Reiseziel immer beliebter, denn durch die Nähe der Stadt zur Küste lassen sich hier Sightseeing und Badeurlaub ideal verbinden.

Luftaufnahme von Lissabon mit Blick auf den Tejo

0 Kilometer   100

LEGENDE

- ✈ Internationaler Flughafen
- ⛴ Fährhafen
- Autobahn
- Hauptstraße
- Nebenstraße
- Eisenbahn
- Staatsgrenze

Pontevedra
Ourense
Vigo
A52
Minho
A540
A9
NS25
A27
A3
A28
Viana do Castelo
Braga
A7
Guimarães
A4
Porto
Douro
A1
A29
A25
Viseu
Aveiro
A24
IP3
Figueira da Foz
Coimbra
A17
A1
A14
Leiria
Zêzere
A23
A8
Tejo
Santarém
A21
A1
A13
LISBOA (LISSABON)
A6
Évora
Setúbal
A2
Sado
IC1
IP8
IP
Beja
Sines
IP2
A2
N120
Portimão
A22
Albufeira
Faro

PORTUGAL

ATLANTISCHER

OZEAN

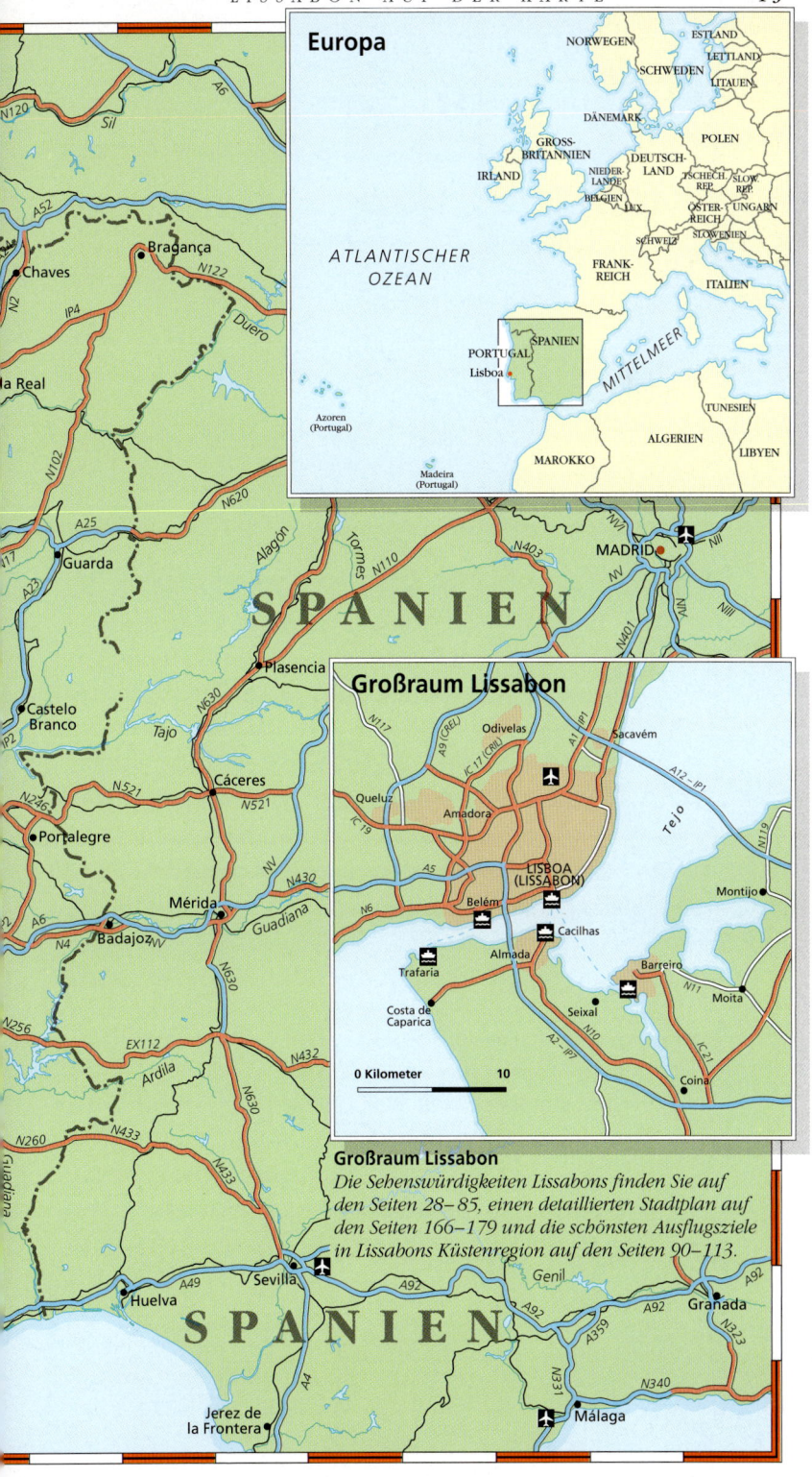

Europa

NORWEGEN
ESTLAND
SCHWEDEN
LETTLAND
LITAUEN
DÄNEMARK
GROSS-
BRITANNIEN
POLEN
DEUTSCH-
LAND
IRLAND
NIEDER-
LANDE
TSCHECH.
REP.
SLOW.
REP.
BELGIEN
LUX
ÖSTER-
REICH
UNGARN
SCHWEIZ
SLOWENIEN

ATLANTISCHER
OZEAN

FRANK-
REICH

ITALIEN

MITTELMEER

SPANIEN

PORTUGAL
Lisboa

TUNESIEN

Azoren
(Portugal)

ALGERIEN

LIBYEN

MAROKKO

Madeira
(Portugal)

N120
Sil
A6
A52
Bragança
N122
Chaves
N2
IP4
Duero
a Real
N102
Guarda
A25
N620
N403
MADRID
N110
NV
Alagón
Tormes
N117
NIII
NI
S P A N I E N
Plasencia
N630
Tajo
Castelo
Branco
IP2
N521
Cáceres
N521
N246
NV
N430
Portalegre
Mérida
Guadiana
A6
N630
Badajoz
NV
N4
N256
EX112
Ardila
N432
N630
N260
N433
N433
Guadiana
N256

Großraum Lissabon

N117
A9 (CREL)
Odivelas
Sacavém
IC 17 (CRIL)
A12 – IP1
Queluz
Amadora
A5
N6
LISBOA
(LISSABON)
Tejo
Belém
Cacilhas
Montijo
N119
Trafaria
Almada
Seixal
Barreiro
Costa de
Caparica
N11
Moita
A2 – IP7
N10
A21
Coina

0 Kilometer   10

Großraum Lissabon

*Die Sehenswürdigkeiten Lissabons finden Sie auf
den Seiten 28–85, einen detaillierten Stadtplan auf
den Seiten 166–179 und die schönsten Ausflugsziele
in Lissabons Küstenregion auf den Seiten 90–113.*

Sevilla
A49
Huelva
A92
Genil
A92
A92
Granada
N323
A359
A4
N331
N340
Jerez de
la Frontera
Málaga

Prolloguo deregido ao ſereniſſimo ı muȳto pode
roſo prīncipe elRey dom manuell noſſo ſeñor ſobre
as vȳdas ı excellētes feitos dos Reis de poꝛtugall
ſeus antreceſſores hoꝛdenados ı eſcꝛptos per ſeu
mandado per duarte galuam fidallguo de ſua
caſa do ſeu cōſſelbo noquall falla do grāde lou
uor da preſente materia que he o propio ı bꝛdadei
ro louuor deſtes meſmos Reys de poꝛtugall:~

Oyto deuem ſereniſſimo ſeñor ꝼabalbar os homēes poꝛ
ē ſua vida obꝛarem uirtudes poꝛ que mereçā a dℓs no ou
tro mūdo ı neſte leixem de ſeu tempo memoria ℈ ℈am ſoo
mēte que uiuerā o que as animallias tem per Jguall
com noſco. Mas que bem ı louuadamēte bjuerā que he propio do
bomem O quall teēdo aȳda em dias bꝛeue com auſtude a faz

Die Geschichte Lissabons

L issabon hat im Lauf der Jahrhunderte Blüte und Niedergang erlebt. Berühmt ist seine Seefahrtsgeschichte, vor allem wegen der Entdeckungsreisen Vasco da Gamas, der als Erster auf dem Seeweg Indien erreichte. Lissabon ist die wohlhabendste Region Portugals, die Wirtschaft stützt sich vor allem auf den Dienstleistungssektor.

Der Sage nach gründete Odysseus Lissabon auf dem Heimweg von Troja nach Ithaka. Historisch erwiesen ist, dass die Phönizier um 1200 v.Chr. an der Stelle der heutigen Stadt einen Handelsposten errichteten. Seit 205 v.Chr. war die Stadt am Tejo in römischer Hand, 60 v.Chr. hielt Julius Caesar als Statthalter Einzug.

Heiliger Vinzenz

Als das Römische Reich zusammenbrach, tauchten »barbarische« Stämme aus Nordeuropa auf. Die Alanen eroberten die Stadt 409, ihnen folgten die Sweben, die von den Westgoten vertrieben wurden. Doch schon bald setzte der Niedergang Lissabons ein. 711 überrannten die Mauren, islamische Eindringlinge aus Nordafrika, die Iberische Halbinsel und hielten die Stadt fast 450 Jahre lang besetzt. Ihr kulturelles Erbe kann man vor allem in Gestalt des Castelo de São Jorge und in den Straßen von Alfama besichtigen.

Der erste portugiesische König, Afonso Henriques, vertrieb die Mauren 1147 aus Lissabon. Unterstützung fand er beim englischen Kreuzritter Gilbert of Hastings, der dafür zum ersten Bischof Lissabons ernannt wurde. Unterhalb der Burg errichtete man eine Kathedrale, in der die sterblichen Überreste des portugiesischen Nationalheiligen Vinzenz ruhen. Stadtrechte erhielt Lissabon Anfang des 13. Jahrhunderts, doch erst 1256 wurde es unter Afonso III die Hauptstadt Portugals.

Portugiesische Seekarte des Nordatlantiks (um 1550)

◁ Seite aus der *Chronik des Dom Afonso Henriques* mit einer Darstellung Lissabons im 16. Jahrhundert

König Dinis

Unter König Dinis, dem Sohn Afonsos III, entwickelte sich der Hof in Lissabon zum kulturellen Zentrum. 1290 wurde die Universität gegründet. König Dinis ließ die Stadt erweitern und die Baixa anlegen. Lissabon blühte auf, als der Handel mit dem übrigen Europa zunahm.

Obwohl im 14. Jahrhundert die Pest wütete, dehnte sich die Stadt nach Westen aus.

Manuel I und der heilige Hieronymus, Mosteiro dos Jerónimos

Nachdem Enrique II von Kastilien im Jahr 1373 Lissabon geplündert hatte, ließ Fernando I zum Schutz der 40 000 Bürger neue Festungsanlagen errichten. Als Fernando I ohne Erben starb, erhob sein Halbbruder João von Avis Anspruch auf den Thron. 1385 besiegte er Juan I von Kastilien in der Schlacht von Aljubarrota und sicherte damit die Unabhängigkeit Portugals.

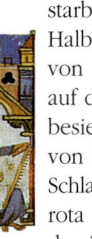

Musiker am Hof von König Dinis

Entdeckungsreisen

Immer neue Pestausbrüche destabilisierten die Wirtschaft. Die Getreideknappheit führte zu Aufständen in Lissabon. Der Wohlstand hielt erst wieder im Zeitalter der Entdeckungen *(siehe S. 20f)* Einzug, als Vasco da Gama, der 1497 in Belém aufbrach, den Seeweg nach Indien entdeckte. Der Gewürzhandel ließ Lissabon zum wichtigsten europäischen Handelsplatz aufsteigen. Zum Dank für den neuen Wohlstand ließ Manuel I die Torre de Belém *(siehe S. 70)* und das Mosteiro dos Jerónimos *(siehe S. 66f)* in Belém errichten. Deren spätgotischer Stil wurde später nach dem König als manuelinisch bezeichnet.

Bedeutsam für die Stadtgeschichte des 16. Jahrhunderts waren die Anlage des Terreiro do Paço (heute Praça do Comércio) am Tejo und die Gründung des Bairro Alto, wo sich die nach Lissabon strömenden Kaufleute niederließen. Zu jener Zeit etablierte sich auch die Inquisition in Lissabon. Auf dem Terreiro do Paço fanden regelmäßig Massenprozesse und -hinrichtungen statt.

Spanische Herrschaft

Der junge König Sebastião fiel 1578 in der Schlacht von Alcácer-Quibir bei dem Versuch, Marokko zu erobern. Da es keinen Thronerben gab, besetzte Spanien das Land. Felipe II von Spanien überließ die Regierung Portugals einem Vizekönig. 1640 wurden die Spanier vertrieben. Der Herzog von Bragança bestieg als João IV den portugiesischen Thron.

Als 1697 in Brasilien Gold entdeckt wurde, erlebte Lissabon eine neue Phase der Prosperität. 1706 veranlasste João V eine bauliche Umgestaltung der Stadt. Dabei wurde auch der Águas-Livres-Aquädukt *(siehe S. 84)* errichtet, der die Stadt mit Wasser aus dem Alcântara-Tal versorgte. 1755, nur wenige Jahre später, ereignete sich in Lissabon ein schweres Erdbeben, das große Teile der Stadt zerstörte *(siehe S. 22f)*.

Schlacht von Alcácer-Quibir in Marokko (8000 Männer wurden getötet, 15 000 gefangen genommen)

Pombals Vision

Den Wiederaufbau leitete der Marquês de Pombal. Das »neue« Lissabon wurde an einer Nord-Süd-Achse ausgerichtet – mit einem Gitter von Straßen, dessen Zentrum bis heute die Baixa bildet. 1807 kam es zur Besetzung Portugals durch französische Truppen. Als die Königsfamilie (mit rund 15 000 Menschen) nach Brasilien floh, wurde Rio de Janeiro vorübergehend der Regierungssitz Portugals. Lissabon erlebte erneut eine Zeit des Niedergangs.

Der im 18. Jahrhundert fertiggestellte Águas-Livres-Aquädukt

Wiederaufstieg

In der zweiten Hälfte des 19. Jahrhunderts erholte sich die Wirtschaft mit der Industrialisierung. 1908 wurde

Der Marquês de Pombal vor dem neuen Lissabon

der König ermordet, 1910 die Republik ausgerufen, 1926 erfolgte ein Militärputsch. 1974 setzte eine friedliche Revolution der faschistischen Diktatur ein Ende. Die 1966 eröffnete Brücke über den Tejo wurde zur Erinnerung an die »Nelkenrevolution« in Ponte 25 de Abril umbenannt.

Lissabon heute

Die ersten Jahre nach der Revolution waren eine Zeit der Begeisterung und politischen Neuorientierung. Unter dem sozialdemokratischen Premierminister Aníbal Cavaco

Soldaten während der »Nelkenrevolution« (1974), welche die Diktatur beendete

Silva (Premier 1985−95; seit 2006 Präsident) erholte sich das Land wirtschaftlich. Als Portugal 1986 der EU beitrat, kamen zahlreiche ausländische Unternehmen und Investoren nach Lissabon. Selbst das Feuer, das 1988 im Viertel Chiado wütete, konnte den Optimismus nicht dämpfen. Nach und nach wurden viele alte Fassaden originalgetreu wiederaufgebaut. Lissabon gewann international an Renommee und war 1994 Kulturhauptstadt Europas. 1998 richtete die Stadt eine dem Thema »Ozean« gewidmete Weltausstellung aus. Im gleichen Jahr wurde der Ponte Vasco da Gama fertiggestellt.

Lissabon hat kosmopolitisches Flair. Viele Menschen aus den früheren afrikanischen und asiatischen Kolonien fanden hier eine neue Heimat. 2004 präsentierte sich Lissabon bei der Fußball-Europameisterschaft als vitale Metropole. Seit 2010 wird Portugal von einer Finanzkrise erschüttert. Im März 2011 trat Premierminister José Sócrates zurück. Bei den Neuwahlen im Juni 2011 ging die konservative PSD mit Spitzenkandidat Pedro Passos Coelho als Sieger hervor. Die neue Regierung hat dem Land ein hartes Sparprogramm sowie Strukturreformen verordnet.

Portugals Regenten

Afonso Henriques ließ sich 1139 zum ersten König Portugals ausrufen. Mit Joãos I Sieg über Kastilien ging die Herrschaft 1385 an das Haus Avis über, das während des Zeitalters der portugiesischen Entdeckungen an der Macht blieb. In Ermangelung eines direkten Thronerben fiel die portugiesische Krone 1580 für 60 Jahre an Spanien, bis der Herzog von Bragança während eines erfolgreichen Aufstands zum König João IV gewählt wurde. 1910 wurde die Republik ausgerufen, die in den ersten 16 Jahren jedoch nicht weniger als 40 Regierungen erlebte und 1926 nach einem Militärputsch in eine Diktatur mündete. Erst 1974 kehrte mit der »Nelkenrevolution« die Demokratie zurück.

1557–78 Sebastião

1521–57 João III

1211–23 Afonso II

1185–1211 Sancho I

1248–79 Afonso III

1279–1325 Dinis

1481–95 João II

1100	1200	1300	1400	1500	
HAUS BURGUND			AVIS		H
1100	1200	1300	1400	1500	

1325–57 Afonso IV

1357–67 Pedro I

1223–48 Sancho II

1367–83 Fernando I

1438–81 Afonso V

1139–85 Afonso Henriques (Afonso I)

1433–38 Duarte

1578–80 Henrique

1580–98 Felipe I (Felipe II von Spanien)

1385–1433 João I

1495–1521 Manuel I

1828–53 Maria II

2002–04
José Manuel
Durão Barroso
(Premierminister)

1750–77 José I

1621–40 Felipe III
(Felipe IV von Spanien)

1853–61
Pedro V

1932–68
António Salazar
(Premier-
minister)

1640–56 João IV

1816–26
João VI
(Regent
ab 1792)

1976–78
und
1983–85
Mário
Soares
(Premier-
minister)

2005–11
José Sócrates Carvalho
Pinto de Sousa
(Premierminister)

1656–83 Afonso VI

1861–89
Luís I

1683–1706
Pedro II (Regent
ab 1668)

00	1700	1800	1900	2000
G BRAGANÇA			REPUBLIK	
00	1700	1800	1900	2000

1598–1621
Felipe II (Felipe III
von Spanien)

seit Juni 2011
Pedro Passos
Coelho
(Premierminister)

1985–95
Aníbal
Cavaco Silva
(Premier-
minister)

2004–05
Pedro Miguel de
Santana Lopes
(Premierminister)

1777–1816
Maria I und Pedro III

1995–2001
António Guterres
(Premierminister)

1908–10
Manuel II

1826–28 Pedro IV

1706–50 João V

1889–1908 Carlos I

Zeitalter der Entdeckungen

Portugals Goldenes Zeitalter begann 1415 mit der Einnahme der marokkanischen Stadt Ceuta. Es folgten Entdeckungsfahrten entlang der afrikanischen Westküste. Durch Gold und den Handel mit afrikanischen Sklaven gelangte Portugal zu großem Reichtum. Den Durchbruch erlebte die portugiesische Expansion jedoch im Jahr 1498, als Vasco da Gama *(siehe S. 68)* den Seeweg nach Indien fand. Bald kontrollierte Portugal den gesamten Indischen Ozean und damit den Gewürzhandel. Die Region im indischen Goa wurde portugiesische Kolonie, von hier aus wurden alle anderen Besitzungen in Asien verwaltet. Pedro Álvares Cabrals »Entdeckung« Brasiliens schließlich machte Portugal zur weltgrößten Handelsmacht neben Spanien.

Portugiesischer padrão

Armillarsphäre
Der Himmelsglobus (die zum Teil beweglichen Ringe stellen die Bewegungen von Himmelskörpern dar) diente Seefahrern zur Positionsbestimmung.

Magalhães (um 1480–1521)
Im Auftrag der Spanier leitete der Portugiese Fernão de Magalhães (Magellan) 1519–22 die erste Erdumsegelung. Er starb vor Ende der Reise auf den Philippinen.

1500/01: Gaspar Corte Real erreicht Neufundland.

1427: Diogo de Silves entdeckt die Azoren.

1434: Gil Eanes umrundet das Kap Bojador (Westsahara).

1460: Diogo Gomes entdeckt die Kapverdischen Inseln.

Nach 1470: Entdeckung der Insel São Tomé.

1500: Pedro Álvares Cabral erreicht Brasilien.

1482: Diogo Cão dringt zur Kongo-Mündung vor.

1485: Diogo Cão erreicht das Kreuzkap (Namibia).

1488: Bartolomeu Dias umrundet das Kap der Guten Hoffnung.

Anbetung der Könige
Das kurz nach Cabrals Rückkehr aus Brasilien (1500) für die Kathedrale von Viseu gemalte Altarbild wird Grão Vasco (1475–1540) zugeschrieben. König Balthasar ist als Tupi-Indianer dargestellt.

Salzfässchen aus Elfenbein (Afrika)
Die Elfenbeinschnitzerei (16. Jh.) stellt portugiesische Krieger dar, die eine Erdkugel und ein Schiff tragen. Ein Seemann lugt aus dem Krähennest.

Japanischer Wandschirm (um 1600)
*Der Wandschirm zeigt die Entladung einer
Nau (oder Nao). Von 1575 bis zu ihrer Ver-
treibung 1638 beherrschten Portugiesen den
Handel zwischen China und Japan.*

Infant Henrique

Obwohl er selbst nicht zur See fuhr, begründete Henrique (1394–1460) – der auch als
»Heinrich der Seefahrer« bekannt ist – die
Entdeckungs- und Eroberungsfahrten, die
João II und Manuel I später verstärkt voran-
treiben sollten. Als Hochmeister des Christusordens finanzierte
er Expeditionen
entlang der West-
küste Afrikas. Als
er starb, besaß er
das Handelsmono-
pol für sämtliche
Gebiete südlich
von Kap Bojador.
In Sagres oder
Lagos soll er eine
Seefahrerschule
gegründet haben.

LEGENDE

‒ ‒ ‒ ‒ Entdeckungsfahrten

Nelken

Pfeffer

Muskat

Zimt

**1543:
Portugiesen**
erreichen
Japan.

**1513:
Handelsposten** in
Macau und Kanton
gegründet.

**1510: Er-
oberung**
von Goa.

1512: Portugiesen
lassen sich auf
den Molukken
nieder.

**1498:
Vasco
da Gama**
erreicht
Calicut in
Indien.

**1518:
Festung**
in Colombo
(Sri Lanka)
errichtet.

Gewürzhandel
*Kostbare Gewürze aus dem
Fernen Osten machten das
Land reich. 1528 kaufte
Portugal Spanien die
begehrten Molukken ab.*

Portugiesische Entdeckungen

Die systematische Suche nach dem Seeweg
nach Indien, der zugleich das Monopol auf
den Gewürzhandel bedeutete, begann schon
1482 mit der ersten Fahrt von Diogo Cão,
der bei jedem Landgang einen *padrão*
(Steinkreuz) aufstellte.

Krähennest

**Kreuz der
Christusritter**

**Quadratisches
Focksegel**

Karavelle
*Die ersten portugiesi-
schen Seefahrer, die
der afrikanischen
Küste folgten, hatten
Schiffe mit dreieckigen
Segeln. Für die späteren
Reisen über das offene Meer bevor-
zugte man quadratische Segel.*

Das Erdbeben von 1755

Von Überlebenden gestiftetes Votiv-Majolikabild

D er Vorbote des verheerenden Bebens war am 1. November gegen 9.30 Uhr zu spüren. Wenige Minuten später folgte ein zweiter, weitaus heftigerer Erdstoß, der mehr als die Hälfte der Stadt in Trümmer legte. Obwohl das Epizentrum an der Algarve lag, war das dicht besiedelte Lissabon am stärksten betroffen. Über 20 Kirchen stürzten ein und begruben unzählige Gläubige, die sich zur Messe an Allerheiligen versammelt hatten. Nach einem dritten Beben brach Feuer aus, das rasch um sich griff. Eine Stunde später rollten Flutwellen an. Ganz Portugal litt unter den Auswirkungen. Allein in Lissabon starben mehr als 15 000 Menschen.

Dieses Gemälde *von der Ankunft eines päpstlichen Gesandten bei Hof 1693 zeigt den Terreiro do Paço vor dem Erdbeben.*

Die meisten Gebäude, die die Erdstöße überlebt hatten, fielen den Flammen zum Opfer.

Der Paço da Ribeira (Königspalast) wurde von dem Beben und der nachfolgenden Flutwelle völlig zerstört.

Die königliche Familie *überlebte das Beben in ihrem Schloss in Belém, das weit weniger betroffen war, unversehrt. Hier inspiziert der König die verwüstete Stadt.*

Wie Nussschalen wurden hoffnungslos überladene Schiffe zertrümmert, auf die sich die Bevölkerung vor dem Feuer zu retten suchte.

Der Ausschnitt *ist einem Votivbild für Nossa Senhora da Estrela entnommen, das ein Vater der Muttergottes weihte, weil sie das Leben seiner Tochter verschont hatte. Das Mädchen konnte nach dem Beben lebend aus den Trümmern geborgen werden.*

Der Wiederaufbau Lissabons

Marquês de Pombal (1699–1782)

Kaum war das Beben vorbei, entwarf Sebastião José de Carvalho e Melo, der Erste Minister von José I und spätere Marquês de Pombal, eine neue Stadt. Während viele lamentierten, propagierte Pombal Pragmatik: »Begrabt die Toten, und gebt den Lebenden zu essen.« Er stellte die Ordnung wieder her und begann umgehend, sein Vorhaben in die Tat umzusetzen. Sein Krisenmanagement brachte ihm unbeschränkte politische Macht ein.

Reaktionen auf die Katastrophe

Das Erdbeben beeinflusste das europäische Denken. In allen großen Zeitungen erschienen Augenzeugenberichte, häufig von in Lissabon ansässigen Ausländern. Es entbrannte eine Debatte darüber, ob das Beben eine Naturkatastrophe oder göttliche Rache war. Lissabon war eine blühende Stadt gewesen, berühmt für ihren Reichtum, aber auch berüchtigt für Inquisition und Götzendienerei. Viele Geistliche sahen in dem Erdbeben eine Bestrafung und sagten weitere Katastrophen voraus.

Voltaire

Voltaire schrieb sogar ein Gedicht darüber, in dem er seinem Glauben Nachdruck verlieh, dass das Böse allgegenwärtig und der Mensch schwach und zu einem unglücklichen Erdendasein verdammt sei.

Die alten Festungsmauern hielten den Erschütterungen nicht stand.

Zu Allerheiligen entzündete Altarkerzen setzten die Stadt in Brand. Das Feuer wütete sieben Tage und Nächte.

Einige der vornehmsten Häuser Lissabons wurden zerstört – und mit ihnen Gold, Juwelen, unersetzbare Möbel, Bücher und Gemälde.

Gegen 11 Uhr brandeten Flutwellen gegen den Terreiro do Paço. Die Alcântara-Docks fingen das Schlimmste ab.

Kirchen, Wohnhäuser *und öffentliche Gebäude waren betroffen. Die königliche Oper, hier in Ruinen, war erst im März desselben Jahres eröffnet worden.*

Zeitgenössische Darstellung des Erdbebens

Der Stich (1775) eines unbekannten deutschen Meisters vermittelt einen Eindruck vom Ausmaß der Katastrophe. Viele, die sich vor dem Feuer zum Tejo flüchteten, wurden von heranbrandenden Wogen verschlungen. Die Personen- und Sachschäden waren immens.

Der Wiederaufbau des Zentrums von Lissabon ging mit einem unglaublichen Tempo vonstatten. Schon kurze Zeit nach dem Beben, Ende November, legte Pombal einen für die damalige Zeit revolutionären, streng geometrischen Plan vor. Die neuen Gebäude sind gelb markiert.

Im heutigen Lissabon erinnert vieles an das Erdbeben. Pombals rasterförmige Straßenführung ist auf dieser Luftaufnahme der Baixa (siehe S. 40–47) deutlich erkennbar. Die Bauarbeiten zogen sich jahrzehntelang hin. Der Triumphbogen an der Rua Augusta wurde sogar erst 1873, über ein Jahrhundert später, vollendet.

Das Jahr in Lissabon

Die warmen Sommermonate bescheren Lissabon den größten Besucherandrang. Dann finden auch die meisten Veranstaltungen statt, etwa die Festas dos Santos Populares im Juni. Die Küstenregion hat allerdings auch im Frühjahr und im Herbst einiges zu bieten. Im Spätwinter lockt der farbenprächtige Karneval zahlreiche Gäste nach Lissabon. Weitere Ereignisse im Jahreszyklus sind Musikfestivals, Sportveranstaltungen und die religiösen *festas*, die von den Portugiesen feierlich begangen werden.

Frühling

Mit Frühlingsbeginn füllen sich die Lissabonner Café- und Restaurantterrassen wieder mit Menschen. Zahlreiche Ereignisse, etwa Konzerte und Märkte, finden bei wärmerem Wetter nun im Freien statt. An schönen Wochenenden unternehmen auch viele Einheimische Tagesausflüge zu den Badeorten Cascais und Estoril, um sich am und im Meer zu vergnügen.

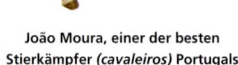

João Moura, einer der besten Stierkämpfer *(cavaleiros)* Portugals

März

Moda Lisboa *(Mitte März)*. Die erste der zwei wichtigsten Modenschauen im Jahr.
Dia Mundial da Poesia *(um den 20. März)*. Im Centro Cultural de Belém ist eigentlich immer etwas los – sei es Musik, Tanz oder Theater. Im März treten beim »Weltpoesietag« auch internationale Dichter auf und tragen ihre Werke vor.

Procissão dos Terceiros Franciscanos *(4. So vor Ostern)*. Die Prozession durch Mafra beginnt am Klosterkomplex *(siehe S. 96)*. Die rituellen Gewänder wurden im 18. Jahrhundert von João V gestiftet.
Lissabon-Halbmarathon *(März oder Apr)*. Dieser Lauf, eine der bekanntesten Sportveranstaltungen der Stadt, gehört zu den größten Halbmarathons weltweit. Die Läufer starten auf dem Ponte 25 de Abril *(siehe S. 74)*.

April

Festa dos Merendeiros *(Apr, So nach Ostern)*. Traditioneller Feiertag samt Prozession in Santo Isidoro nahe Mafra *(siehe S. 96)*. Während der Zeremonie werden Brotlaibe und Felder gesegnet – in der Hoffnung auf eine reiche Ernte.
Estoril Open *(Apr/Mai)*. Das internationale Tennisturnier findet im Complexo Desportivo do Jamor statt.

Offizielle Militärparade in Lissabon anlässlich des Jahrestags der Revolution *(25. Apr)*

Jahrestag der Revolution *(25. Apr)*. An diesem landesweiten Feiertag, der als »Dia da Revolução« oder »Dia 25 de Abril« bekannt ist, wird alljährlich der »Nelkenrevolution« gedacht, die 1974 der 48 Jahre dauernden Diktatur ein Ende bereitete *(siehe S. 17)*. Zum Gedenken findet auf der Praça do Império eine von politischen Reden umrahmte Militärparade statt. Die Gewerkschaften organisieren überall in der Stadt Feiern.
Feira do Livro *(Apr, Mai oder Juni)*. Auf der Buchmesse, einem der wichtigsten literarischen Ereignisse in Lissabon, kann man günstig antiquarische oder neue, signierte Exemplare erwerben. Die Messe findet in Lissabons größtem Park, dem Parque Eduardo VII *(siehe S. 75)*, statt.
Beginn der Stierkampfsaison *(Apr–Okt)*. Die Arena auf dem Campo Pequeno ist Schauplatz dieses traditionellen Spektakels. Stierkämpfe finden auch in Montijo statt. Der portugiesische Stierkampf unterscheidet sich in vielerlei Hinsicht vom spanischen. So legt man viel Wert auf den ersten Teil, der eher einer kunstvollen Reitshow gleicht. Auch werden die Stiere nicht in der Arena getötet.

Mai

Dia do Trabalhador *(1. Mai)*. Am Tag der Arbeit organisieren die Gewerkschaften große Kundgebungen und Demonstrationen.
Reitvorführungen am Palácio de Queluz *(Mai, Juni, Sep, Okt)*. Im Park des Palácio de Queluz *(siehe S. 108f)* zeigen jeden Mittwoch um 11 Uhr Reiter der Portugiesischen Reitschule in verschiedenen Vorführungen ihr Können.

Durchschnittliche tägliche Sonnenstunden

Stunden
12
9
6
3
0

Jan Feb März Apr Mai Juni Juli Aug Sep Okt Nov Dez

Sonnenschein
Die Sonne lässt sich in Lissabon zu allen Jahreszeiten blicken, doch während der Sommermonate ist es besonders heiß und sonnig. Denken Sie daran, Ihre Haut vor der Sonne zu schützen – sowohl bei Spaziergängen in Lissabon als auch beim Baden an den Stränden von Estoril oder Cascais.

Sommer

In den Sommermonaten, hauptsächlich im August, machen viele Lissabonner in den Badeorten Ferien, besonders gern in Costa da Caparica und Cascais.

Juni

Estoril Jazz *(Ende Mai–Anfang Juni).* Einwöchiges Jazzfestival mit Konzerten in und um Lissabon.
Festas da Cidade *(Juni).* Mit dieser Veranstaltungsreihe, die Veranstaltungen von Open-Air-Kino bis Rockkonzerte zu bieten hat, feiert sich die Stadt selbst. Zur selben Zeit finden Feierlichkeiten zu Ehren von **Santo António** *(12./13. Juni),* **São João** *(23./24. Juni)* und **São Pedro** *(25. Juni–1. Juli)* statt. Santo António ist der wichtigste Tag zu Ehren des Schutzheiligen der Stadt. Er markiert den Beginn der **Festas dos Santos**

Das Fest des heiligen Antonius ist ein wichtiges Ereignis *(12./13. Juni)*

Der Strand von Estoril, eine der zahlreichen Buchten an der Küste bei Lissabon

Populares (Festtage der Volksheiligen).
Internationales Filmfestival von Troia *(Juni).* Das kleine Festival in Setúbal, südlich von Lissabon, konzentriert sich auf Länder mit weniger als 21 Spielfilmproduktionen pro Jahr.
Arraial Gay e Lésbico *(Ende Juni).* Eine Woche lang finden in einem Park oder auf einem Platz der Stadt Veranstaltungen und Feste statt.
Feira Grande de São Pedro *(29. Juni).* Auf dem quirligen Markt in Sintra *(siehe S. 100–105)* gibt es Handwerk, Antiquitäten und kulinarische Spezialitäten.
Festival de Sintra *(Juni, Juli).* Veranstaltungsreihe mit klassischer Musik in den Parks und *palácios* von Sintra *(siehe S. 102–105)* und Queluz *(siehe S. 108f).*
Internationale Handwerksmesse (FIA) *(Juni/Juli).* Schauplatz der großen Kunst- und Handwerksausstellung ist der Parque de Nações.

Juli

Noites de Bailado em Seteais *(Juli).* Die Ballettaufführungen gehören zum Sintra Festival und sind in den Gärten des

Tivoli Palácio de Seteais zu sehen.
Feira de Artesanato *(Juli–Anfang Sep).* In Estoril *(siehe S. 106f)* werden traditionelle Tänze und Volksmusik aufgeführt.
Feira dos Alhos *(3. So im Juli).* Auf diesem Jahrmarkt neben der Klosteranlage von Mafra *(siehe S. 96)* werden Kunsthandwerk und Delikatessen angeboten.
Festival de Música dos Capuchos *(Juli/Aug).* Musikfestival im Convento dos Capuchos am Südufer des Tejo.
Festival International de Teatro (FIT) *(Ende Juli/Aug).* Das Festival, eines der wichtigsten der Theaterszene Portugals, findet an verschiedenen Orten in Lissabon statt.
BaixAnima *(Juli–Sep).* Open-Air-Theater, Musik-, Tanz- und Zirkusveranstaltungen finden an den Wochenenden auf den Straßen von Baixa und Chiado statt.
Verão Em Sesimbra *(Juli–Sep).* Karnevalähnliches Fest mit Musik und Tanz auf den Straßen von Sesimbra *(siehe S. 110).*

August

Jazz em Agosto *(Anfang Aug).* In den Gärten des Kulturzentrums Calouste Gulbenkian finden Jazzkonzerte statt.
Romaria de São Mamede *(14.–18. Aug).* Bauern führen ihre Tiere nördlich von Colares *(siehe S. 97)* um die Kapelle von Janas und lassen sie segnen. Hier soll einst ein der Göttin Diana geweihter Tempel gestanden haben.

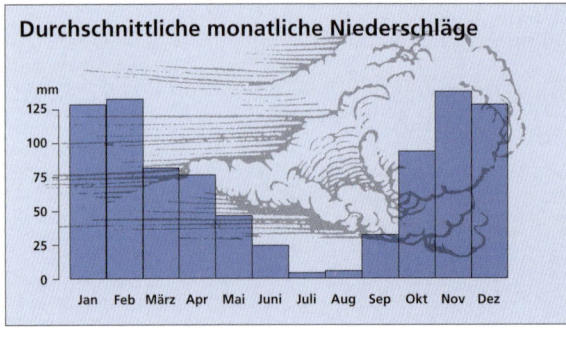

Durchschnittliche monatliche Niederschläge

Niederschläge
Regen fällt in Lissabon und an der Atlantik- küste vor allem in den Monaten November bis Februar. Der Hoch- sommer ist fast regen- los. Im Herbst ist es zwar noch angenehm warm, doch die Zahl der Regentage nimmt im Oktober zu und erreicht im November ihren Höhepunkt.

Herbst

Der Herbst ist die beste Zeit für Ausflüge und Be- sichtigungstouren. Die über- mäßige Hitze des Sommers ist vorbei, aber es ist noch an- genehm warm. Wenn sich die Blätter herbstlich verfärben, ist die Landschaft um Sintra besonders schön.

September

Avante! *(1. Wochenende im Sep).* Die fröhliche *festa* in Seixal, südlich des Tejo, bietet Rock- und Folkmusik, Aus- stellungen und kulturelle Ver- anstaltungen sowie köstliches Essen.
Nossa Senhora da Luz *(2. Wo- chenende im Sep).* Die religiö- se *festa* wird zu Ehren Unse- rer Lieben Frau vom Licht in Sampaio bei Sesimbra *(siehe S. 110)* begangen.
Festa das Vindimas *(Anfang Sep).* Am Fuß der mittelalterli- chen Burg von Palmela *(siehe S. 110)* werden inmitten eines traditionellen Volksfests samt Feuerwerk, Käse- und Wein-

proben die ersten reifen Trau- ben der Saison gesegnet.
Nossa Senhora do Cabo Espi- chel *(letzter So im Sep).* Die Fischer ehren die Jungfrau Maria mit einer Prozession zur Kapelle des Cabo Espichel *(siehe S. 107).*
Feira da Luz *(im Sep).* Die Ver- anstaltung im Lissabonner Stadtteil Carnide widmet sich dem Kunsthand- werk, insbesondere der Töpferei.
Festa de Senhora da Consolação *(im Sep).* In Assafora, einem Stadtteil von Sintra *(siehe S. 100–105),* gibt es zu Ehren der Nationalheiligen von Portugal verschiede- ne Feierlichkeiten, Musik und viele Speisen.

Oktober

Moda Lisboa *(Okt).* Die Modewoche im Oktober, die wichtigste in Portugal, zeigt die kommenden Sommerkrea- tionen für Damen und Herren und lockt Designer aus aller

Welt nach Lissabon. Einige Schauen finden im Páteo de Galé an der Praça da Comér- cio statt.
Dia da República *(5. Okt).* An diesem Feiertag wird in Lissabon mit einer Militär- parade an die Revolution er- innert, die 1910 die Mon- archie zu Fall brachte *(siehe S. 17).*

An Allerheiligen *(1. Nov)* werden die Gräber auf allen Friedhöfen mit Blumen geschmückt

November

Allerheiligen *(1. Nov).* Wichti- ger katholischer Feiertag. Familien zünden auf den Friedhöfen für ihre Verstorbe- nen Kerzen an und legen Blu- men auf die Gräber.
Feira de Todos os Santos *(1. Nov).* Der Markt findet an Allerheiligen in Azureira nahe Mafra *(siehe S. 96)* statt. Hier werden vor allem Nüsse und getrocknete Früchte angeboten.
Dia do Magusto e de São Martinho *(11. Nov).* Mit dem »Kastanienfeuer an St. Martin« bereitet man sich auf den Winter vor.
Zirkus *(Ende Nov–Anfang Jan).* Vor Weihnachten gastie- ren viele Zirkusse in Lissabon.
Lissabon-Marathon *(Nov/ Dez).* Anlässlich des Laufs fin- den in der ganzen Stadt Feier- lichkeiten statt.

Segnung der Weinernte bei der Festa das Vindimas in Palmela *(Sep)*

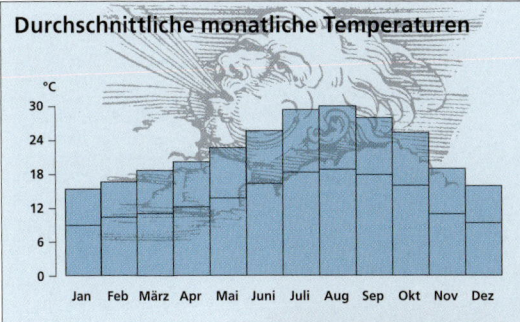

Durchschnittliche monatliche Temperaturen

°C

30
24
18
12
6
0

Jan Feb März Apr Mai Juni Juli Aug Sep Okt Nov Dez

Temperaturen

In Lissabon wird es nur selten sehr kalt. Selbst in den Wintermonaten herrscht in der Stadt noch ein angenehm mildes Klima. Im Hochsommer allerdings gibt es sehr heiße und bisweilen schwüle Tage. In dieser Zeit ist das Leben in der Stadt meist sehr ruhig.

Winter

Wer mildes, oft sonniges Wetter sucht und der winterlichen Kälte entfliehen möchte, wird sich zu dieser Jahreszeit in Lissabon wohlfühlen. Das Nachtleben bietet bis in die frühen Morgenstunden Unterhaltung. Weihnachten ist in Portugal ein hoher Feiertag, an dem sich die Familienmitglieder versammeln und ausgiebig tafeln.

Dezember

Festa de Imaculada Conceição *(8. Dez)*. Das Fest der Unbefleckten Empfängnis ist in ganz Portugal ein hoher Feiertag. Mit Gottesdiensten und zahlreichen Veranstaltungen feiern die Bewohner von Lissabon diesen Tag.

Weihnachten *(24./25. Dez)*. Kirchen und auch die Läden sind mit Krippen und weihnachtlichem Dekor prächtig geschmückt. Höhepunkt ist Heiligabend. Dann versammeln sich die Familien und besuchen die Mitternachtsmesse. Anschließend essen die Lissabonner zu Hause *bacalhau* (gesalzenen und getrockneten Kabeljau) und *sonhos* (frittierte und mit Kürbis oder Orangen aromatisierte Küchlein).

Nossa Senhora da Conceição *(26. Dez)*. Traditionelle Prozession nahe Sesimbra *(siehe S.110)* zu Ehren unserer Lieben Frau der Unbefleckten Empfängnis, der Schutzheiligen von Alfarim.

Farbenprächtige Umzüge beim alljährlichen Karneval in Lissabon *(Feb)*

Januar

Neujahr *(31. Dez/1. Jan)*. In Lissabon wird zur Begrüßung des neuen Jahrs auf der Praça do Comércio ein spektakuläres Feuerwerk abgefackelt.

Heilige Drei Könige *(6. Jan)*. Der an diesem Tag verzehrte traditionelle Kuchen heißt *bolo rei* (Königskuchen). Der Früchtekuchen mit einer versteckten Bohne soll Glück bringen. Wer in seinem Stück die Bohne findet, muss den nächsten Kuchen besorgen. *Bolo rei* wird auch in der Weihnachtszeit gebacken.

Der Festtagskuchen *bolo rei*

Opernsaison *(Jan–Nov)*. Nun beginnt die Opernsaison im Teatro Nacional de São Carlos *(siehe S.53)*.

Februar

Karneval *(wechselnde Daten)*. Er wird in Portugal mit Kostümen und Festwagen begangen. Einen besonders farbenprächtigen Umzug gibt es in Sesimbra *(siehe S.110)*.

Procissão do Senhor dos Passos da Graça *(2. So der Fastenzeit)*. Eine Christusfigur wird von der Igreja da Graça *(siehe S.37)* aus durch die Straßen des Lissabonner Viertels Graça getragen. Die Prozession hat ihren Ursprung im 16. Jahrhundert.

Feiertage

Ano Novo Neujahr *(1. Jan)*
Carnaval Karnevalsdienstag regionaler Feiertag *(Feb)*
Sexta-Feira Santa Karfreitag *(März oder Apr)*
Dia 25 de Abril Jahrestag der Revolution 1974 *(25. Apr)*
Dia do Trabalhador Tag der Arbeit *(1. Mai)*
Corpo de Deus Fronleichnam *(im Juni)*
Dia de Camões Nationalfeiertag *(10. Juni)*
Dia do Assunção Mariä Himmelfahrt *(15. Aug)*
Implantação da República Tag der Republik *(5. Okt)*
Todos os Santos Allerheiligen *(1. Nov)*
Dia da Restauração Unabhängigkeitstag *(1. Nov)*
Imaculada Conceição Unbefleckte Empfängnis *(8. Dez)*
Natal Weihnachten *(25. Dez)*

Blick über die Dächer von Alfama auf die Igreja de Santo Estêvão ▷

Die Stadtteile Lissabons

Alfama

Man kann sich kaum noch vorstellen, dass dieses schlichte Wohnviertel einst die gefragteste Gegend Lissabons war. Zur Zeit der Mauren bildete das Gassengewirr um die Burg eine Stadt für sich. Der Niedergang begann im Mittelalter, als sich die wohlhabenden Bewohner aus Angst vor Erdbeben weiter westlich ansiedelten und nur die Armen im Viertel blieben. Die meisten Gebäude überstanden das Erdbeben von 1755 (siehe S. 22f), und noch heute ist hier, obwohl keine maurischen Bauwerke mehr existieren, ein Hauch von Kasbah zu spüren. Fassaden, an denen

Portugals Wappen in der Kathedrale

Wäsche trocknet, säumen die steilen Straßen und Treppen. Der Alltag spielt sich noch immer um kleine Tante-Emma-Läden und Tavernen ab. Oberhalb von Alfama thront das Castelo de São Jorge. Der natürliche Aussichtspunkt war bis zum 16. Jahrhundert Festung und Königssitz. Heute ist die Burg ein beliebter Treffpunkt. Von den restaurierten Wallanlagen hat man eine großartige Aussicht.

Westlich von Alfama erheben sich die stolzen Doppeltürme der Kathedrale. Richtung Nordosten beherrschen Santa Engrácia und São Vicente de Fora das Panorama.

Sehenswürdigkeiten auf einen Blick

Museen und Sammlungen
Museu de Artes Decorativas ➋
Museu Militar ➏

Historische Gebäude
Casa dos Bicos ➐
Castelo de São Jorge S. 38f ➓

Aussichtspunkte
Miradouro da Graça ⓫
Miradouro de Santa Luzia ➊

Kirchen
Kathedrale (Sé) ➑
Santa Engrácia ➎
Santo António à Sé ➒
São Vicente de Fora ➌

Markt
Feira da Ladra (Flohmarkt) ➍

Anfahrt

Tram 12 und 28 fahren von der Baixa aus durch Alfama. Bus 37 zum Rossio startet an der Burg. Viele Busse fahren die Avenida Dom Infante Henrique ostwärts zur Metro-Station Santa Apolónia und westwärts nach Belém.

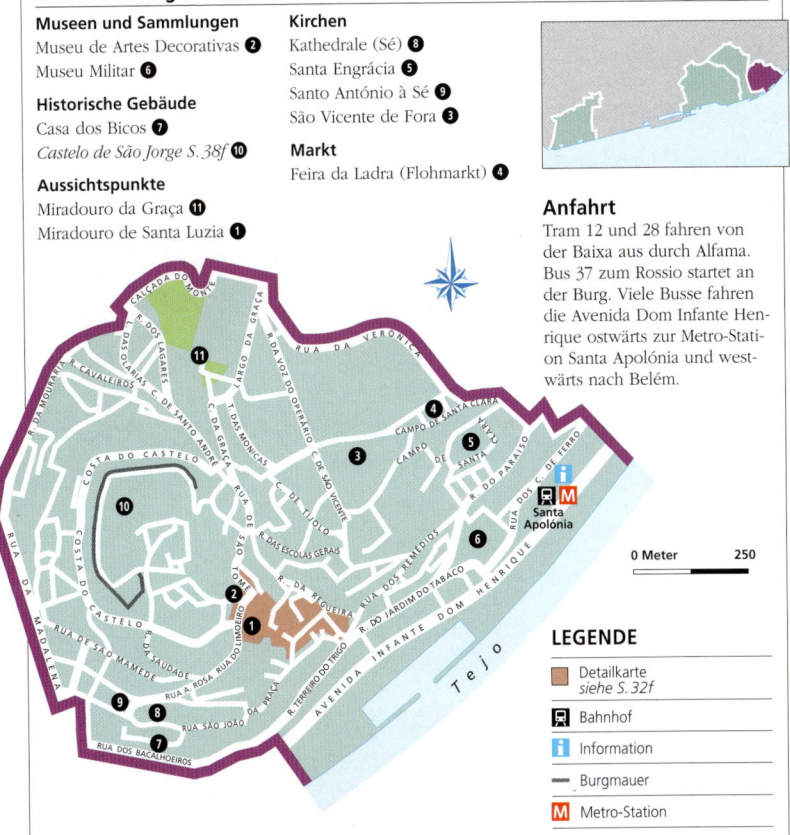

LEGENDE

	Detailkarte siehe S. 32f
🚉	Bahnhof
ℹ️	Information
—	Burgmauer
Ⓜ	Metro-Station

◁ **Schmiedeeiserne Balkone an einem Haus in der Rua dos Bacalhoeiros, neben der Casa dos Bicos** *(siehe S. 35)*

Im Detail: Alfama

Alfama ist zu jeder Tageszeit faszinierend, doch das Viertel erwacht erst richtig zum Leben, wenn am frühen Abend die Einheimischen in die kleinen Tavernen drängen. Viele junge Leute sind in den letzten Jahren zugezogen – mit ihnen kamen schicke Läden und Bars. Wegen der steilen Straßen und Treppen ist es am bequemsten, einen Rundgang oben zu beginnen und langsam hinabzugehen. Auf dem Weg kann man malerische Ecken und marode Kirchen entdecken. Von schattigen Aussichtspunkten wie dem Miradouro de Santa Luzia hat man einen wunderbaren Panoramablick.

Largo das Portas do Sol
Von den Cafétischen überblickt man Alfama bis zur Mündung des Tejo. Die Portas do Sol waren einst der Eingang zur Altstadt.

Statue des heiligen Vincent

Am Largo das Portas do Sol findet man auf einem umgebauten Dach an der Ostseite der Kirche Santa Luzia eine Aussichtsterrasse.

L. DAS PORTAS DO SOL

BECO DE SANTA HELENA

Die Südwand der Kirche Santa Luzia ist mit blau-weißen Azulejos geschmückt.

Castelo de São Jorge

R. DO CASTELO

RUA N. DE ARAUJO

★ Museu de Artes Decorativas
Der Palácio Azurara (17. Jh.) wurde von dem Bankier Ricardo do Espírito Santo Silva als Museum mit portugiesischen Möbeln und Kunstwerken (17. und 18. Jh.) eingerichtet. ❷

LEGENDE

– – – Routenempfehlung

0 Meter   25

NICHT VERSÄUMEN

★ Miradouro de Santa Luzia

★ Museu de Artes Decorativas

★ Miradouro de Santa Luzia
Der Blick von der mit Bougainvilleen überwucherten Terrasse reicht über die Dächer von Alfama bis zum Tejo – ein wunderbarer Ort, um sich nach einem Spaziergang durch die steilen Straßen auszuruhen. ❶

Beco dos Cruzes
Viele steile Pflastergassen (becos) *durchziehen Alfama. Die Bewohner hängen zwischen den eng zusammenstehenden Häusern oft Wäsche auf.*

Zur Orientierung
Siehe Stadtplan 8

Rua de São Pedro
Auf dem morgendlichen Fischmarkt bieten die varinas *ihren Fang an, darunter* peixe espada *(Schwertfisch).*

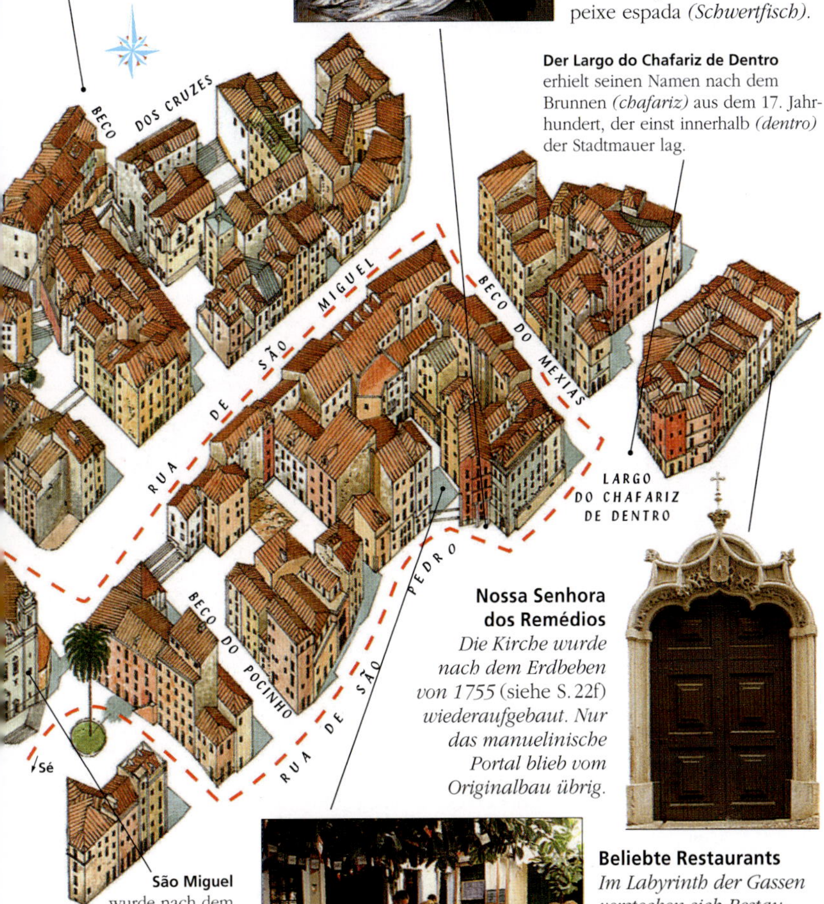

Der Largo do Chafariz de Dentro erhielt seinen Namen nach dem Brunnen *(chafariz)* aus dem 17. Jahrhundert, der einst innerhalb *(dentro)* der Stadtmauer lag.

LARGO DO CHAFARIZ DE DENTRO

Nossa Senhora dos Remédios
Die Kirche wurde nach dem Erdbeben von 1755 (siehe S. 22f) wiederaufgebaut. Nur das manuelinische Portal blieb vom Originalbau übrig.

São Miguel wurde nach dem Erdbeben wiederaufgebaut. Einige ältere Teile wurden integriert, etwa die Decke aus brasilianischem Jakarandaholz.

Beliebte Restaurants
Im Labyrinth der Gassen verstecken sich Restaurants mit Tischen im Freien – etwa das Lautasco (siehe S. 130) in der Beco do Azinhal, das hervorragende Küche serviert.

Stadtplan *siehe Seiten 166–179*

Das Fliesenbild zeigt die Praça do Comércio vor dem Erdbeben

Miradouro de Santa Luzia ❶

Rua do Limoeiro. **Stadtplan** 8 D4.
Karte X3. 🚌 28.

Die Terrasse an der Kirche Santa Luzia bietet einen überwältigenden Blick auf Alfama und den Tejo. Wahrzeichen sind die Kuppel von Santa Engrácia, Santo Estêvão und die zwei weißen Türme von São Miguel. Unter der Pergola spielen Männer Karten, während Urlauber die Aussicht genießen. Die Südwand von Santa Luzia zieren zwei moderne Fliesenbilder: Eines zeigt die Praça do Comércio vor der Zerstörung durch das Erdbeben, das andere den Angriff der Christen auf das Castelo de São Jorge (siehe S. 38f) im Jahr 1147.

Museu de Artes Decorativas ❷

Largo das Portas do Sol 2. **Stadtplan** 8 D3. **Karte** X3. 🕻 21 888 19 91 oder 881 46 00. 🚌 37. 🚊 12, 28. ⬛ Mi–Mo 10–17 Uhr. ⬛ 1. Jan, Ostern, 1. Mai, 25. Dez. ♿ ⬛ www.fress.pt

Das Museum, auch bekannt als Fundação Ricardo do Espírito Santo Silva, wurde 1953 gegründet, um Kunsthandwerk der Öffentlichkeit nahezubringen. Die Stiftung ist nach dem Bankier benannt, der den Palácio Azurara (17. Jh.) 1947 für seine Sammlung von Möbeln, Texti-

lien, Silber- und Keramikarbeiten kaufte. Zu den Antiquitäten aus dem 17. und 18. Jahrhundert gehören viele Stücke aus Edelholz, etwa ein Spieltisch aus Rosenholz (18. Jh.). Bemerkenswert sind das Silber, das chinesische Porzellan und die Arraiolos-Teppiche. In den Räumen gibt es noch originalen Deckenschmuck und Azulejos.

Im Nachbargebäude kann man Kunsthandwerker beobachten, die traditionelle Techniken der Kunsttischlerei, Vergoldung, Buchbinderei und andere althergebrachte Fertigkeiten pflegen. Des Weiteren finden im Museum regelmäßig Sonderausstellungen, Vorträge und Konzerte statt.

Chinesischer Besteckkasten (18. Jh.), Museu de Artes Decorativas

São Vicente de Fora ❸

Largo de São Vicente. **Stadtplan** 8 E3. **Karte** X/Y2. 🕻 21 882 44 00. 🚌 12, 28. 🚊 28. **Kirche** ⬛ Di–Sa 10–18, So 9–12.30, 15–17 Uhr. **Kloster** ⬛ Di–So 10–17 Uhr. ⬛ Feiertage. 🚻 📷 ♿ Kreuzgang.

Der heilige Vinzenz wurde 1173 zum Schutzpatron Lissabons erklärt, nachdem seine Reliquien von der Algarve in diese Kirche außerhalb (fora) der Stadtmauer gebracht worden waren. Die Renaissance-Fassade, vom italienischen Architekten Filippo Terzi in gebrochenem Weiß entworfen und 1627 vollendet, ist nüchtern und symmetrisch. Zwei Türme flankieren das Portal, über dem Statuen der Heiligen Vinzenz, Augustinus und Sebastian thronen. Die Kirche wurde bis 2011 umfassend renoviert.

Das angrenzende frühere Augustinerkloster enthält eine Zisterne (16. Jh.) und Reste des Kreuzgangs. Sehenswert sind vor allem die Azulejos aus dem 18. Jahrhundert. Fliesenbilder in der Eingangshalle zeigen lebendige, wenn auch historisch nicht ganz korrekte Szenen des Angriffs von Afonso Henriques auf Lissabon und Santarém. Die Fliesen im Kreuzgang greifen Motive aus Fabeln Jean de La Fontaines auf.

Ein Durchgang hinter der Kirche führt ins Refektorium, das seit 1885 als Pantheon der Braganças dient. Dort ruhen fast alle Königinnen und Könige – von João IV, der 1656 starb, bis zu Manuel II, dem letzten König Portugals. Nur Maria I und Pedro IV sind nicht hier beigesetzt. Eine trauernde Steinfigur kniet vor dem Grab von Carlos I und dessen Sohn Luís Felipe, die 1908 auf der Praça do Comércio ermordet wurden.

Der Kreuzgang von São Vicente de Fora mit Fliesenschmuck an den Wänden

Feira da Ladra ❹

Campo de Santa Clara. **Stadtplan**
8 E/F2. **Karte** Y2. 🚌 *12.* 🚋 *28.* ◐
Di, Sa 7.30–13 Uhr.

Der Flohmarkt, die Feira da
Ladra, findet seit über
100 Jahren auf diesem Platz
am Rand von Alfama statt.
Die wachsende Bekanntheit
hat dazu geführt, dass man
hier kaum noch Schnäppchen
findet. Bei einigen Händlern
entdeckt man jedoch hübsche
schmiedeeiserne Arbeiten,
Drucke und Fliesen sowie
Secondhand-Kleidung. An
einigen Ständen mit Figuren,
Masken und Schmuck aus
Afrika wird Portugals kolonia-
le Vergangenheit lebendig.
Fisch, Gemüse und Kräuter
werden auf dem zentralen
Marktplatz verkauft.

Trödel auf dem Flohmarkt

Santa Engrácia ❺

Campo de Santa Clara. **Stadtplan**
8 F2/3. **Karte** Y2. 📞 *21 885 48 20.*
🚌 *12.* 🚋 *28.* ◐ *Di–So 10–17 Uhr.*
◐ *Feiertage.* 📷 ♿

Die Kuppel der Santa En-
grácia – ein Wahrzeichen
Lissabons – ragt im Osten der
Stadt empor. Die erste Kirche
stürzte 1681 ein, 1682 erfolgte
die Grundsteinlegung der
neuen Barockkirche. Deren
Bau dauerte 284 Jahre – was
zu der portugiesischen Rede-
wendung führte, nach der
eine »Santa-Engrácia-Arbeit«
niemals fertig wird. Die Kirche wurde 1966 vollendet.
Im Innern schaffen der farbige Marmorboden und die
riesige Kuppel einen Eindruck
von Größe. Das Nationalpan-
theon beherbergt die Ehren-
male bedeutender Portugiesen: Vasco da Gama *(siehe
S. 68)* mit Afonso de Albu-

querque, Vizekönig von Indien (1502–15), zur Linken
und Heinrich dem Seefahrer
(siehe S. 21) zur Rechten. Die
beliebte Fado-Sängerin Amália
Rodrigues *(siehe S. 145)*
wurde hier bestattet. Zur Kuppel mit 360-Grad-Rundblick
führt ein Lift.

Museu Militar ❻

Largo do Museu de Artilharia.
Stadtplan 8 F3. **Karte** Y/Z3. 📞 *21
884 25 69.* 🚌 *28, 35, 39, 746.*
🚋 *28.* ◐ *Di–Fr 10–17, Sa, So
10–12.30, 13.30–17 Uhr.* ● *Feiertage.* 🌐 *www.geira.pt/mmilitar*

Das Militärmuseum, pas-
senderweise neben Kano-
nengießerei und Waffendepot
(16. Jh.) gelegen, bietet eine
umfassende Ausstellung. Der
Rundgang beginnt im
Vasco-da-Gama-Saal
mit einer Sammlung
alter Kanonen und
Wandbilder, die die
Entdeckung des See-
wegs nach Indien auf-
greifen. Die Salas de
Grande Guerra im ers-
ten Stock sind dem
Ersten Weltkrieg gewid-
met, weitere Räume
der Waffenentwicklung:
von Feuersteinspitzen
über Speere bis zu Ge-
wehren. Im Innenhof erzählt
ein Fliesenbild die Geschichte
Portugals von der Reconquista
bis zum Ersten Weltkrieg. In
der Artillerieabteilung steht
der Waggon, der seinerzeit
den Triumphbogen zur Rua
Augusta *(siehe S. 46)* trans-
portierte.

**Kuppel und bunter Marmorboden
von Santa Engrácia**

Casa dos Bicos ❼

Rua dos Bacalhoeiros. **Stadtplan**
8 D4. **Karte** W4. 📞 *21 881 09 00.*
🚌 *28, 746, 759.* 🚋 *18, 25.* ● *für
die Öffentlichkeit.*

Das auffällige Haus, das
mit rautenförmigen Stei-
nen *(bicos)* verkleidet ist,
wurde 1523 für Brás de
Albuquerque gebaut, den ille-
gitimen Sohn von Afonso,
Vizekönig von Indien und Eroberer von Goa und Malakka.
Die Fassade entspricht einem
Stil, der im Mittelmeerraum im
16. Jahrhundert populär war.
Die vom Erdbeben 1755 zerstörten oberen Stockwerke
wurden erst in den 1980er
Jahren nach alten Stichen restauriert. Davor diente der Bau
als Fischfabrik (Rua dos Bacalhoeiros heißt »Straße der
Kabelaufischer«). Später fanden hier Sonderausstellungen
statt. Nun ist die Casa nicht
mehr öffentlich zugänglich.

Die auffällig facettierte Casa dos Bicos und angrenzende Bauwerke

Stadtplan siehe Seiten 166–179

Fassade der Kathedrale

Kathedrale (Sé) ❽

Largo da Sé. **Stadtplan** 8 D4. **Karte** W4. ☎ 21 886 67 52. 🚌 37. 🚊 12, 28. ⭘ tägl. 9–19 Uhr. Kreuzgang ⭘ tägl. 10–18 (Winter: 17) Uhr. ✝ 📷 ♿ Kreuzgang u. Schatzkammer.

D rei Jahre nachdem er Lissabon den Mauren entrissen hatte, baute Afonso Henriques 1150 für den ersten Bischof Lissabons, den Engländer Gilbert of Hastings, an der Stelle der alten Moschee eine Kathedrale. Ihr Name Sé ist die Kurzform von Sedes Episcopalis (Bischofssitz). Die Kathedrale wurde nach den Zerstörungen durch drei Erdstöße im 14. Jahrhundert und

durch das Erdbeben von 1755 jahrhundertelang restauriert und bietet deshalb ein buntes Stilgemisch. Die Fassade mit den beiden zinnenbewehrten Türmen und der prächtigen Fensterrosette weist romanischen Charakter auf.

Der düstere Innenraum ist schlicht und zeigt wenig von dem üppigen Dekor, das König João V ihr Anfang des 18. Jahrhunderts verordnete. Die Arkade hinter dem romanischen Schiff birgt neun gotische Kapellen. Die Capela de Santo Ildefonso enthält Sarkophage (14. Jh.) von Lopo Fernandes Pacheco, einem Waffengenossen von König Afonso IV, und seiner Frau Maria Vilalobos. Auf der Grabplatte sind der bärtige Edelmann und seine Frau zu sehen: Er hält ein Schwert in

Detail der barocken Krippenszene von Joaquim Machado de Castro

der Hand, sie umfasst ein Gebetbuch. Im angrenzenden Altarraum befinden sich die Grabstätten von Afonso IV und seiner Frau Beatriz.

Der gotische **Kreuzgang** hinter der dritten Kapelle der Arkade weist anmutige Doppelbogen mit zierlich gemeißelten Kapitellen auf. Ein schmiedeeisernes Gitter aus dem 13. Jahrhundert ziert eine der Kapellen. Bei Ausgrabungen im Kreuzgang wurden römische Relikte freigelegt.

In der Franziskanerkapelle links vom Kathedraleingang befindet sich das Taufbecken, in dem der heilige Antonius 1195 getauft wurde. Ein Fliesenbild zeigt ihn, wie er zu den Fischen predigt. In der angrenzenden Kapelle ist eine barocke Krippenszene (1766) aus Kork, Holz und Terrakotta von Joaquim Machado de Castro zu sehen.

In der **Schatzkammer** – sie liegt rechts hinter dem Eingang oberhalb der Treppe – kann man Silberschmuck, Plastiken, Kirchenroben, illustrierte Handschriften und Reliquien des heiligen Vinzenz besichtigen. Letztere wurden 1173 vom Cabo de São Vicente nach Lissabon gebracht. Die Überlieferung berichtet, dass zwei Raben das Boot mit den Reliquien bewachten. Daher wurden Vögel und Boot zu Symbolen für die Befreiung Lissabons und im Stadtwappen verewigt. Die Nachkommen der beiden Raben lebten angeblich im Kreuzgang der Kathedrale: Der letzte starb 1978.

Grab des Edelmanns Lopo Fernandes Pacheco aus dem 14. Jahrhundert

Heiliger Antonius (1195–1231)

Zum Kummer der Lissabonner ist ihr liebster Heiliger als Antonius von Padua bekannt, obwohl er in Lissabon geboren wurde und aufwuchs. Lediglich seine letzten Monate verbrachte er im italienischen Padua. Antonius war von den Mönchen in Coimbra, wo er studierte, beeindruckt und trat 1220 dem Franziskanerorden bei. Der Heilige war ein gelehrter und leidenschaftlicher Prediger, bekannt für seine Barmherzigkeit und seine Fähigkeit, Ketzer zu bekehren. Zahlreiche Darstellungen zeigen ihn, wie er das auf einem Buch sitzende Jesuskind trägt oder zu den Fischen predigt. Papst Pius XI. ernannte ihn 1934 zum Schutzheiligen von Portugal. Am 13. Juni, seinem Todestag, finden in Alfama Feierlichkeiten statt. Die Prozession zu seinen Ehren bewegt sich die Avenida da Liberdade entlang.

Santo António à Sé 9

Largo de Santo António à Sé 24.
Stadtplan 7 C4. **Karte** W4. 21
886 91 45. 37. 12, 28. tägl.
8–19 Uhr (auch an Feiertagen).
Museu Antoniano 21 886 04
47. Di–So 10–13, 14–18 Uhr.

Die kleine Kirche Santo
António steht angeblich
auf dem Grund des Geburts-
hauses des heiligen Antonius.
Die Krypta – sie ist über die
geflieste Sakristei auf der linken Seite zu erreichen – ist
das Einzige, was das Erdbeben von 1755 übrig ließ. Die
neue Kirche entstand ab 1757
unter Mateus Vicente, dem
Architekten der Basílica da
Estrela *(siehe S. 55)*. Sie wurde
teilweise durch Spenden finanziert, die Kinder mit dem
Ruf «einen Groschen für den
heiligen Antonius» sammelten.
Noch heute liegen alte Escu-
dos auf dem Boden der Ka-
pelle in der Krypta. Fromme
Botschaften der Gläubigen
zieren die Wände.

Die Fassade verbindet wel-
lenartige Barockbogen mit
klassizistischen ionischen Säulen auf beiden Seiten des
Hauptportals. Auf dem Weg
hinab zur Krypta erinnert ein
Fliesenbild an den Besuch
von Papst Johannes Paul II.
im Jahr 1982. 1995 wurde die
Kirche zum 800. Geburtstag
des Heiligen renoviert. Braut-
leute legen traditionell am
Tag ihrer Hochzeit Blumen
für den heiligen Antonius nie-

Blick vom Castelo de São Jorge auf Miradouro und Igreja da Graça

der – er soll Frischvermählten
Glück bringen.

Das **Museu Antoniano** präsentiert Artefakte, die einen
Bezug zum heiligen Antonius
haben, sowie wertvollen
Kirchenschmuck. Das hüb-
scheste Exponat ist ein Fliesenbild aus dem 17. Jahrhundert: Es zeigt den heiligen
Antonius bei seiner Predigt
für die Fische.

Castelo de São Jorge 10

Siehe S. 38f.

Fliesenbild mit Papst Johannes Paul II. in der Kirche Santo António à Sé

Miradouro da Graça 11

Stadtplan 8 D2. **Karte** W1. 37.
12, 28.

Das Arbeiterviertel Graça
entstand gegen Ende des
19. Jahrhunderts. Heute wird
es hauptsächlich wegen seiner Aussicht vom *miradouro*
besucht. Das Panorama der
Häuserdächer und Hochhäu-
ser ist weniger spektakulär als
das von der Burg, doch ist
der Ort vor allem am Abend
ein beliebter Treffpunkt, wenn
man unter den Pinien an den
Cafétischen sitzen kann.

Das Augustinerkloster hinter
dem Miradouro da Graça
wurde 1271 gegründet und
nach dem Erdbeben von 1755
wiederaufgebaut. Das einst
blühende Anwesen dient
heute als Kaserne. Die Kirche
des Viertels, die Igreja da
Graça, kann jedoch besichtigt
werden. Im rechten Quer-
schiff befindet sich der *Senhor
dos Passos*, eine Darstellung
Christi auf dem Kreuzweg
nach Golgatha. Die Figur in
purpurfarbenen Kleidern wird
am zweiten Fastensonntag in
einer Prozession durch Graça
getragen. Die Azulejos am
Altar (17. Jh.) imitieren den
Brokatstoff, der den Altar normalerweise verhüllt.

Stadtplan *siehe Seiten 166–179*

Castelo de São Jorge ⑩

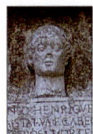

Steinkopf des Martim Moniz

Nachdem König Afonso Henriques 1147 die Mauren aus Lissabon vertrieben hatte, gestaltete er deren Zitadelle auf dem Hügel zur Königsburg um. 1511 errichtete Manuel I auf der heutigen Praça do Comércio einen Palast als neue Königsresidenz. Die Burg wurde daraufhin als Theater, Gefängnis oder Waffendepot genutzt und beim Erdbeben von 1755 beschädigt. 1938 ließ sie Salazar *(siehe S. 19)* restaurieren, einschließlich »mittelalterlicher« Mauer und neuer Gärten. Nun ist sie zwar nicht mehr authentisch, doch die engen Straßen des Viertels Santa Cruz im Inneren des Komplexes bieten reizvolle Wege und die schönste Aussicht Lissabons.

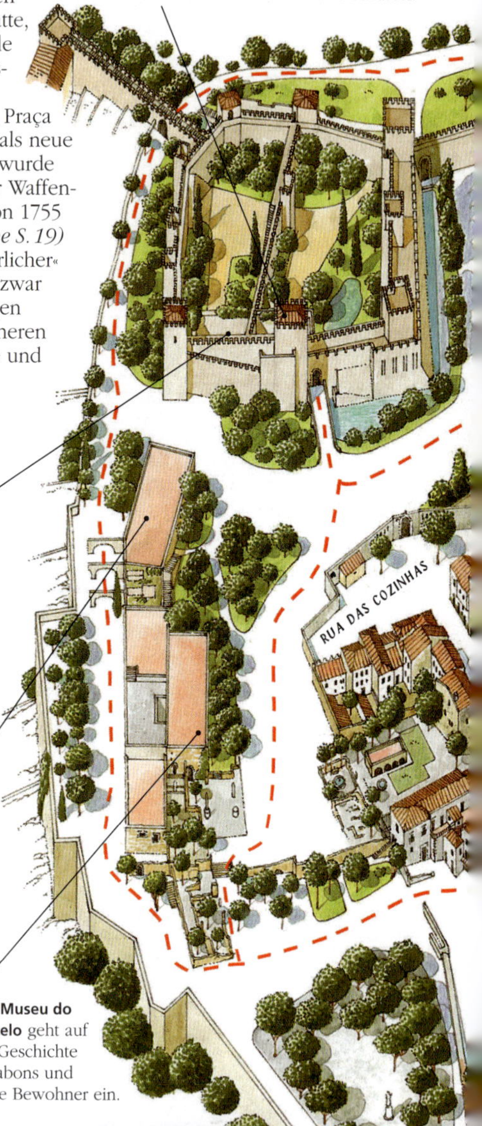
RUA DAS COZINHAS

In der Torre de Ulisses projiziert ein Periskop 360-Grad-Bilder von Lissabon in eine konkave Schüssel.

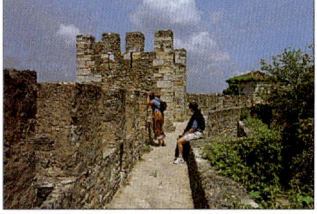

★ Burgmauer
Besucher können die Türme besteigen und die rekonstruierte Brustwehr der Mauer begehen.

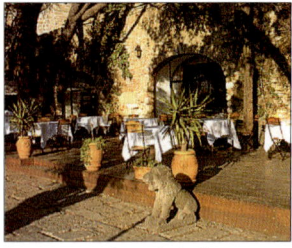

Restaurant Casa do Leão
Das Lokal in der einstigen königlichen Residenz ist abends sehr romantisch.

Das Museu do Castelo geht auf die Geschichte Lissabons und seine Bewohner ein.

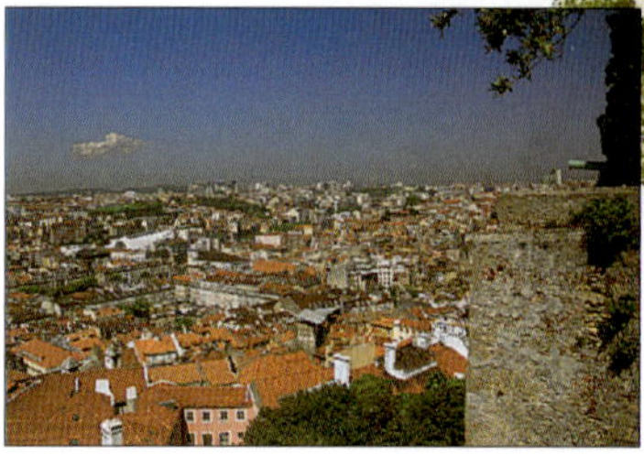

★ Aussichtsterrasse
Der schattige Platz bietet eine großartige Aussicht auf Lissabon und den Tejo. Unter den Bäumen spielen Männer Backgammon.

LEGENDE

— — — Routenempfehlung

Hotels und Restaurants in Lissabon *siehe Seiten 118–121 und 130–134*

Die Porta de Martim Moniz ist nach dem Ritter benannt, der 1147 das Tor für die Soldaten von Afonso Henriques offen hielt. Seine Büste befindet sich in einer Nische am Tor.

Die Porta de Santo André führt zum Largo Rodrigues de Freitas.

In der Kirche aus dem 12. Jahrhundert befindet sich eine Statue des heiligen Georg (17. Jh.).

Der Largo de Santa Cruz ist von elegant renovierten Gebäuden umgeben.

INFOBOX

Porta de São Jorge, Rua do Chão da Feira, Eingang an der Rua de Santa Cruz do Castelo. **Stadtplan** 7 C3/8 D3. **Karte** W2/3. 21 880 06 20. 37. 28. *März–Okt: tägl. 9–21 Uhr; Nov–Feb: tägl. 9–18 Uhr.* **Torre de Ulisses** *10–17 Uhr (nur bei guter Sicht). Camera obscura-Vorführung halbstündlich.* **Museu do Castelo** *März–Okt: 9–21 Uhr; Nov–Feb: 9–18 Uhr.* www.castelodesaojorge.pt

LARGO DE SANTA CRUZ DO CASTELO

RUA DAS FLORES DE SANTA CRUZ

RUA DE SANTA CRUZ DO CASTELO

BECO DO RECOLHIMENTO

BECO DO FORNO DO CASTELO

RUA DO RECOLHIMENTO

RUA DO CHÃO DA FEIRA

Porta de São Jorge

Santa Cruz
Die schmalen, gepflasterten Gassen des kleinen Viertels sind innerhalb der Burgmauer dicht bebaut.

0 Meter   50

Rua de Santa Cruz do Castelo
Bröckelnde Fassaden, Blumentöpfe und Wäscheleinen zwischen Fenstersimsen kennzeichnen die Straßen südlich des Castelo de São Jorge.

NICHT VERSÄUMEN

★ Aussichtsterrasse

★ Burgmauer

Stadtplan siehe Seiten 166–179

Baixa

**Detail an der Statue von José I,
Praça do Comércio**

Der Marquês de Pombal schuf auf den Ruinen des 1755 zerstörten Lissabon *(siehe S. 22f)* ein neues Zentrum. Zwischen der Praça do Comércio am Tejo und dem Rossio entstanden Straßenzüge im Schachbrettmuster. Die gleichförmigen klassizistischen Gebäude wurden nach den jeweiligen Ladenbesitzern und Handwerkern benannt. Der Triumphbogen wurde 80 Jahre später gebaut.

Noch heute bildet die Baixa (Unterstadt) mit ihren Banken, Büros und Läden das Geschäftszentrum der Stadt. Die Cafés, Restaurants und Theater am Rossio sind beliebte Treffpunkte. Die geometrische Anlage blieb bis heute unverändert, doch die meisten Gebäude legten die Uniformität des 18. Jahrhunderts ab. Die Straßen, vor allem die Rua Augusta, sind tagsüber ausgesprochen lebhaft, abends ist hier jedoch wenig los.

Sehenswürdigkeiten auf einen Blick

Museum
Museu da Sociedade
de Geografia ❹

Kirche
Nossa Senhora da
Conceição Velha ❾

Park
Jardim Botânico ❶

Aufzug
Elevador de Santa Justa ❼

**Historische Straßen
und Plätze**
Avenida da Liberdade ❷
Praça da Figueira ❻
Praça do Comércio ❿
Praça dos Restauradores ❸
Rossio ❺
Rua Augusta ❽

Anfahrt

In diesem Viertel kommen Sie mit Bus und Metro gut voran. Am Bahnhof Rossio halten Züge, die aus Sintra und vom Westen her kommen. Am Terreiro do Paço legen die Fähren von Barreiro an.

LEGENDE

▧	Detailkarte *siehe S. 42f*
Ⓜ	Metro-Station
🚉	Bahnhof
🚡	Standseilbahn
⛴	Fährhafen
ℹ	Information

0 Meter 250

◁ Durch den Triumphbogen in der Rua Augusta *(siehe S. 46)* betritt man die Praça do Comércio *(siehe S. 47)*

Im Detail: Restauradores

Azulejos an der Fassade der Tabacaria Monaco

Die Baixa mit den Hauptplätzen Rossio und Praça da Figueira ist der geschäftigste Teil der Stadt. Die nach dem Erdbeben von 1755 *(siehe S. 22f)* wiederaufgebaute »Unterstadt« ist ein Musterbeispiel durchdachter Stadtplanung in Europa. Klassizistische Gebäude und Läden säumen die Straßen. Am besten lässt sich die Atmosphäre in einem der Straßencafés genießen. Zum Bummeln eignet sich die Fußgängerzone der Rua das Portas de Santo Antão, in der u. a. Fischrestaurants gibt, die ihre Hummer in Aquarien präsentieren.

Palácio Foz
Das Gebäude (18. Jh.) wurde vom italienischen Architekten Francesco Fabri erbaut. Heute beherbergt es das Tourismusbüro.

Der Elevador da Glória, eine Standseilbahn, rattert den Hügel zum Bairro Alto hinauf bis zum Miradouro de São Pedro de Alcântara *(siehe S. 54).*

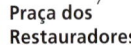

Praça dos Restauradores
Der große, von Bäumen gesäumte Platz ist nach den Männern benannt, die im Restaurationskrieg (1640–68) fielen. Hier findet man viele Straßencafés auf dem gemusterten Pflaster. ❸

Restauradores

Bahnhof Rossio
José Luís Monteiro entwarf den Bahnhof Ende des 19. Jahrhunderts im neomanuelinischen Stil mit zwei maurischen Hufeisenbogen.

LEGENDE

– – – Routenempfehlung

NICHT VERSÄUMEN

 ★ Rossio

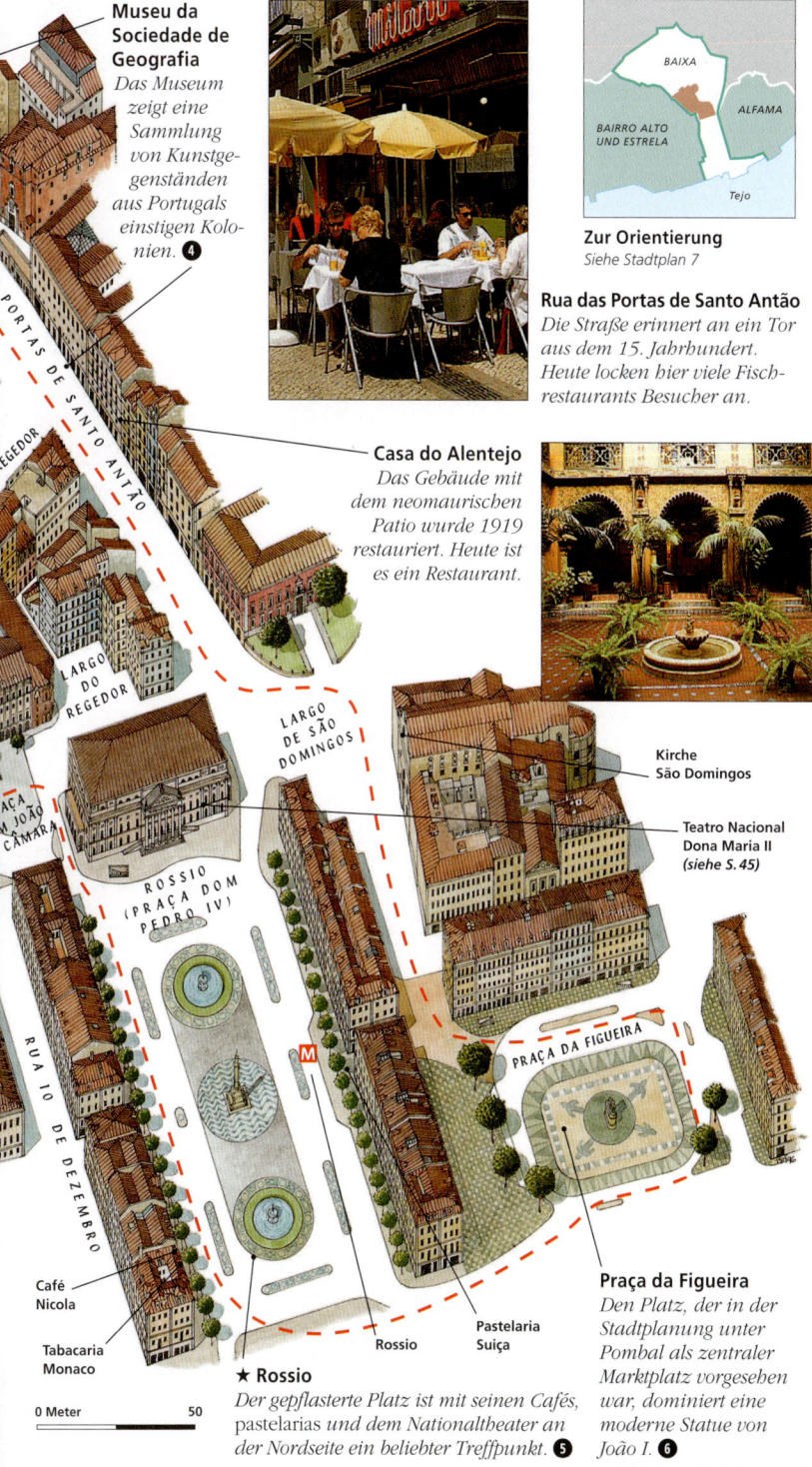

Museu da Sociedade de Geografia
Das Museum zeigt eine Sammlung von Kunstge-genständen aus Portugals einstigen Kolo-nien. ❹

PORTAS DE SANTO ANTÃO

REGEDOR

LARGO DO REGEDOR

PRAÇA M JOÃO A CÂMARA

LARGO DE SÃO DOMINGOS

ROSSIO (PRAÇA DOM PEDRO IV)

RUA 10 DE DEZEMBRO

Zur Orientierung
Siehe Stadtplan 7

BAIXA

ALFAMA

BAIRRO ALTO UND ESTRELA

Tejo

Rua das Portas de Santo Antão
Die Straße erinnert an ein Tor aus dem 15. Jahrhundert. Heute locken hier viele Fisch-restaurants Besucher an.

Casa do Alentejo
Das Gebäude mit dem neomaurischen Patio wurde 1919 restauriert. Heute ist es ein Restaurant.

Kirche São Domingos

Teatro Nacional Dona Maria II *(siehe S. 45)*

PRAÇA DA FIGUEIRA

Ⓜ

Café Nicola

Tabacaria Monaco

Rossio

Pastelaria Suiça

Praça da Figueira
Den Platz, der in der Stadtplanung unter Pombal als zentraler Marktplatz vorgesehen war, dominiert eine moderne Statue von João I. ❻

0 Meter   50

★ Rossio
Der gepflasterte Platz ist mit seinen Cafés, pastelarias *und dem Nationaltheater an der Nordseite ein beliebter Treffpunkt.* ❺

Stadtplan *siehe Seiten 166–179*

Schattiger Teich mit Brücke im Jardim Botânico

Jardim Botânico ❶

Rua da Escola Politécnica 58. **Stadt-plan** 4 F1. **Karte** L5. 🔴 21 392 18 93. 🚌 758. Ⓜ *Rato.* **Garten** ◯ *Apr–Sep: tägl. 9–20 Uhr; Okt–März: tägl. 9–18 Uhr.* ⬤ *1. Jan, 25. Dez.* 📷 🔗 www.jb.ul.pt **Museu de História Natural** 🔴 21 392 18 00. ◯ *Di–Fr 10–17, Sa, So 11–18 Uhr.* 📷 **Museu de Ciência** 🔴 21 392 18 08. ◯ *Di–Fr 10–17, Sa, So 11–18 Uhr.* ⬤ *Feiertage.* 📷 www.mc.ul.pt

Zwei Museen und vier Hektar Parkland umfasst dieser zur Universität gehörende Komplex. Der Botanische Garten lohnt einen Spaziergang zwischen exotischen Bäumen und auf schattigen Wegen, die zum Haupteingang an der Rua da Alegria hinabführen. Eine schöne Palmenallee verbindet die beiden Ebenen.

Das **Museu de História Natural** (Naturkundemuseum) widmet sich der Besiedlung der Iberischen Halbinsel und veranstaltet Sonderausstellungen, etwa zu Themen wie Dinosaurier oder Mineralien.

Das **Museu de Ciência** (Wissenschaftsmuseum) vermittelt mit seinen Exponaten wissenschaftliches Grundwissen und wird häufig von Schulklassen besucht.

Avenida da Liberdade ❷

Stadtplan 7 A2. **Karte** T1 (M5). 🚌 36, 709 und viele andere Linien. Ⓜ *Restauradores, Avenida.*

Nach dem Erdbeben von 1755 *(siehe S. 22f)* ließ der Marquês de Pombal den Passeio Público (öffentliche Promenade) auf dem Areal errichten, den heute der untere Teil der Avenida da Liberdade

und die Praça dos Restauradores bedecken. Trotz seines Namens war das Areal der Oberschicht Lissabons vorbehalten: Mauern und Tore sollten die unteren Klassen ausschließen. Als 1821 die Liberalen an die Macht kamen, wurden Avenida und Platz allen zugänglich gemacht.

Der heutige Boulevard wurde 1879–82 im Stil der Champs-Élysées in Paris ausgebaut. Die breite, baumbestandene Straße mit dem Denkmal für die Gefallenen des Ersten Weltkriegs wurde zum Zentrum für Umzüge, Feste und Demonstrationen. Mit seinen Brunnen und Straßencafés umgibt den Boulevard zwar noch ein Hauch Eleganz, doch zum Bummeln eignet er sich aufgrund des Verkehrslärms weniger.

Die einst prachtvolle, 90 Meter breite Allee durchschneiden zwischen Praça dos Restauradores und Praça Marquês de Pombal im Norden sieben verkehrsreiche Straßen. Einige der originalen Bauwerke sind erhalten, so das klassizistische Kino Tivoli (Nr. 188) und die Casa Lambertini mit ihrer farbenfrohen Mosaikverzierung (Nr. 166). Viele Jugendstil-Fassaden mussten jedoch neueren weichen, hinter denen sich nun Büros, Hotels und Shopping-Center befinden.

Ehrenmal aus dem 19. Jahrhundert auf der Praça dos Restauradores

Praça dos Restauradores ❸

Stadtplan 7 A2. **Karte** T2 (M6). 🚌 36, 702, 709, 746 und viele andere Linien. Ⓜ *Restauradores.*

Der Platz mit seinem hoch aufragenden Obelisken von 1886 erinnert an den »Restaurationskrieg«, den Unabhängigkeitskrieg Portugals von 1640–68. Die bronzenen Figuren am Sockel stellen den »Sieg« mit Palme und Krone sowie die »Freiheit« dar. Die Namen und Daten auf dem Obelisken beziehen sich auf Schlachten des Unabhängigkeitskriegs.

Der Palácio Foz an der Westseite mit dem Tourismusbüro wurde von Francesco Savario Fabri 1755–77 erbaut. Er trägt den Namen des Marquês de Foz, der dort im 19. Jahrhundert lebte. Architekt des Hotels Avenida Palace an der Südwestseite war José Luís Monteiro (1849–1942), der auch den Bahnhof Rossio *(siehe S. 42)* entwarf.

Denkmal für die Toten des Ersten Weltkriegs in der Avenida da Liberdade

Museu da Sociedade de Geografia ❹

Rua das Portas de Santo Antão 100.
Stadtplan 7 A2. **Karte** U1. 📞 *21
342 54 01.* 🚌 *702, 709, 711, 790.*
Ⓜ *Restauradores.* 🎫 *nur nach Vereinbarung.* 🖥 ♿

Das Museum im Haus der Geografischen Gesell-
schaft birgt eine einzigartige Sammlung mit Exponaten aus Portugals einstigen Kolonien, z. B. Beschneidungsmasken aus Guinea-Bissau, Musik-instrumente, Speere, Nacken-stützen aus Angola zum Schutz der Frisuren und den originalen Padrão, die Stein-säule, die die Portugiesen 1482 zum Zeichen ihrer Herr-schaft über Angola errichteten. Viele Stücke befinden sich in der Sala Portugal, die auch für Konferenzen genutzt wird.

Rossio ❺

Stadtplan 7 B3. **Karte** U2. 🚌 *36, 44, 702, 745 und viele andere Linien.* Ⓜ *Rossio.*

Der große Platz, eigentlich Praça Dom Pedro IV, war sechs Jahrhunderte lang das Hauptzentrum Lissabons und Schauplatz von Stierkämpfen, Festen, Militärparaden und – während der Inquisition – grausamen Ketzerverbrennun-gen. Heute finden auf dem Platz politische Kundgebun-

Teatro Nacional Dona Maria II am Rossio bei Nacht

gen statt. In den pombalini-schen Gebäuden haben sich Souvenirläden, Juweliere oder Cafés niedergelassen. Die vier weiblichen Figuren zu Füßen der Statue von Pedro IV, dem ersten Herrscher des unab-hängigen Brasilien, in der Mitte des Platzes, sind Allego-rien der Gerechtigkeit, Weis-heit, Stärke und Mäßigung.

Mitte des 19. Jahrhunderts wurde der Platz in einem wellenförmigen Mosaikmuster gepflastert, was ihm den Spitznamen »Schlingerplatz« verlieh. Die grauweißen Stein-quader wurden hier erstmals verwendet – nur wenige von ihnen sind noch erhalten. Das Teatro Nacional Dona Maria II an der Nordseite des Platzes ist nach der Tochter Pedros benannt. Es wurde in den

1840er Jahren vom italieni-schen Architekten Fortunato Lodi erbaut. Ein Brand zer-störte 1964 die Innenräume, in den 1970er Jahren baute man alles wieder auf. Die Figur über dem Ziergiebel stellt den Gründer des portu-giesischen Theaters dar: Gil Vicente (1465–1536).

Das Café Nicola an der Westseite war einst ein be-liebter Treff von Literaten, unter ihnen der Dichter Manuel Barbosa du Bocage (1765–1805). Das Café Suíça gegenüber ist wegen seiner Sonnenterrasse beliebt.

Praça da Figueira ❻

Stadtplan 7 B3. **Karte** V2. 🚌 *60, 714, 759 und viele andere Linien.* 🚋 *12, 15.* Ⓜ *Rossio.*

Vor dem schweren Erd-beben von 1755 *(siehe S. 22f)* befand sich hier das Hospital de Todos-os-Santos. Bei Pombals Wiederaufbau-plänen wurde der Platz als zentraler Marktplatz konzi-piert. 1885 baute man eine Markthalle, die in den 1950er Jahren wieder abgerissen wurde. Heute sind in den vierstöckigen Gebäuden Ho-tels, Läden und Cafés unter-gebracht, ein Markt existiert nicht mehr. Auf dem Sockel der bronzenen Reiterstatue Joãos I von Leopoldo de Almeida aus dem Jahr 1971 versammeln sich meist un-zählige Tauben.

Bronzestatue des Königs João I auf der Praça da Figueira

Stadtplan siehe Seiten 166–179

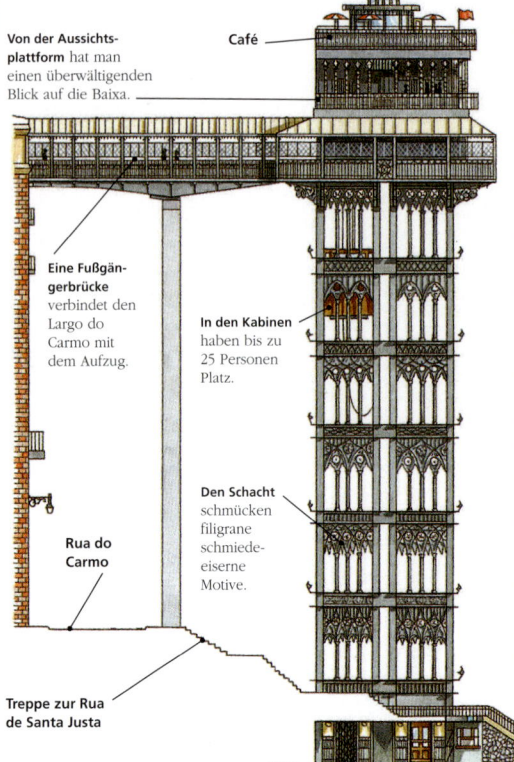

Von der Aussichts-plattform hat man einen überwältigenden Blick auf die Baixa.

Café

Eine Fußgän-gerbrücke verbindet den Largo do Carmo mit dem Aufzug.

In den Kabinen haben bis zu 25 Personen Platz.

Den Schacht schmücken filigrane schmiede-eiserne Motive.

Rua do Carmo

Treppe zur Rua de Santa Justa

Elevador de Santa Justa ❼

Rua de Santa Justa u. Largo do Carmo. **Stadtplan** 7 B3. **Karte** U3. 📞 *21 361 30 00*. ⭘ *Mai–Sep: tägl. 7–23 Uhr; Okt–Apr: tägl. 7–21 Uhr.* 🚫 📷 📶

Der markante Personenaufzug, auch Elevador do Carmo genannt, wurde Anfang des 20. Jahrhunderts von

Café auf der obersten Plattform des Elevador de Santa Justa

dem Franzosen Raoul Mesnier du Ponsard, einem Schüler Gustave Eiffels, errichtet. Der mit filigranem schmiedeeisernen Motiven verzierte Aufzug ist eine für die Baixa eher ausgefallene Attraktion. Die Kasse befindet sich am Fuß des Turms.

Zwei holzverkleidete und messinggeschmückte Kabinen mit dekorierten Glasscheiben transportieren die Passagiere auf- und abwärts. Eine nicht minder schöne Fußgängerbrücke führt zum 32 Meter höher gelegenen Largo do Carmo im Bairro Alto hinüber.

Die Spitze des Aufzugturms samt Café ist über eine enge Wendeltreppe zu erreichen. Von oben hat man eine großartige Aussicht auf den Rossio, das Schachbrettmuster der Baixa, die Burg, den Fluss und die Ruine der Igreja do Carmo.

1988 gab es einen schlimmen Brand im Viertel Chiado *(siehe S. 52)*. Das Feuer konnte kurz vor Erreichen des Aufzugs gelöscht werden.

Rua Augusta ❽

Stadtplan 7 B4. **Karte** U3/V4. Ⓜ *Rossio.* 🚌 *36, 40, 702, 714 und viele andere Linien.*

Die Rua Augusta ist eine schicke, mosaikgepflasterte Fußgängerzone mit Boutiquen und Straßencafés. Straßenkünstler sorgen für Unterhaltung, Händler bieten Lotterielose, Bücher, Straßenkunst und Souvenirs an. Der Triumphbogen, der Arco da Rua Augusta, umrahmt die Reiterstatue Josés I auf der Praça do Comércio. Sie wurde von Santos de Carvalho zum Gedenken an den Wiederaufbau der Stadt nach dem Erdbeben *(siehe S. 22f)* entworfen, aber erst 1873 vollendet.

Die Rua da Prata und die Rua do Ouro (oder Rua Áurea) sind die beiden anderen Hauptstraßen der Baixa. Beide werden von kleineren Straßen gekreuzt, von denen man nach Westen einen Blick auf den Bairro Alto und nach Osten auf das Castelo de São Jorge *(siehe S. 38f)* erhaschen kann. Einige Straßennamen leiten sich von den hier ansässigen Geschäften her, etwa Silberschmieden in der Rua da Prata, Goldschmieden in der Rua do Ouro, Schuhmacher in der Rua dos Sapateiros und Banken in der Rua do Comércio.

Eine Überraschung sind die Überreste der römischen Bäder inmitten des Banco Comercial Português in der Rua dos Correeiros. Durch das Schaufenster auf der Rücksete der Bank sind die Ruinen und Mosaiken zu sehen. Nach Anmeldung unter der Nummer 21 113 10 10 kann man das Gebäude besichtigen.

Käufer und Passanten in der verkehrsberuhigten Rua Augusta

Nossa Senhora da Conceição Velha ❾

Rua da Alfândega. **Stadtplan** 7 C4. **Karte** W4. 📞 *21 887 02 02.* 🚌 *709, 746. 790.* 🚋 *18.* ⭘ *Mo–Fr 9–17, So 10–13 Uhr.* ⬛📷♿

Das kunstvolle manuelinische Portal der Kirche blieb nach dem Erdbeben von 1755 als einziger Teil der ursprünglichen Kirche Nossa Senhora da Misericórdia aus dem 16. Jahrhundert erhalten. Engel, Tiergestalten, Blumen, Armillarsphären und das Kreuz des Christusordens schmücken den Eingang. Im Giebelfeld breitet die Jungfrau Maria ihren Mantel schützend über Gestalten jener Zeit, etwa über Papst Leo X., Manuel I und dessen Schwester Königin Leonor, die Witwe Joãos II. Leonor hatte die ursprüngliche Misericórdia-Kirche an der Stelle einer früheren Synagoge gegründet.

Portal der Conceição Velha (Detail)

Die Ansicht des Portals wird leider durch den Verkehr auf der Rua da Alfândega und die vor der Kirche parkenden Autos getrübt. Der düstere Innenraum weist eine ungewöhnliche Stuckdecke auf. In der zweiten Kapelle rechts steht die Statue Unserer Lieben Frau von Restelo, die aus der Belém-Kapelle stammt, in der die Seefahrer vor ihren Reisen nach Osten beteten.

Praça do Comércio ❿

Stadtplan 7 C5. **Karte** V4/5. 🚌 *40, 702, 709, 711, 714, 745 und viele andere Linien.* 🚋 *15, 18, 25.*

Auf dem großen Platz, der von den Einheimischen »Terreiro do Paço« (»Schlossplatz«) genannt wird, befand sich 400 Jahre lang die Königsresidenz. Manuel I verlegte sie 1511 vom Castelo de São Jorge an diesen angenehmeren Ort gleich am Fluss. Den ersten Palast an dieser Stelle zerstörte das Erdbeben von 1755 mitsamt der Bibliothek mit 70 000 Büchern. Der Platz wurde dann zum Glanzpunkt des Wiederaufbaus unter Pombal. Der neue Palast umfasst geräumige, arkadengesäumte Gebäude, die drei Seiten des Platzes einnehmen. Nach dem Sturz der Monarchie 1910 *(siehe S. 17)* nutzte man sie als Regierungsbüros und strich sie in republikanischem Rosa an. Mittlerweile sind sie wieder königlich-gelb.

Die mit zwei Türmen geschmückte Südseite öffnet sich zum Tejo hin. Sie war schon immer der schönste Zugang zur Stadt. Gekrönte Häupter und Botschafter kamen hier an und stiegen die Marmorstufen hinauf. Mit der Fähre von Cacilhas am Südufer kann man diese edle Ankunft nachvollziehen, auch wenn das Erlebnis durch die verkehrsreiche Avenida Infante Dom Henrique am Ufer getrübt ist.

Die Reiterstatue von König José II (1775) in der Mitte der Praça do Comércio schuf Machado de Castro, der führende portugiesische Bildhauer des 18. Jahrhunderts. Das bronzene Pferd, das Schlangen zertritt, verlieh dem Platz bei englischen Reisenden und Kaufleuten seinen dritten Namen: »Black Horse Square«. Inzwischen ist das Pferd allerdings von einer grünen Patina überzogen.

Schattige Arkaden an der Nordseite der Praça do Comércio

Der Triumphbogen an der Nordseite des Platzes führt zur Rua Augusta und bildet das Eingangstor zur Baixa. Seit Januar 2001 gibt es im Nordwesten des Platzes ein Informationsbüro für Besucher: das Lisboa Welcome Center. Dort findet man auch eine Galerie, Restaurants und Läden. An der gegenüberliegenden Ecke des Platzes befindet sich das Martinho da Arcada, Lissabons ältestes Café.

Am 1. Februar 1908 wurden auf dem Platz König Carlos und sein Sohn Luís Felipe ermordet. 1974 fand hier der erste Aufstand der »Nelkenrevolution« statt, die das Caetano-Regime schließlich stürzte. Lange Zeit wurde die Praça do Comércio als Parkplatz genutzt. Heute ist sie eine riesige Bühne für Kulturveranstaltungen und Feste.

Statue von König José I auf der Praça do Comércio

Stadtplan *siehe Seiten 166–179*

Bairro Alto und Estrela

D er Bairro Alto (»Oberstadt«) wurde im 16. Jahrhundert schachbrettartig auf einem Hügel angelegt. Er ist der malerischste Stadtteil Lissabons. Einst ließen sich hier reiche Bürger nieder, welche die Alfama verlassen hatten. Im 19. Jahrhundert verfiel das Viertel. Heute gibt es hier Handwerksläden, preisgünstige Restaurants und ein reges Nachtleben.

Fliesenbild am
Largo Rafael Bordalo
Pinheiro, Bairro Alto

Ganz anders stellt sich das elegante Geschäftsviertel Chiado dar – hier kaufen die wohlhabenden Lissabonner ein. Estrela im Nordwesten konzentriert sich um die gewaltige Basilika und die öffentlichen Gartenanlagen. Im Südwesten liegt Lapa, ein Viertel aus dem 18. Jahrhundert mit Botschaftsgebäuden und großen, eleganten Stadtresidenzen.

Sehenswürdigkeiten auf einen Blick

Museen und Sammlungen
Museu do Chiado ❺
Museu da Marioneta ❻
Museu Nacional de Arte Antiga S. 56–59 ⓫

Kirchen
Basílica da Estrela ⓭
Igreja do Carmo ❷
São Roque ❶

Historische Gebäude und Viertel
Chiado ❸
Palácio de São Bento ❿
Solar do Vinho do Porto ❼
Teatro Nacional de São Carlos ❹

Gärten und Aussichtspunkte
Jardim da Estrela ⓬
Miradouro de São Pedro de Alcântara ❽
Praça do Príncipe Real ❾

Anfahrt
Hierher führen eine Treppe, der Elevador da Glória von der Praça dos Restauradores und der Elevador de Santa Justa von der Baixa aus. Am Largo do Chiado gibt es eine Metro-Station. Die Tram 28 fährt auf ihrem Weg von Graça nach Estrela durch den Bairro Alto.

LEGENDE

▭	Detailkarte *siehe S. 50f*
Ⓜ	Metro-Station
🚉	Bahnhof
🚡	Standseilbahn
⛴	Fährhafen
═	Eisenbahn

0 Meter 250

◁ Jugendstil-Dekor im Café A Brasileira *(siehe S. 136f)*, einst ein beliebter Treff von Literaten und Intellektuellen

Im Detail: Bairro Alto und Chiado

Barocker Putto, Igreja do Carmo

Der Bairro Alto ist mit seinen an den Carmo und den Chiado angrenzenden Pflasterstraßen ein malerisches Viertel. Seit den 1980er Jahren ist der Stadtteil bekannt für sein Nachtleben: Unzählige Bars und Restaurants sorgen neben den alten *casas de fado* für Unterhaltung. In den letzten Jahren wurde viel restauriert. Nun stehen neue Gebäude neben verfallenen Häusern und winzigen Läden. Dagegen ist das Viertel Chiado, das sich von der Praça Luís de Camões bis zur Rua do Carmo erstreckt, voller eleganter Läden und Cafés in altmodischem Stil. Nach dem Brand von 1988 *(siehe S. 52)* wurde dort kräftig saniert.

Praça Luís de Camões

Café A Brasileira
Der Chiado war einst ein Tummelplatz für Literaten und Intellektuelle, heute ist er ein elegantes Einkaufsviertel. Das Café A Brasileira am Largo do Chiado schmücken vergoldete Spiegel.

Der Largo do Chiado wird von den Kirchen Loreto und Nossa Senhora da Encarnação flankiert.

Eça de Queirós
Teixeira Lopes schuf die Statue 1903. Der große Romancier (1845–1900) wird von einer kaum verhüllten Muse inspiriert.

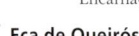

Baixa-Chiado

Die Rua Garrett ist die Haupteinkaufsstraße des Chiado.

0 Meter   50

Tavares Rico
Das einstige Café in der Rua da Misericórdia 37 wurde 1784 eröffnet. Heute ist es ein elegantes Restaurant (siehe S. 131), das Anfang des 20. Jahrhunderts mit Spiegeln und Stuck ausgestattet wurde.

LEGENDE

– – – Routenempfehlung

Hotels und Restaurants in Lissabon *siehe Seiten 118–121 und 130–134*

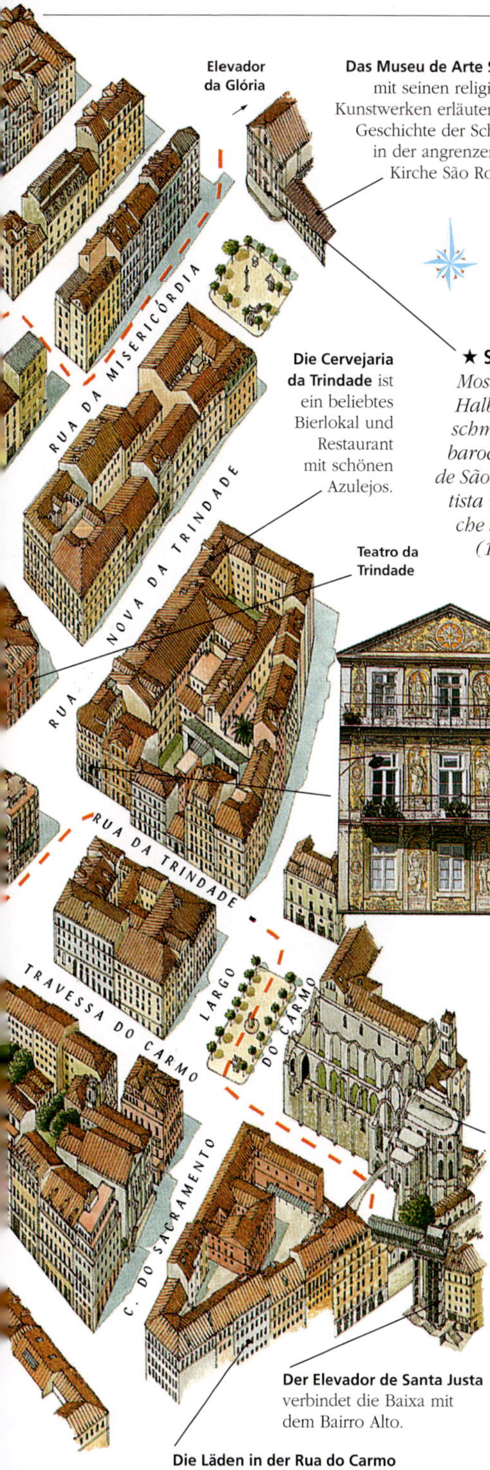

Elevador da Glória

Das Museu de Arte Sacra mit seinen religiösen Kunstwerken erläutert die Geschichte der Schätze in der angrenzenden Kirche São Roque.

BAIXA

BAIRRO ALTO UND ESTRELA

Tejo

Zur Orientierung
Siehe Stadtplan 7

Die Cervejaria da Trindade ist ein beliebtes Bierlokal und Restaurant mit schönen Azulejos.

RUA DA MISERICÓRDIA

RUA NOVA DA TRINDADE

Teatro da Trindade

★ **São Roque**
Mosaiken und Halbedelsteine schmücken die barocke Capela de São João Baptista in der Kirche São Roque (16. Jh.). ❶

RUA DA TRINDADE

LARGO DO CARMO

TRAVESSA DO CARMO

C. DO SACRAMENTO

Azulejos
Der Fliesenschmuck an diesem Haus (1864) am Largo Rafael Bordalo Pinheiro zeigt Allegorien der Wissenschaft, Landwirtschaft, Industrie und des Handels.

★ **Igreja do Carmo**
Das anmutige Bogengerippe der Karmeliterkirche, einst das größte Gotteshaus Lissabons, erinnert an das Erdbeben von 1755. Der Altarraum und das Hauptschiff bergen ein archäologisches Museum. ❷

Der Elevador de Santa Justa verbindet die Baixa mit dem Bairro Alto.

Die Läden in der Rua do Carmo wurden nach der Feuersbrunst von 1988 *(siehe S. 52)* komplett saniert.

NICHT VERSÄUMEN

★ Igreja do Carmo

★ São Roque

Stadtplan siehe Seiten 166–179

Blick von der Baixa auf die Ruine der Igreja do Carmo (14. Jh.)

São Roque ❶

Largo Trindade Coelho. **Stadtplan** 7 A3. **Karte** T2. 🅒 21 323 53 80. 📠 758. 🔵 Mo 14–18, Di, Mi, Fr–So 9–18, Do 9–21 Uhr. ⬤ Feiertage. ✝
Museu de Arte Sacra 🅒 21 323 53 81. 🔵 Di, Mi, Fr–So 10–18, Do 14–21 Uhr. ⬤ Feiertage. 📷 📷
www.museu-saoroque.com

Die schmucklose Fassade von São Roque täuscht über das üppige Innere hinweg. Die Kirche wurde Ende des 16. Jahrhunderts von den Jesuiten errichtet. 1742 entwarfen die italienischen Architekten Luigi Vanvitelli und Nicola Salvi im Auftrag von João V die Capela de São João Baptista (die letzte Kapelle links).

Azulejo in der Capela de São Roque

Sie wurde in Rom gebaut und mit Lapislazuli, Achat, Alabaster, Amethyst, Marmor, Gold, Silber und Mosaiken verziert. Nachdem der Papst sie in der Kirche Sant'Antonio dei Portoghesi in Rom gesegnet hatte, wurde das Bauwerk auseinandergenommen und auf drei Schiffen nach Lissabon gebracht. Die Schätze der Kapelle befinden sich heute im **Museu de Arte Sacra**.

Zu den schönsten Fliesenbildern in der Kirche gehören jene in der dritten rechten Kapelle (16. Jh.), die dem heiligen Rochus, dem Beschützer vor der Pest, geweiht ist. Bemerkenswert sind die Szenen aus der Apokalypse an der Decke und in der Sakristei mit ihrer schönen Kassettendecke. Gleiches gilt für die Tafelbilder, die das Leben des heiligen Franz Xaver, eines Missionars aus dem 16. Jahrhundert, eindrucksvoll illustrieren.

Igreja do Carmo ❷

Largo do Carmo. **Stadtplan** 7 B3. **Karte** U3. 🅒 21 347 86 29. 📠 758. 🚊 28. Ⓜ Baixa-Chiado. 🔵 Mai–Sep: Mo–Sa 10–19 Uhr; Okt–Apr: Mo–Sa 10–18 Uhr. ⬤ Feiertage. 📷

Die Ruine der gotischen Karmeliterkirche auf einem Hang oberhalb der Baixa erinnert an die massiven Zerstörungen des Erdbebens von 1755: Damals wurde gerade ein Gottesdienst gefeiert, und die Trümmermassen der einstürzenden Kirche begruben die Gläubigen. Umstürzende Kerzen lösten Brände aus. Die Kirche hatte der Feldherr Nuno Álvares Pereira Ende des 14. Jahrhunderts bauen lassen, nachdem er dem Karmeliterorden beigetreten war. Zur damaligen Zeit war sie die größte Lissabons.

Heute beherbergen das Hauptschiff und der Altarraum, dessen Dach die Erdstöße überstand, ein **archäologisches Museum** mit einer kleinen Sammlung von Sarkophagen, Statuen, Keramiken und Mosaiken. Dort sind u.a. die Reste eines westgotischen Pfeilers und ein römisches Grabmal mit Reliefs der Musen zu sehen. Auch Funde aus Mexiko und Südamerika, darunter einige alte Mumien, werden gezeigt.

Außerhalb der Ruine befindet sich auf dem Largo do Carmo der Chafariz do Carmo, ein mit vier Delfinen geschmückter Brunnen aus dem 18. Jahrhundert von Ângelo Belasco.

Chiado ❸

Stadtplan 7 A4. **Karte** T/U3/4. 📠 758. 🚊 28. Ⓜ Baixa-Chiado.

Mutmaßungen über den Ursprung des Namens »Chiado«, der seit 1567 benutzt wird, gibt es viele. Eine beruft sich auf das Kreischen (chiar) der Karren, die sich den steilen Hang hochquälten. Eine zweite bezieht sich auf den Spitznamen des Dichters António Ribeiro: »O Chiado«. Das Viertel wird gern mit der Intellektuellenszene in Ver-

---

Brand im Chiado

Am 25. August 1988 nahm in einem Laden in der Rua do Carmo ein verheerender Brand seinen Ausgang. Löschwagen konnten die Fußgängerzone schwer erreichen, sodass sich das Feuer schnell in die Rua Garrett ausbreitete. Neben Läden und Büros wurden viele bedeutende Gebäude aus dem 18. Jahrhundert zerstört, am schlimmsten in der Rua do Carmo. Der portugiesische Architekt Álvaro Siza Vieira leitete die Wiederaufbauarbeiten. Viele originale Fassaden konnten erhalten werden.

Feuerwehrleute bei der Feuersbrunst in der Rua do Carmo

Hotels und Restaurants in Lissabon siehe Seiten 118–121 und 130–134

Zuschauerraum des Teatro Nacional de São Carlos (18. Jh.)

Teatro Nacional de São Carlos ❹

Rua Serpa Pinto 9. **Stadtplan** 7 A4. **Karte** T4. ☎ 21 325 30 00. 🚌 758, 790. 🚋 28. Ⓜ Baixa-Chiado. 🕓 für Vorstellungen. www.saocarlos.pt

D as Rokoko-Theater wurde 1792–95 an der Stelle des älteren Opernhauses, das beim Erdbeben um 1755 zerstört worden war, von José da Costa e Silva errichtet. Das Gebäude, das der Mailänder Scala nachempfunden wurde, zeigt eine wunderschöne Fassade und eine reizende Rokoko-Ausstattung. Sein Anblick wird allerdings durch einen Parkplatz beeinträchtigt. Die Opernsaison dauert von September bis Juni. Konzerte und Ballettaufführungen finden jedoch auch das restliche Jahr über statt.

Museu do Chiado ❺

Rua Serpa Pinto 4–6. **Stadtplan** 7 A5. **Karte** U4. ☎ 21 343 21 48. 🚌 60, 208, 758. 🚋 28. Ⓜ Baixa-Chiado. 🕓 Di–So 10–18 Uhr. ● 1. Jan, Ostern, 1. Mai, 25. Dez. 📷 www.museudochiado-ipmuseus.pt

D as Nationalmuseum für zeitgenössische Kunst, dessen Gemäldesammlung aus den Jahren 1850–1950 nicht mehr als zeitgenössisch bezeichnet werden konnte, änderte 1994 seinen Namen und zog in ein saniertes Lagerhaus um.
Die auf drei Stockwerke verteilten Gemälde und

Skulpturen sind thematisch geordnet und illustrieren die Entwicklung vom Romantizismus zur Moderne. Die meist portugiesischen Arbeiten weisen oft einen starken Einfluss anderer europäischer Künstler auf, was vor allem bei der Ausstellung der Landschaftsmaler (19. Jh.) deutlich wird, die Kontakt mit den Künstlern der französischen Schule von Barbizon hatten. Es werden auch Zeichnungen von Auguste Rodin (1840–1917) sowie französische Skulpturen gezeigt. Sonderausstellungen sind vorzugsweise jungen Künstlern gewidmet, «die von der Dauerausstellung inspiriert wurden».

Groteske Marionette im Museu da Marioneta

Museu da Marioneta ❻

Convento das Bernardas, Rua da Esperança 146. **Stadtplan** 4 D3. **Karte** K7. ☎ 21 394 28 10. 🚌 60, 713, 727. 🚋 25. Ⓜ Cais do Sodré. 🚋 Santos. 🕓 Di–So 10–13, 14–18 Uhr. ● 1. Jan, 1. Mai, 24., 25., 31. Dez. 📷 www.museudamarioneta.pt

D as kleine Marionettenmuseum befindet sich in einem hübsch renovierten Kloster. Die Sammlung umfasst Figuren aus Theater und Oper (17./18. Jh.): Ritter, Narren, Teufel und satirische Charaktere. Die Marionetten sind schön gearbeitet, doch einige haben stark verzerrte Fratzen (nichts für empfindsame Kinder).
Das Museum erklärt die Geschichte dieser Kunstform und zeigt Videos von Vorstellungen. Erkundigen Sie sich nach Aufführungen auf der kleinen Bühne.

bindung gebracht. Eine Statue von Fernando Pessoa (1888–1935), Portugals berühmtestem Dichter des 20. Jahrhunderts, steht vor dem Café A Brasileira, einem beliebten Künstlertreff der 1920er Jahre.
Lissabonner beziehen den Name »Chiado« oft nicht auf das ganze Viertel, sondern lediglich auf die Rua Garrett, die nach dem Dichter João Almeida Garrett (1799–1854) benannt ist. Die elegante Haupteinkaufsstraße zwischen Largo do Chiado und Baixa ist bekannt für ihre Boutiquen, Cafés und Buchläden. Durch die Sanierung nach dem Brand von 1988 wurde die Gegend stark aufgewertet.
Am Largo do Chiado befinden sich zwei Barockkirchen: An der Nordseite steht die italienisch geprägte Igreja do Loreto und gegenüber Nossa Senhora da Encarnação, deren Außenwände teilweise mit Azulejos geschmückt sind.

Jugendstil-Fassade des beliebten Cafés A Brasileira im Chiado

Stadtplan siehe Seiten 166–179

Große Portweinauswahl im Solar do Vinho do Porto

Solar do Vinho do Porto ❼

Rua de São Pedro de Alcântara 45. **Stadtplan** 4 F2. **Karte** T2. 📞 21 347 57 07. 🚌 758. 🚋 28, Elevador da Glória. ○ Mo – Fr 11 – 24, Sa 14 – 24 Uhr. ● Feiertage.

Der Solar do Vinho do Porto befindet sich im Erdgeschoss einer Villa aus dem 18. Jahrhundert (das portugiesische Wort *solar* bedeutet »Villa« oder »Herrenhaus«). Das Gebäude gehörte einst dem deutschen Architekten Johann Friedrich Ludwig (Ludovice), der das Kloster in Mafra erbaute *(siehe S. 96).* Das Portweininstitut von Porto betreibt eine gemütliche Bar. An die 200 Portweine verzeichnet die umfangreiche Karte, jeder Winzer ist hier vertreten. Die meisten der bernsteinfarbenen Erzeugnisse werden glasweise ausgeschenkt, die günstigsten für rund einen Euro. Für die teilweise mehr als 40 Jahre alten edlen Tropfen muss man bis zu 70 Euro hinlegen – pro Glas, wohlgemerkt! Leider sind nicht immer alle Sorten erhältlich.

Miradouro de São Pedro de Alcântara ❽

Rua de São Pedro de Alcântara. **Stadtplan** 7 A2. **Karte** T2. 🚌 758. 🚋 28.

Der Aussichtspunkt *(miradouro)* bietet einen weiten Blick über die Baixa hinweg zum Osten Lissabons. Eine Karte auf Fliesen an der Balustrade hilft bei der Identifizierung der Sehenswürdigkeiten. Das Panorama reicht von der Brustwehr des Castelo de São Jorge *(siehe S. 38f)* auf dem bewaldeten Hügel im Südosten bis zur Kirche Penha de França aus dem 18. Jahrhundert im Nordwesten. Die weitläufige Anlage der Igreja da Graça *(siehe S. 37)* ist ebenfalls zu sehen. In der Ferne leuchtet São Vicente de Fora *(siehe S. 34),* erkennbar an den beiden Türmen und der weißen Fassade.

Bänke unter Schatten spendenden Bäumen machen die Terrasse zu einem angenehmen Ort nach dem steilen Aufstieg von der Baixa über die Calçada da Glória. Man kommt aber auch bequemer mit dem gelben Elevador da Glória hierher. Das Denkmal im Garten aus dem Jahr 1904 stellt Eduardo Coelho (1835 – 1889) dar, den Gründer der Zeitung *Diário de Notícias.* Zu seinen Füßen sieht man einen zerlumpten Zeitungsjungen

mit dem berühmten Blatt. Die Gegend war einst das Zentrum der Presse, doch Zeitungen und Druckereien sind nun in den Westen der Stadt gezogen.

Am schönsten ist die Aussicht bei Sonnenuntergang, wenn das Schloss illuminiert ist und sich die Terrasse mit jungen Lissabonnern füllt.

Praça do Príncipe Real ❾

Stadtplan 4 F1. **Karte** R1/2. 🚌 758, 790.

Kartenspieler auf der Praça do Príncipe Real

Der Platz in dem noblen Wohnviertel aus dem Jahr 1860 verströmt noch immer einen Hauch von Luxus. Gepflegte Villen umgeben einen ausgesucht hübschen Park mit Open-Air-Café, Robinien, Magnolien und Judasbäumen. Die Zweige einer riesigen Zeder wurden auf ein Spalier gezogen, unter dem die Einheimischen sich gern aufhalten und Karten spielen. Das auffällige, rosafarbene und weiße neomaurische Gebäude (Nr. 26) mit Kuppeln und Zinnen gehört zur Universität Lissabon.

Blick vom Miradouro de São Pedro de Alcântara zum Castelo de São Jorge

Hotels und Restaurants in Lissabon *siehe Seiten 118–121 und 130–134*

Schmiedeeiserner Musikpavillon im Jardim da Estrela

Palácio de São Bento 🔟

Largo das Cortes, Rua de São Bento.
Stadtplan 4 E2. **Karte** K6.
📞 21 391 90 00. 🚌 790. 🚃 28.
⏱ nach tel. Vereinbarung unter
21 391 94 46 oder 21 391 96 25.
www.parlamento.pt

D as weiße, massive klassizistische Gebäude, auch als Asembleia da República bezeichnet, wurde Ende des 16. Jahrhunderts als Benediktinerkloster São Bento erbaut. Nach der Auflösung des Ordens 1834 zog in den nun Palácio das Cortes genannten Bau das portugiesische Parlament ein. Marmorsäulen und klassizistische Statuen schmücken die Innenräume.

Museu Nacional de Arte Antiga 🔘

Siehe S. 56–59.

Jardim da Estrela 🔘

Praça da Estrela. **Stadtplan** 4 D2.
Karte J/K6. 🚌 720, 738. 🚃 25, 28.
Ⓜ Rato. ⏱ tägl. 7–24 Uhr.

D er beliebte Park aus der Mitte des 19. Jahrhunderts gegenüber der Basílica da Estrela bildet eines der Zentren des Viertels. Familien füttern dort am Wochenende die Enten und Karpfen im See. Man sitzt im Ufercafé oder spaziert zwischen bunten Blumenbeeten und unter Bäumen. Die Gärten sind von Rabatten begrenzt, Buschwerk wächst um Platanen und Ulmen. Mittelpunkt des Parks ist ein filigraner schmiedeeiserner Musikpavillon aus dem Jahr 1884, in dem im Sommer Konzerte stattfinden. Ursprünglich stand er am Passeio Público, dem Vorgänger der Avenida da Liberdade *(siehe S. 44)*.

Auf dem Englischen Friedhof im Norden des Parks ist der berühmte englische Romancier und Dramatiker Henry Fielding (1707–1754) begraben. Sein *Tagebuch einer Reise nach Lissabon*, das 1775 posthum erschien, handelt von seiner letzten Reise nach Portugal, wo er vergeblich versuchte, seinen schlechten Gesundheitszustand zu verbessern.

Basílica da Estrela 🔘

Praça da Estrela. **Stadtplan** 4 D2.
Karte J6. 📞 21 396 09 15.
🚌 720, 738. 🚃 25, 28. ⏱ tägl.
7.45–20 Uhr (Gruppen nach Vereinbarung). 🔲 📷

Grabmal der frommen Maria I in der Basílica da Estrela

M aria I *(siehe S. 109)*, die Tochter von José I, schwor im 18. Jahrhundert, eine Kirche zu bauen, wenn sie einen Thronerben gebären würde. Ihr Wunsch nach einem Sohn wurde erfüllt – 1779 begann man mit dem Bau der Basílica. Ihr Sohn José starb jedoch noch vor Vollendung der Kirche an den Pocken. Die Basílica auf einem Hügel im Westen der Stadt ist eines der Wahrzeichen Lissabons und wurde als vereinfachte Variante der Basílica in Mafra *(siehe S. 96)* im Stil des ausgehenden Barock und des Frühklassizismus errichtet. Die Fassade mit den zwei Glockentürmen ist mit Heiligenstatuen und allegorischen Figuren geschmückt.

Der riesige Innenraum, in den Licht durch die durchbrochene Kuppel strömt, ist mit grauem, rosafarbenem und gelbem Marmor ausgekleidet. Das Grabmal von Maria I, die in Brasilien starb, steht im rechten Querschiff. In einem separaten Raum befindet sich die Krippenszene von Machado de Castro, zusammengefügt aus über 500 Kork- und Terrakottafiguren. Der Küster öffnet den Raum auf Anfrage.

Klassizistische Fassade und Treppenaufgang des Palácio de São Bento

Stadtplan *siehe Seiten 166–179*

Museu Nacional de Arte Antiga ⓫

Portugals nationale Kunstsammlung befindet sich in einem *palácio* aus dem 17. Jahrhundert, der einst für die Grafen von Alvor errichtet wurde. 1770 erwarb ihn der Marquês de Pombal, dessen Familie den Palast gut 100 Jahre lang besaß. Das 1884 eingeweihte Museum wird von den Einheimischen wegen der einst grünen Fenster auch Museu das Janelas Verdes genannt. 1940 wurde an der Stelle des 1910–20 teilweise zerstörten Albertusklosters ein moderner Anbau (einschließlich Hauptfassade) hinzugefügt. Die Kapelle des Klosters ist noch original erhalten. Sie wurde in das Museum integriert.

Holzstatue des heiligen Georg (15. Jh.)

★ **Der heilige Hieronymus**
Das meisterhafte Bildnis (1521) Dürers thematisiert eines der zentralen Motive der Renaissance: die Vergänglichkeit des Menschen.

Kurzführer

Im Erdgeschoss findet man europäische Gemälde (14.–19. Jh.), Kunsthandwerk und Möbel. Orientalische und afrikanische Kunst, chinesische und portugiesische Keramiken, Silber, Gold und Juwelen sind im ersten Stock. Das Obergeschoss zeigt portugiesische Malerei und Skulptur.

Die Versuchung des heiligen Antonius von Hieronymus Bosch

Treppe zu

Der heilige Augustinus von Piero della Francesca

Der heilige Leonhard
Die Statue ist ein Werk des Renaissance-Bildhauers Andrea della Robbia (1435–1525), des Neffen von Luca della Robbia (1400–1482).

LEGENDE

- Europäische Kunst
- Portugiesische Malerei/Skulpturen
- Portugies./chinesische Keramik
- Orientalische/afrikanische Kunst
- Gold, Silber und Juwelen
- Kunsthandwerk
- Kapelle des heiligen Albert
- Möbel
- Wechselausstellungen
- Keine Ausstellungsfläche

NICHT VERSÄUMEN

★ Heiliger Hieronymus

★ Heiliger Vinzenz

★ Namban-Wandschirme

Die mystische Vermählung der heiligen Katharina
1519 schuf Hans Holbein d. Ä. diese ausgewogene Komposition einer sacra conversazione*. Die Heiligen tragen zeitgenössische Kleidung, im Hintergrund sieht man majestätische Renaissance-Architektur.*

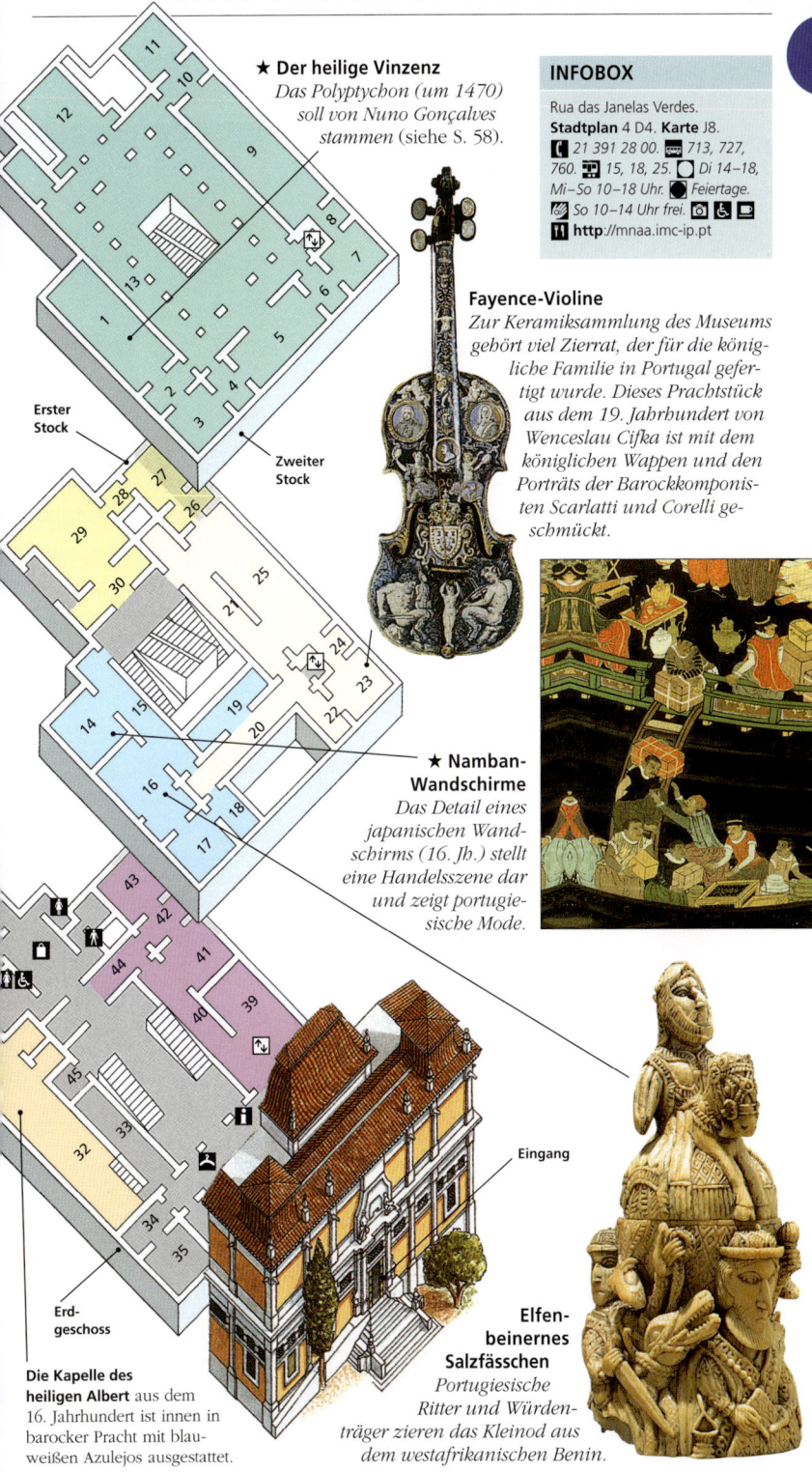

★ **Der heilige Vinzenz**
Das Polyptychon (um 1470)
soll von Nuno Gonçalves
stammen (siehe S. 58).

Erster Stock

Zweiter Stock

INFOBOX

Rua das Janelas Verdes.
Stadtplan 4 D4. **Karte** J8.
📞 *21 391 28 00.* 🚌 713, 727,
760. 🚊 *15, 18, 25.* ⬜ *Di 14–18,*
Mi–So 10–18 Uhr. ⬤ *Feiertage.*
💶 *So 10–14 Uhr frei.* 📷 ♿ ⬜
🍴 http://mnaa.imc-ip.pt

Fayence-Violine
Zur Keramiksammlung des Museums
gehört viel Zierrat, der für die könig-
liche Familie in Portugal gefer-
tigt wurde. Dieses Prachtstück
aus dem 19. Jahrhundert von
Wenceslau Cifka ist mit dem
königlichen Wappen und den
Porträts der Barockkomponis-
ten Scarlatti und Corelli ge-
schmückt.

★ **Namban-Wandschirme**
Das Detail eines
japanischen Wand-
schirms (16. Jh.) stellt
eine Handelsszene dar
und zeigt portugie-
sische Mode.

Eingang

Erd-geschoss

Die Kapelle des heiligen Albert aus dem 16. Jahrhundert ist innen in barocker Pracht mit blau-weißen Azulejos ausgestattet.

Elfen-beinernes Salzfässchen
Portugiesische
Ritter und Würden-
träger zieren das Kleinod aus
dem westafrikanischen Benin.

Stadtplan *siehe Seiten 166–179*

Museu Nacional de Arte Antiga: Sammlungen

Das Museum birgt die größte Gemäldesammlung Portugals mit dem Schwerpunkt auf frühen religiösen Werken portugiesischer Künstler. Die meisten Exponate stammen aus Klöstern, nachdem die Orden 1834 aufgelöst worden waren. Zahlreiche Skulpturen, Silberarbeiten, Porzellan und Kunsthandwerk geben einen Überblick über portugiesische Kunstepochen vom Mittelalter bis zum 19. Jahrhundert – ergänzt durch europäische und orientalische Werke. Überall lassen sich Portugals Verbindungen zu Brasilien, Afrika, Indien, China und Japan nachvollziehen.

Europäische Malerei

Gemälde europäischer Künstler vom 14. bis zum 19. Jahrhundert finden sich chronologisch geordnet im Erdgeschoss. Die meisten Werke stammen aus Privatbesitz und sind Leihgaben. Sie tragen erheblich zur Vielfalt der Ausstellung bei. In den ersten Säle mit Kunst aus dem 14. und 15. Jahrhundert kann man sehr gut den Übergang von der Gotik zur Ästhetik der Renaissance nachvollziehen.

Die deutschen, flämischen und niederländischen Künstler des 16. Jahrhunderts sind am besten vertreten, mit Gemälden wie *Der heilige Hieronymus* von Albrecht Dürer (1471–1528), *Salome* von Lucas Cranach d. Ä. (1472–1553), *Jungfrau mit Kind* von Hans Memling (1430–1494) und *Die Versuchung des heiligen Antonius* von Hieronymus Bosch (1450–1516).

Zur kleinen Auswahl italienischer Werke gehören *Der heilige Augustinus* des Renaissance-Malers Piero della Francesca (um 1420–1492) und ein anmutiges frühes Altarbild von Raffael (1483–1520): *Der heilige Eusebius erweckt mit dem Gewand von Hieronymus drei Tote.*

Portugiesische Malerei

Viele der ältesten Werke stammen von portugiesischen Künstlern, die von der Detailgenauigkeit flämischer Maler beeinflusst waren. Zwischen Portugal und Flandern bestanden stets enge Handelsbeziehungen. Im 15. und 16. Jahrhundert gründeten flämischstämmige Künstler wie Frei Carlos aus Évora Schulen in Portugal.

Der Ehrenplatz gebührt jedoch dem Polyptychon der Kirche São Vicente de Fora. Es ist das bedeutendste portugiesische Werk des 15. Jahrhunderts und Symbol des

Die Versuchung des heiligen Antonius von Hieronymus Bosch (Ausschnitt)

Nuno Gonçalves: *Der heilige Vinzenz*

Zisterzienser-
mönche von
Alcobaça

Bettel-
mönch

Fischer

Nationalstolzes in der Zeit der Entdeckungsreisen. Der Flügelaltar, etwa 1467–70 gemalt und Nuno Gonçalves zugeschrieben, stellt den *Heiligen Vinzenz* (São Vicente de Fora) dar, den Schutzheiligen Lissabons, umgeben von Rittern, Mönchen, Fischern und Bettlern, die ihn anbeten. Die Details des Bildes machen das Gemälde zu einem unschätzbaren historischen und sozialen Dokument.

Weitere bedeutende Werke sind ein Porträt des jungen Königs Sebastião von Cristóvão de Morais und klassizistische Gemälde von Domingos António de Sequeira.

Die Skulpturensammlung birgt gotische Stein- und Holzstatuen von Christus, Maria und von Heiligen sowie Statuen aus dem 17. Jahrhundert. Ebenfalls sehenswert ist eine Krippenszene aus dem 18. Jahrhundert von Barros Laborão in der Kapelle.

Portugiesische und chinesische Keramik

Die umfangreiche Keramiksammlung zeigt die Entwicklung chinesischen Porzellans und portugiesischer Fayencen sowie den orientalischen Einfluss auf portugiesi-

Selbstporträt des Künstlers Nuno Gonçalves

Königin Eleonor von Aragón, Königsmutter

Infant Henrique (siehe S. 21)

Jorge da Costa, Erzbischof von Lissabon

Maurischer Ritter

Jüdischer Gelehrter

Bettler

Königin Isabel

König Afonso V

Infant João (König João II)

Infant Fernão, Bruder des Königs

Heiliger Vinzenz

Ritter

Herzog von Bragança

Priester mit einem Fragment des Schädels des heiligen Vinzenz

sche Arbeiten und umgekehrt. Ab dem 16. Jahrhundert weisen portugiesische Keramiken einen deutlichen Ming-Einfluss auf, während chinesische Arbeiten portugiesische Motive enthalten. Mitte des 18. Jahrhunderts entwickelten Töpfer einen zunehmend bildhaften, europäischen Stil mit kräftigeren Mustern. Zudem gibt es italienische, spanische und niederländische Keramiken zu sehen.

Chinesische Porzellanvase (18. Jh.)

Orientalische und afrikanische Kunst

Die Elfenbeinarbeiten und Möbelstücke mit europäischen Motiven illustrieren die gegenseitigen Einflüsse von Portugal und seinen Kolonien. Die Vorliebe des 16. Jahrhunderts für Exotik ließ die Nachfrage nach Kunsthandwerk wie Elfenbein-Jagdhörnern aus Afrika steigen. Japanische Wandschirme (16. und 17. Jh.) zeugen vom portugiesischen Handel mit Japan. Die Japaner nannten die Portugiesen *Namban-jin* («Barbaren aus dem Süden»).

Gold, Silber und Juwelen

Zur hervorragenden Sammlung religiöser Schätze gehören König Sanchos I Goldkreuz (1214), die Belém-Monstranz (1506) und die Reliquie Madre de Deus aus dem 16. Jahrhundert, die angeblich einen Dorn aus der Krone Christi enthält.

Glanzlicht der Sammlung ist ein kostbares silbernes Tafelgeschirr aus dem 18. Jahrhundert. Zu den 1200 Einzelteilen, die José I bei der Pariser Werkstatt von François-Thomas Germain in Auftrag gab, gehören kompliziert gestaltete Terrinen, Saucieren und Salzfässchen. Die reichhaltige Sammlung an Juwelen stammt aus den Nonnenklöstern – sie waren die Mitgift reicher Novizinnen.

Kunsthandwerk

Zu den Exponaten zählen Möbel, Wandteppiche, Textilien, liturgische Gewänder und Mitren. Die Möbelsammlung zeigt Exemplare

aus Mittelalter und Renaissance sowie barocke und klassizistische Stücke aus der Zeit König Joãos V, König Josés und Königin Marias I. Herausragend sind die französischen Möbel (18. Jh.).

Bei den Textilien entdeckt man Bettüberwürfe aus dem 17. Jahrhundert, Wandteppiche, zum Teil flämischen Ursprungs wie *Die Taufe Christi* (16. Jh.), bestickte Decken und Arraiolos-Teppiche.

Edelsteingeschmückte Reliquie Madre de Deus (um 1510–25)

Belém

Belém an der Mündung des Tejo, wo die Karavellen zu ihren Entdeckungsreisen ablegten, ist untrennbar mit Portugals Goldenem Zeitalter verbunden. Als Manuel I 1495 an die Macht kam, ließ er mit dem neuen Reichtum grandiose Monumente und Kirchen erbauen, die den Geist seiner Zeit widerspiegelten. Die manuelinische Architektur brachte Bauwerke wie das Mosteiro dos Jerónimos und die Torre de Belém hervor. Heute ist Belém ein

Edelmut, Statue am Eingang des Palácio da Ajuda

weitläufig angelegter Stadtteil mit Museen, Gärten und Parks sowie einer reizvollen Uferpromenade mit Cafés. An sonnigen Tagen herrscht hier eine ausgelassene Atmosphäre.

Früher pflegten die Mönche des Klosters die ablegenden Schiffe auf dem Tejo zu beobachten. Heute schneidet die mehrspurige Avenida da Índia den Kern Beléms vom Ufer des Tejo ab. Die vielen Züge, die parallel zur Straße verkehren, verstärken die Abtrennung.

Sehenswürdigkeiten auf einen Blick

Museen und Sammlungen
Museu Colecção Berardo
  Arte Moderna e
  Contemporânea ❿
Museu de Marinha ❼
Museu Nacional
  de Arqueologia ❺
Museu Nacional dos Coches ❷
Planetário Calouste
  Gulbenkian ❻

Parks und Gärten
Jardim Agrícola Tropical ❸
Jardim Botânico d'Ajuda ⓮

Kirchen und Klöster
Ermida de São Jerónimo ⓬
Igreja da Memória ⓭
Mosteiro dos Jerónimos
  S. 66f ❹

Historische Gebäude
Palácio de Belém ❶
Palácio Nacional da Ajuda ⓯
Torre de Belém S. 70 ⓫

Denkmal
Padrão dos
  Descobrimentos ❾

Kulturzentrum
Centro Cultural
  de Belém ❽

LEGENDE

▦ Detailkarte
  siehe S. 62f

🚉 Bahnhof

⛴ Fährhafen

═ Eisenbahn

ℹ Information

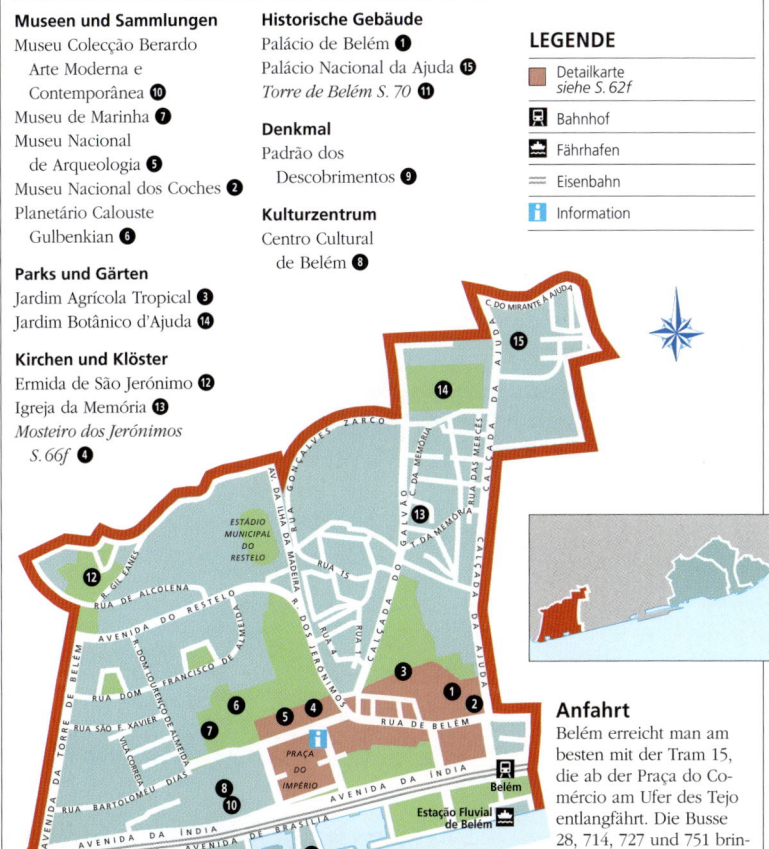

Anfahrt
Belém erreicht man am besten mit der Tram 15, die ab der Praça do Comércio am Ufer des Tejo entlangfährt. Die Busse 28, 714, 727 und 751 bringen Sie ebenfalls nach Belém. Nahverkehrszüge von Cais do Sodré nach Oeiras halten in Belém.

◁ Langhaus von Santa Maria de Belém, der Kirche des Mosteiro dos Jerónimos *(siehe S.66f)*

Im Detail: Belém

Steinerne Kara-
velle, Mosteiro
dos Jerónimos

Portugals einstige maritime Blütezeit, die sich in prachtvollen Bauwerken wie dem Mosteiro dos Jerónimos ausdrückt, ist in Belém überall zu entdecken. Unter Salazar (*siehe S. 19*), der an Portugals Goldenes Zeitalter zu erinnern versuchte, wurde das im Lauf der Zeit verschlammte Ufergebiet rekonstruiert, um die einstige Größe der Nation zu feiern. 1940 wurde für eine Ausstellung die Praça do Império angelegt. Die Praça Afonso de Albuquerque ist Portugals erstem Vizekönig von Indien gewidmet. Im Palácio de Belém, der von João V im 18. Jahrhundert restauriert und um Gärten und eine Reitschule erweitert wurde, kam die königliche Familie nach dem Erdbeben von 1755 kurzzeitig unter.

★ **Mosteiro dos Jerónimos**
Arkaden und mit Blattwerk, exotischen Tierdarstellungen und Navigationsinstrumenten reich verzierte Säulen kennzeichnen das manuelinische Hieronymitenkloster. ❹

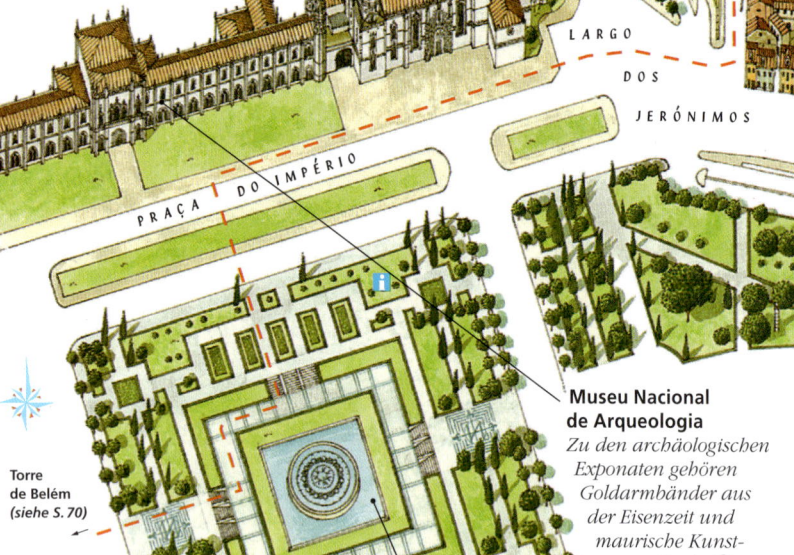

LARGO

DOS

JERÓNIMOS

PRAÇA DO IMPÉRIO

**Museu Nacional
de Arqueologia**
Zu den archäologischen Exponaten gehören Goldarmbänder aus der Eisenzeit und maurische Kunstgegenstände. ❺

Torre
de Belém
(*siehe S. 70*)

NICHT VERSÄUMEN

★ Mosteiro dos
   Jerónimos

★ Museu Nacional
   dos Coches

LEGENDE

– – – Routenempfehlung

Praça do Império
Auf dem großen Platz vor dem Kloster wird der Brunnen zu besonderen Gelegenheiten illuminiert.

Rua Vieira Portuense
*Die Straße grenzt an einen kleinen Park.
Die bunten Häuser (16. und 17. Jh.)
stehen in Kontrast zu den imposanten
Bauten Beléms.*

Jardim Agrícola Tropical
Exotische Pflanzen und Bäume aus Portugals einstigen Kolonien zieren den Park, der früher zum Palácio de Belém gehörte. ❸

Zur Orientierung
Siehe Stadtplan 1–2

In der Antiga Confeitaria de Belém
aus dem 19. Jahrhundert gibt es
pastéis de Belém, Blätterteigtörtchen mit Pudding.

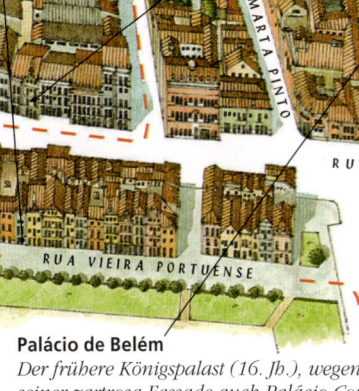

TRAVESSA DOS FERREIROS

T. MARTA PINTO

RUA DE BELÉM

Zentrum
Lissabon

RUA VIEIRA PORTUENSE

Palácio de Belém
*Der frühere Königspalast (16. Jh.), wegen
seiner zartrosa Fassade auch Palácio Cor
de Rosa genannt, ist Amtssitz des portugiesischen Präsidenten. Er beherbergt
auch das Museu da Presidencia.* ❶

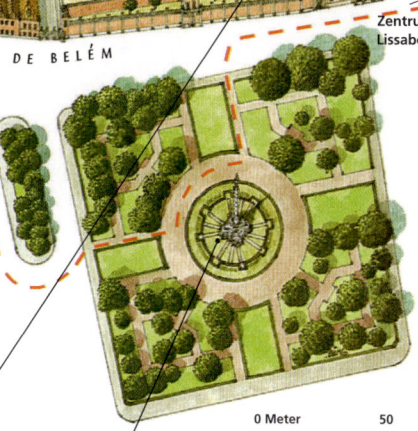

0 Meter   50

★ Museu Nacional dos Coches
*Die Kutschensammlung in der alten
Reitschule des Palácio de Belém zeigt
auch diese Kutsche des Gesandten am
Vatikan (18. Jh.).* ❷

Praça Afonso de Albuquerque
*Der Platz erhielt den
Namen des ersten
portugiesischen
Vizekönigs von
Indien. Szenen
aus seinem Leben
sind am Fuß der
Säule in der Mitte
der Praça Afonso
de Albuquerque
zu sehen.*

Stadtplan *siehe Seiten 166–179*

Palácio de Belém ❶

Praça Afonso de Albuquerque. **Stadtplan** 1 C4. **Karte** C9. 📞 21 361 46
60. 🚌 28, 714, 727, 751. 🚊 15.
🚆 Belém. 🕐 Sa 11–16, So 14.30–
16 Uhr. 🎫 obligatorisch. 📷
Museu da Presidência 🕐 Di–So
10–18 Uhr. ⬤ Ostern, 1. Mai,
25. Dez. **www**.museu.presidencia.pt

Der Palácio de Belém ist Amtssitz des portugiesischen Präsidenten

Die Gärten des Baus, 1559
vom Grafen von Aveiras
vor der Versandung des Tejo
angelegt, grenzten früher an
den Fluss. Im 18. Jahrhundert
veränderte João V den Palast
komplett. Das Innere stattete
er als Liebesnest aus.

Als das Erdbeben von 1755
(siehe S. 22f) das Zentrum Lissabons zerstörte, suchten König José I und seine Familie
hier Zuflucht. Aus Furcht vor
weiteren Erdstößen schliefen
sie zeitweise in Zelten auf
dem Gelände. Der Palast
selbst diente als Krankenhaus.
Heute ist das elegante rosafarbene Gebäude Residenz des
portugiesischen Präsidenten.

Das Museu da Presidência
in den Nebengebäuden prä-
sentiert die Staatsgeschenke.

Museu Nacional
dos Coches ❷

Praça Afonso de Albuquerque.
Stadtplan 2 D4. **Karte** C9. 📞 21
361 08 50. 🚌 28, 714, 727, 751.
🚊 15. 🚆 Belém. 🕐 Di–So
10–18 Uhr. ⬤ 1. Jan, Ostern, 1. Mai,
25. Dez. 🎫 So bis 14 Uhr frei. 🎫
für Gruppen nach Vereinbarung.
📷 🚹 nur Erdgeschoss.
www.museudoscoches.pt

Die Kutschensammlung
des Museums in der eins-
tigen Reitschule im Ostflügel
des Palácio de Belém ist wohl

die schönste Europas. Von der
oberen Galerie aus pflegte die
königliche Familie ihre prachtvollen Lusitanos in der Arena
zu betrachten. 1905 ließ
König Carlos' Frau Amélia,
deren rosafarbenes Reitkleid
ausgestellt ist, die Reitschule
in ein Museum umwandeln.

Die schlichten bis protzigen
Kutschen aus Portugal, Italien,
Frankreich, Österreich und
Spanien stammen aus drei
Jahrhunderten. In der Haupt-
galerie mit der prächtig aus-
gemalten Decke stehen zwei
Reihen von Kutschen des por-
tugiesischen Königshauses.

Die Ausstellung beginnt mit
der vergleichsweise einfachen, mit Holz und rotem
Leder ausgestatteten Kut-
sche von Felipe II von Spanien. Dann werden die
Fahrzeuge prachtvoller: das
Innere aus rotem Samt und
Gold, das Äußere aufwen-
dig geschnitzt, mit Allegori-
en und dem königlichen
Wappen geschmückt. Am
Ende der Reihe befinden sich
zwei Barockkutschen, die in
Rom für den portugiesi-
schen Gesandten Rodrigo
Almeida e Menezes, Mar-
quês de Abrantes, gefertigt
wurden. Die extravaganten
fünf Tonnen schweren
Kutschen sind mit lebens-
großen vergoldeten Sta-
tuen verziert.

Im Raum nebenan sind
weitere königliche Kut-
schen zu bewundern, so
ein zweirädriges Cabrio-
let, Landauer sowie Pony-
wagen der Königskinder.
Daneben gibt es eine
Lissabonner Droschke
(19. Jh.) in Schwarz und
Grün, den Farben der Taxis
bis in die 1990er Jahre. Die

Rückansicht der Kutsche (1716) des portugiesischen
Gesandten am Vatikan

Hotels und Restaurants in Lissabon siehe Seiten 118–121 und 130–134

»Brillenkarosse« aus dem 18. Jahrhundert, deren Verdeck mit bedrohlichen, augengleichen Fenstern durchbrochen ist, stammt aus der Pombal-Ära *(siehe S. 17)*, als üppige Ausstattung verpönt war. Pferdegeschirr, Hofkleidung und Porträts der königlichen Familie befinden sich in der oberen Galerie.

Jardim Agrícola Tropical ❸

Rua da Junqueria 86 (Eingang Largo dos Jerónimos). **Stadtplan** 1 C4. **Karte** C9. ☎ 21 362 02 10. 🚌 28, 714, 727, 751. 🚊 15. ⬤ Apr–Sep: Mo–Fr 9–18, Sa, So 11–19 Uhr; Okt–März: Mo–Fr 9–17, Sa, So 10–17 Uhr. ⬤ Feiertage. 📷 nur Di–Fr. ♿

Der ruhige Park mit Teichen, Wasservögeln und Pfauen, auch Jardim do Ultramar genannt, hat oft erstaunlich wenige Besucher. Er wurde zu Beginn des 20. Jahrhunderts als Forschungszentrum des Instituts für Tropenwissenschaft angelegt und ist eher ein Arboretum als ein Blumengarten. Sein Schwerpunkt sind seltene und bedrohte tropische und subtropische Bäume und Pflanzen, etwa Drachenbäume von den Kanarischen Inseln und Madeira, chilenische Araukarien und eine Allee aus riesigen Washington-Palmen. Ein chinesisches Tor, das während der Ausstellung Mundo Portugal von 1940 Macau repräsentierte, führt in den orientalischen Garten mit Bächen, Brücken und Hibiskussträuchern.

Die Forschungsräume befinden sich im Palácio dos Condes da Calheta, dessen Räume mit Azulejos aus drei Jahrhunderten dekoriert sind. Hier finden Wechselausstellungen statt (geschl. 12.30–14 Uhr).

Mosteiro dos Jerónimos ❹

Siehe S. 66f.

Washington-Palmen im Jardim Agrícola Tropical

Museu Nacional de Arqueologia ❺

Praça do Império. **Stadtplan** 1 B4. **Karte** B9. ☎ 21 362 00 00. 🚌 28, 714, 727, 751. 🚊 15. ⬤ Di–So 10–18 Uhr. ⬤ 1. Jan, Ostern, 1. Mai, 25. Dez. 📷 📷 ♿ **www**.mnarqueologia-ipmuseus.pt

Der lange Westflügel des Mosteiro dos Jerónimos *(siehe S. 66f)*, einst der Schlafsaal der Mönche, beherbergt seit 1893 ein Museum. Der Bau wurde Mitte des 19. Jahrhunderts rekonstruiert und zeigt nur noch wenig vom manuelinischen Original. Das Museum ist Sitz des portugiesischen archäologischen Forschungszentrums mit Exponaten aus dem ganzen Land, etwa einem eisenzeitlichen Goldarmband aus Grândola (Alentejo), westgotischem Schmuck aus dem Alentejo, römischen Ornamenten und maurischer Kunst (8. Jh.). Die ägyptische und griechisch-römische Abteilung zeigt meist Grabkunst wie Figurinen, Grabsteine, Masken, Terrakotta-Amulette und Grabkegel, die mit Hieroglyphen beschriftet sind. In der dämmrigen Schatzkammer glitzern Münzen, Halsketten, Armbänder und weiterer Schmuck aus der Zeit von 1800 bis 500 v. Chr. Dieser Raum ist mittlerweile restauriert worden und bietet jetzt einigen bisher nicht gezeigten Exponaten Platz.

Westgotische Goldspange, Museu de Arqueologia

Planetário Calouste Gulbenkian ❻

Praça do Império. **Stadtplan** 1 B4. **Karte** B9. ☎ 21 362 00 02. 🚌 28, 714, 727, 751. 🚊 15. ⬤ Do 16, Sa, So 15 Uhr (Abweichungen je nach Jahreszeit möglich). 📷 📷 ♿ **www**.planetario.online.pt

Das Gebäude wurde 1965 von der Gulbenkian-Stiftung *(siehe S. 79)* neben dem Mosteiro dos Jerónimos errichtet. Das Planetarium bildet den Nachthimmel nach und erläutert Besuchern die Geheimnisse des Kosmos. Die Vorführungen in portugiesischer, englischer und französischer Sprache erklären Sternenbewegungen und unser Sonnensystem, aber auch Themen wie die Sternbilder oder den Stern von Bethlehem (portugiesisch »Belém«).

Kuppel des Planetário Calouste Gulbenkian

Stadtplan *siehe Seiten 166–179*

Mosteiro dos Jerónimos ❹

Armillarsphäre im Kreuzgang

Grabmal des Vasco da Gama
Das Grab des Seefahrers (siehe
*S. 68) aus dem 19. Jahrhundert
ist mit Armillarsphären und
anderen Seefahreruten-
silien geschmückt.*

D as Kloster, ein Monument des
Zeitalters der Entdeckungen
(siehe S. 20f), ist eine Apotheose
manuelinischer Architektur. Es wurde
1501 von Manuel I kurz nach der
Rückkehr Vasco da Gamas von seiner
historischen Reise in Auftrag gegeben.
Finanziert wurde es durch das »Pfef-
fergeld«, eine Steuer auf Gewürze,
Edelsteine und Gold. Verschiedene
Baumeister arbeiteten daran. Die bekanntesten waren
Diogo Boitac und später João de Castilho. Das
Kloster unterstand bis zur Säkularisation 1834
dem Hieronymitenorden.

Refektorium
*Das Refektorium ist mit Azulejos
aus dem 18. Jahrhundert dekoriert, die u. a. die Speisung der
Fünftausend
darstellen.*

Der Brunnen zeigt
die Form eines Lö-
wen, Wappentier des
heiligen Hieronymus.

**Der neoma-
nuelinische
Flügel** von
1850 be-
herbergt
das Museu
Nacional de
Arqueologia
(siehe S. 65).

Das Westportal wurde vom französischen
Bildhauer Nicolau Chanterène entworfen.

**Eingang zu Kirche
und Kreuzgang**

Galerie

Blick auf das Kloster
*Die Szene aus dem 17. Jahr-
hundert von Felipe Lobo
zeigt Frauen an einem
Brunnen vor dem Kloster.*

NICHT VERSÄUMEN
★ Kreuzgang
★ Südportal

★ Kreuzgang

Der grandiose manueli-nische Entwurf João de Castilhos wurde 1544 vollendet. Feinstes Maß-werk und üppige Reliefs schmücken Bogen und Balustraden.

INFOBOX

Praça do Império. **Stadtplan** 1 B4. **Karte** C9. 📞 *21 362 00 34.* 🚌 *28, 714, 727, 751.* 🚃 *15.* 🚊 *Belém.* ⬤ *Mai–Sep: Di–So 10–18.30 Uhr; Okt–Apr: Di–So 10–17.30 Uhr.* ✝ *So 10–14 Uhr frei.* 📷 ♿ *nur Kreuzgang.* **www**.*mosteirojeronimos.pt*

Hauptschiff

Das Gewölbe der Kirche Santa Maria wird von schlan-ken, achteckigen Säulen getragen, die wie Palmen emporstreben und dem Raum Harmonie verleihen.

Der Kapitelsaal birgt das Grabmal des Historikers und ersten Bürgermeisters von Belém, Alexan-dre Herculano (1810–1877).

Der Altarraum wurde 1572 von Catarina, der Frau Joãos III, gestiftet.

Die Gräber von Manu-el I, seiner Frau Maria, João III und Catarina werden von Elefanten getragen.

★ Südportal

Das üppige Dekor über-deckt fast die strenge Architektur des Portals. João de Castilho verbindet religiöse Themen, hier das Bildnis des heiligen Hie-ronymus, mit weltlichen und feiert die portugie-sischen Könige.

Grabmal König Sebastiãos
Das Grab des »ersehnten« Sebastião ist leer. Der junge König kehrte nie aus der Schlacht von 1578 zurück.

Stadtplan *siehe Seiten 166–179*

Fassade des Museu de Marinha

Museu de Marinha ❼

Praça do Império. **Stadtplan** 1 B4. **Karte** B9. ☎ 21 362 00 19. 🚌 28, 714, 727, 751. 🚋 15. ⏰ Mai–Sep: Di–So 10–18 Uhr; Okt–Apr: Di–So 10–17 Uhr. ⏺ 1. Jan, Ostern, 1. Mai, 25. Dez. 📷 nach Voranmeldung: 21 362 00 10. 📅 So 10–14 Uhr frei. 📷 🖥 http://museu.marinha.pt

Das Marinemuseum im Westflügel des Mosteiro dos Jerónimos *(siehe S. 66f)* wurde 1962 eröffnet. In der dortigen Kapelle, die der Infant Henrique *(siehe S. 21)* gestiftet hatte, beteten die See-

leute, bevor sie sich einschifften. Ein Saal ist den Entdeckungsreisen gewidmet. Er zeigt den raschen Fortschritt im Schiffsbau seit dem 15. Jahrhundert, der sich die Erfahrungen der Entdecker zunutze machte. Zu sehen ist die Entwicklung von Barken über Lateinersegel- zu schnellen Rahsegelkaravellen und den portugiesischen *naus*. Dazu gibt es Navigationsinstrumente, Astrolabien und Repliken von Karten (16. Jh.).

Die Steinsäulen mit dem Kreuz der Christusritter sind Nachbildungen der *padrãos*, die in der Neuen Welt als Symbol portugiesischer Souveränität errichtet wurden. Hinter der Sala dos Descobrimentos geht es durch Säle mit Modellen moderner Schiffe zu den »königlichen Quartieren« mit der erlesen möblierten, holzvertäfelten Kabine der Yacht *Amélia*, die 1900 in Schottland für König Carlos und Königin Amélia gebaut wurde.

Der moderne Pavillon gegenüber birgt originale königliche Barkassen, darunter die Brigg für Königin Maria I von 1780. Den Abschluss bildet eine Sammlung von Wasserflugzeugen, darunter die *Santa Clara*, der 1922 als Erster die Überquerung des Südatlantiks gelang.

Centro Cultural de Belém ❽

Praça do Império. **Stadtplan** 1 B5. **Karte** B9/10. ☎ 21 361 24 00. 🚌 28, 714, 727, 751. 🚋 15. 🚊 Belém. ⏰ Mo–Fr 8–20, Sa, So 10–19 Uhr. ⏺ 25. Dez. 📅 🖥 www.ccb.pt

Der nüchterne Bau zwischen dem prächtigen Mosteiro dos Jerónimos und dem Tejo führte zu hitzigen Kontroversen. Der Komplex entstand 1990–92 als Hauptquartier der EU-Präsidentschaft Portugals. 1993 wurde der Bau als Kultur- und Konferenzzentrum mit Schwerpunkt Musik, Theater und Tanz eingeweiht. Das große Auditorium bietet 1429 Plätze. Es gibt zudem ein Ausstellungszentrum, das seit 2007 das Museu Colecção Berardo *(siehe rechts)* beherbergt.

Vom Café und vom Restaurant aus genießt man eine schöne Aussicht auf die umliegenden Gärten, Olivenhaine und den Fluss.

Der moderne Komplex des Centro Cultural de Belém

Padrão dos Descobrimentos ❾

Avenida de Brasília. **Stadtplan** 1 C5. **Karte** C10. ☎ 21 303 19 50. 🚌 28, 714, 727, 751. 🚋 15. 🚊 Belém ⏰ Mai–Sep: tägl. 10–19 Uhr; Okt–Apr: Di–So 10–18 Uhr. ⏺ 1. Jan, 1. Mai, 25. Dez. 📅 für Lift. 📷 www. padraodosdescobrimentos.egeac.pt

Das massive, 52 Meter hohe Denkmal wurde vom Salazar-Regime in Auftrag gegeben und 1960 anlässlich des 500. Todestags des Infanten Henrique *(siehe S. 21)* am Tejo enthüllt. Es erinnert an die Seeleute, königlichen Gönner und all jene, die an der rasanten Entwicklung des portugiesischen Zeitalters der Entdeckungen beteiligt waren.

Vasco da Gama (um 1460–1524)

1498 umsegelte Vasco da Gama das Kap der Guten Hoffnung und entdeckte so den Seeweg nach Indien *(siehe S. 20f)*. Den Herrscher von Calicut beeindruckten da Gamas bescheidene Gaben (Stoffe, Waschschüsseln) wenig, doch kehrte da Gama mit einer Ladung Gewürze zurück. 1502 segelte er erneut nach Indien und begründete die portugiesische Handelsroute im Indischen Ozean. João III ernannte ihn 1524 zum Vizekönig von Indien. Kurz darauf starb Vasco da Gama.

Gemälde von Vasco da Gama in Goa (16. Jh.)

Der große Kompass im Pflaster vor dem Padrão dos Descobrimentos

Museu Colecção Berardo Arte Moderna e Contemporânea ❿

Praça do Império. **Stadtplan** 1 B5. **Karte** B9. ☎ 21 361 28 78. 🚌 28, 714, 727, 751. 🚋 15. 🚆 Belém. ◐ tägl. 10–19 Uhr. ♿ **www.**museuberardo.pt

Das Monument ist einer Karavelle nachempfunden, mit dem portugiesischen Wappen an den Seiten und dem Schwert des Königshauses von Avis über dem Eingang. Der Infant Henrique steht am Bug mit einer Karavelle in der Hand. Auf beiden Seiten befinden sich auf einer Schräge die Statuen portugiesischer Helden aus dem Zeitalter der Entdeckungen – auf der Westseite u. a. Manuel I mit einer Armillarsphäre, der Dichter Camões mit einem Exemplar von *Os Lusíadas*, der Maler Nuno Gonçalves mit Palette sowie weitere Seefahrer, Kartografen und Könige.

Der große Kompass im Pflaster auf der Nordseite ist ein Geschenk der Republik Südafrika von 1960. Die mit Galeonen und Meerjungfrauen verzierte Karte in der Mitte zeigt die Routen der Entdecker im 15. und 16. Jahrhundert. Ein Lift fährt in den sechsten Stock des Denkmals. Von dort führen Treppen aufs Dach, das einen Panoramablick auf den Fluss und Belém bietet. Im Untergeschoss finden Ausstellungen statt, des Weiteren kann man sich hier LisboaExperience ansehen, eine Multimedia-Show über Lissabon und seine Geschichte (www.lisbonexperience.pt).

Der Padrão dos Descobrimentos ist nicht jedermanns Geschmack, doch wenn ihm auch eine gewisse künstlerische Eleganz fehlen mag – Lage und Gestaltung sind einzigartig. In der Abendsonne wirkt das Monument besonders beeindruckend.

Der Geschäftsmann und Kunstsammler José Manuel Rodrigues Berardo (*1944) ermöglichte dieses 2007 eröffnete Museum, das fast 1000 Werke von über 500 Künstlern zu seiner Sammlung zählen kann: Gemälde, Skulpturen, Fotografien sowie Video-Installationen aus dem 20. und 21. Jahrhundert.

Zu den Highlights zählen Pablo Picassos kubistisches Werk *Tête de Femme* (1909), einige Variationen von Andy Warhols *Brillo Box* (1964–68), Jeff Koons' *Poodle* (1991) und Balthus' *Portrait de Femme en Robe Bleue* (1935). Weitere berühmte Künstler sind Piet Mondrian, Francis Bacon, Willem de Kooning, Richard Long und Henry Moore.

Zu sehen gibt es natürlich auch portugiesische Kunst, darunter Skulpturen von Alberto Carneiro, Radierungen von Paula Rego und beeindruckende Schwarz-Weiß-Fotografien von Fernando Lemos.

Ostseite des Padrão dos Descobrimentos

Afonso V (1432–1481), Schutzherr der ersten Entdecker

Pedro Álvares Cabral (1467–1520), Entdecker von Brasilien

Infant Henrique (1394–1460)

Vasco da Gama (1460–1524)

Fernão de Magalhães, der 1520/21 den Pazifik überquerte

Der von Diogo Cão 1482 im Kongo errichtete *padrão*

Stadtplan siehe Seiten 166–179

Torre de Belém ⓫

**Wappen von
Manuel I**

Der Turm wurde 1515–21 im Auftrag von Manuel I als Bastion mitten im Tejo erbaut. Das manuelinische Juwel, einst Startpunkt der Seefahrer, die die wichtigen Handelsrouten entdeckten, wurde zum Symbol für Portugals Zeitalter der Expansion. Seine wahre Schönheit liegt jedoch in der reichen Ausschmückung mit Schnurreliefs, durchbrochenen Balkonen, maurischen Ausgucken und schildförmigen Zinnen. Das düster-gotische Innere unterhalb der Terrasse diente früher als Waffenlager und Gefängnis. Die Unterkünfte im Turm lohnen wegen der Loggia und der Aussicht eine Besichtigung.

INFOBOX

Avenida de Brasília. **Stadtplan** 1 A5. **Karte** A10. 📞 21 362 00 34. 🚌 28, 714, 727. 🚊 15. 🚉 Belém. 🕐 Mai–Sep: Di–So 10–18.30 Uhr; Okt–Apr: Di–So 10–17.30 Uhr. ⬤ Feiertage. 🎫 📷 ⬤ Erdgeschoss. **www**.torrebelem.pt

Renaissance-Loggia
Die feine, bogengeschmückte Loggia im italienischen Stil verleiht den wehrhaften Zinnen des Turms Leichtigkeit.

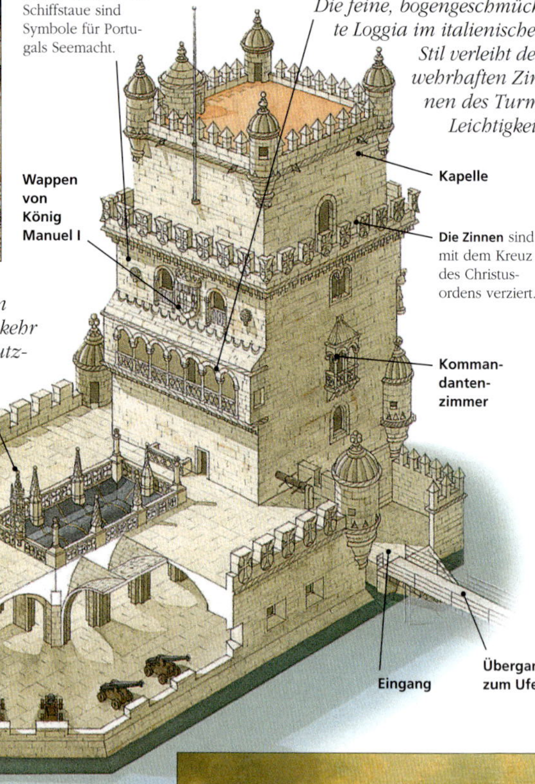

Armillarsphären und Schiffstaue sind Symbole für Portugals Seemacht.

Wappen von König Manuel I

Kapelle

Die Zinnen sind mit dem Kreuz des Christusordens verziert.

Kommandantenzimmer

Jungfrau mit Kind
Eine Statue Unserer Lieben Frau für die sichere Heimkehr blickt aufs Meer – als Schutzsymbol für die Seeleute.

Eingang

Übergang zum Ufer

Wachtürme

Das Kerkergewölbe wurde bis ins 19. Jahrhundert als Gefängnis genutzt.

Torre de Belém im Jahr 1811
Das Gemälde von J. T. Serres zeigt, dass der Turm weiter vom Ufer entfernt lag als heute. Im 19. Jahrhundert wurde der Fluss durch Aufschüttung am Nordufer schmaler.

Hotels und Restaurants in Lissabon *siehe Seiten 118–121 und 130–134*

Die schlichte manuelinische Ermida de São Jerónimo

Ermida de São Jerónimo ⑫

Rua Pero de Covilhã. **Stadtplan** 1 A3. **Karte** A8. ☎ 21 301 86 48. 🚌 28, 49, 73, 714, 729, 751. ◯ Mo–Sa (nach Vereinbarung).

Die hübsche kleine Kapelle, auch Capela de São Jerónimo genannt, entstand 1514, als Diogo Boitac am Mosteiro dos Jerónimos (siehe S. 66f) arbeitete. Trotz ihrer Schlichtheit ist sie manuelinisch und wurde vermutlich von Boitac entworfen. Die einzigen dekorativen Elemente des abweisenden Baus sind die vier Spitztürmchen, die Wasserspeier und das manuelinische Tor. Die Kapelle thront auf einem Hügel und bietet schöne Ausblicke auf Belém und den Tejo. Ein Pfad führt von der Terrasse hinab zur Torre de Belém.

Igreja da Memória ⑬

Calçada do Galvão, Ajuda. **Stadtplan** 1 C3. **Karte** C8. ☎ 21 363 52 95. 🚌 28, 732. 🚋 18. ◯ Messe: Mo–Sa 18, So 10 Uhr. ✝ ♿

Die Kirche wurde 1769 von König José I gestiftet, zum Dank, dass er 1758 an dieser Stelle einen Mordanschlag überlebt hatte. Seine Kutsche wurde nach einem Schäferstündchen mit einer Dame der Familie Távora überfallen, eine Kugel traf ihn am Arm. Der allmächtige Pombal (siehe S. 17) nutzte dies als Vorwand, seine Feinde bei den Távoras loszu-

werden, indem er sie der Verschwörung anklagte. 1759 wurden sie hingerichtet. An sie erinnert eine Säule in der Beco do Chão Salgado, nahe der Rua de Belém.

Die klassizistische Kirche ist innen mit Marmor verkleidet. In der kleinen Kapelle rechts befindet sich das Grab Pombals, der ein Jahr nach seiner Verbannung aus Lissabon mit 83 Jahren starb.

Jardim Botânico d'Ajuda ⑭

Calçada do Galvão. **Stadtplan** 1 C2. **Karte** C7. ☎ 21 362 25 03. 🚌 28, 73, 714, 727, 729, 732. 🚋 18. ◯ Apr: tägl. 9–19 Uhr; Mai–Sep: tägl. 9–20 Uhr; Okt–März: tägl. 9–18 Uhr. ◯ 1. Jan, 25. Dez. 🏷 ♿ www. jardimbotanicodajuda.com

Die Gärten im italienischen Stil, die Pombal (siehe S. 17) 1768 anlegte, sind eine Oase der Ruhe in Belém. Das schmiedeeiserne Eingangstor (in einer rosafarbenen Mauer) ist leicht zu verfehlen. Im Park wachsen 5000 Pflanzenarten aus Afrika, Asien und Amerika. Besonders sehenswert sind der 400 Jahre alte Drachenbaum aus Madeira und der mit Schlangen, Seepferdchen und mythischen Kreaturen verzierte Brunnen (18. Jh.). Von der Terrasse überblickt man die untere Ebene des Gartens.

Palácio Nacional da Ajuda ⑮

Largo da Ajuda. **Stadtplan** 2 D2. **Karte** D7. ☎ 21 363 70 95. 🚌 60, 729, 732, 742. 🚋 18. ◯ Do–Di 10–17.30 Uhr. ◯ 1. Jan, Ostern, 1. Mai, 25. Dez. 🏷 So bis 14 Uhr frei. ♿ 🎫 www.pnajuda.imc-ip.pt

An der Stelle des 1795 von einem Feuer zerstörten königlichen Palasts entstand Anfang des 19. Jahrhunderts dieses klassizistische Gebäude. Es wurde aufgegeben, als das Königshaus 1807 nach Brasilien ins Exil gehen musste. Zur ständigen Residenz wurde es wieder, als Luís I 1861 König wurde und die italienische Prinzessin Maria Pia von Savoyen heiratete.

Für die Ausstattung der Gemächer wurden keine Kosten gescheut. Man dekorierte sie mit Seidentapeten, edelstem Sèvres-Porzellan und funkelnden Kristalllüstern. Beispiel königlichen Prunks ist das Sächsische Zimmer, ein Hochzeitsgeschenk des Königs an Maria Pia, in dem jedes Möbelstück mit Meißner Porzellan geschmückt ist. Eindrucksvoll ist der riesige Bankettsaal im ersten Stock mit Kristalllüstern, seidenen Sesseln und einem Deckenfresko mit der allegorischen Darstellung der Geburt Joãos VI. Allerdings wirkt das neogotische Maleratelier von Luís I mit Holzmöbeln weitaus persönlicher.

Thron (19. Jh.) im Palácio Nacional da Ajuda

Formhecken im Jardim Botânico d'Ajuda

Stadtplan siehe Seiten 166–179

Abstecher

D ie meisten Sehenswürdigkeiten im Großraum von Lissabon sind vom Stadtzentrum aus mit Bus oder Metro leicht zu erreichen. Ein zehnminütiger Fußweg führt vom Parque Eduardo VII zum Museu Calouste Gulbenkian, dem grandiosen Kulturtempel Portugals mitten in einem Park. Auch das Museu da Cidade am Campo Grande lohnt wegen des Überblicks über die Geschichte Lissabons einen Besuch. Der hübsche Palácio Fronteira mit seinen

Azulejo-Bild am Palácio Fronteira

prachtvollen Fliesen ist eine der vielen für den Adel erbauten Villen in den Vorstädten. Schöne Fliesen findet man auch im Museu Nacional do Azulejo im Kreuzgang des Convento da Madre de Deus. Etwa einen halben Tag nimmt ein Ausflug zum Cristo-Rei-Denkmal jenseits des Tejo in Anspruch. Das Ozeanarium liegt nordöstlich des Stadtzentrums im Parque das Nações und bietet vor allem für Familien viele Attraktionen. Hier gibt es auch Hotels und Läden.

Sehenswürdigkeiten auf einen Blick

Museen und Sammlungen
Centro de Arte Moderna **7**
Museu Calouste Gulbenkian
 S.76–79 **6**
Museu da Água **9**
Museu da Cidade **13**
Museu Nacional do Azulejo
 S.82f **10**

Moderne Architektur
Colombo Shopping-Center **3**
Cristo Rei **1**
Parque das Nações **11**
Ponte 25 de Abril **2**

Historische Architektur
Aqueduto das Águas Livres **15**
Campo Pequeno **8**
Palácio Fronteira **16**
Praça Marquês de Pombal **4**

Parks und Gärten
Parque do Monteiro-Mor **17**
Parque Eduardo VII **5**

Zoos
Jardim Zoológico **14**
Oceanário de Lisboa **12**

LEGENDE
Lissabon Zentrum
Flughafen
Fährhafen
Autobahn
Hauptstraße
Nebenstraße

0 Kilometer   4

Abstecher

(Karte mit Ortsangaben: Vila Franca de Xira, Amadora, Pontinha, Olivais, IP1 – A1, Campo Grande, Benfica, PARQUE FLORESTAL DE MONSANTO, Carnaxide, Cascais, Estefânia, Xabregas, Graça, Alcântara, N6, Tejo, Montijo, Barreiro, Porto Brandão, Setúbal, Almada, Cacilhas, Seixal)

⊲ **Nymphenbrunnen in der tropischen Vegetation der Estufa Fria im Parque Eduardo VII** *(siehe S. 75)*

Cristo Rei ❶

Santuário Nacional do Cristo Rei, Alto do Pragal, Almada. ☎ 21 275 10 00. ⛴ von Cais do Sodré nach Cacilhas, dann 🚌 101. ☐ Juli–Sep: Mo–Fr 9.30–18.30, Sa, So 9.30–19 Uhr; Okt–Juni: tägl. 9.30–18.15 Uhr. 📷

Das turmhohe Monument Cristo Rei am Südufer des Tejo

Die 28 Meter hohe Statue mit den ausgebreiteten Armen auf dem mächtigen Sockel ist dem Cristo Redentor in Rio de Janeiro nachempfunden. Sie befindet sich am Südufer des Tejo und wurde auf Betreiben Salazars 1949–59 nach Plänen von Francisco Franco errichtet. Man kann das Denkmal von vielen Punkten der Stadt aus sehen. Die Fahrt mit der Fähre zur Outra Banda (»zum anderen Ufer«) ist reizvoller als per Bus oder Taxi. Ein Aufzug und ein paar Stufen führen zur 82 Meter hohen Plattform des Sockels mit herrlichem Ausblick auf Stadt und Fluss.

Ponte 25 de Abril ❷

Stadtplan 3 A5. **Karte** G9. 🚌 52, 53.

Ursprünglich hieß Lissabons Hängebrücke über den Tejo Ponte Salazar, nach dem Diktator, der sie 1966 bauen ließ. Sie wurde umbenannt in Erinnerung an die »Nelkenrevolution« vom 25. April 1974, durch die Portugal die Demokratie zurückerhielt *(siehe S. 17)*.

Die Stahlkonstruktion nach dem Vorbild der Golden Gate Bridge in San Francisco ist einen Kilometer lang. Eine zweite Ebene für die Eisenbahn (Fertagus) wurde 1999 fertiggestellt. Das Problem der Verkehrsstaus löste man teilweise durch den Bau des Ponte Vasco da Gama. Diese 1998 eröffnete Autobahnbrücke spannt sich 17 Kilometer lang über den Tejo – von Montijo bis Sacavém, nördlich des Parque das Nações.

Colombo Shopping-Center ❸

Avenida Luciada. ☎ 21 711 36 00. Ⓜ Linha Azul: Colégio Militar/Luz. 🚌 750, 799, 767. ☐ tägl. 9–24 Uhr. ◐ 1. Jan, 25. Dez. ♿ www.colombo.pt

Das Colombo ist das größte Shopping-Center der Iberischen Halbinsel. In dem Komplex befinden sich über 420 Läden, darunter die internationalen Modeketten Mango, Zara und H & M, je eine Filiale von Timberland und von FNAC sowie ein Disney Store. Des Weiteren gibt es im Colombo sieben Kinosäle, einen Fitness-Club, einen Vergnügungspark, eine Kegelbahn und über 60 Lokale – von amerikanischen Fast-Food-Ketten bis hin zu Restaurants, in denen man typisches portugiesisches Essen bekommt.

Ponte 25 de Abril – die Verbindung Lissabons mit der Outra Banda, dem Südufer des Tejo

Hotels und Restaurants in Lissabon *siehe Seiten 118–121 und 130–134*

Tropische Pflanzen in der Estufa Quente im Parque Eduardo VII

Parque Eduardo VII ❺

Praça Marquês de Pombal.
Stadtplan 5 B4. **Karte** K/L3/4.
📞 21 388 22 78. Ⓜ Marquês de Pombal. 🚌 12, 22, 711, 738 und viele andere Linien. **Estufa Fria**
📞 21 388 22 78. 🕐 Apr–Sep: tägl. 9–17.30 Uhr; Okt–März: tägl. 9–16.30 Uhr (letzter Einlass 30 Min. vor Schließung). ● 1. Jan, 25. Apr, 1. Mai, 25. Dez. ♿

Benannt ist der größte Park Lissabons nach König Edward VII von England, der 1902 in Lissabon die anglo-portugiesische Allianz bekräftigte. Ende des 19. Jahrhunderts wurde der 25 Hektar große Hang als Parque da Liberdade als Fortsetzung der Avenida da Liberdade (siehe S. 44) angelegt. Säuberlich gestutzte Buchsbaumhecken und mit Mosaiken gepflasterte Wege führen von der Praça Marquês de Pombal zur Aussichtsterrasse hinauf. Hier gibt es einen Blumengarten zu Ehren von Amália Rodrigues, ein hübsches Café und einen Ausblick über die Stadt bis zu den Hügeln jenseits des Tejo. An klaren Tagen erkennt man sogar die Serra da Arrábida (siehe S. 111).

Am reizvollsten in dem eher gleichförmigen Park ist die dschungelartige **Estufa Fria** in der Nordwestecke, ein Gewächshaus mit exotischen Pflanzen, Teichen und Wasserfällen. Eigentlich sind es zwei Gewächshäuser: In der Estufa Fria (»kühles Gewächshaus«) wachsen Palmen durch das durchbrochene Bambusdach. Pfade schlängeln sich durch einen Wald aus Farnen, Fuchsien, blühenden Büschen und Bananenstauden. Die wärmere **Estufa Quente** ist ein überglaster Garten mit üppigen Pflanzen, Teichen mit Seerosen und Kakteen.

Am Ostrand befindet sich der nach dem olympischen Marathonsieger von 1984 benannte **Pavilhão Carlos Lopes**, der in das Museu Nacional do Desporto (Sportmuseum) umgebaut wird. Die weiß und ockergelb gestrichene Fassade ist mit Fliesenbildern von Jorge Colaço (1868–1942) geschmückt.

Praça Marquês de Pombal ❹

Stadtplan 5 B/C5. **Karte** L4. Ⓜ Marquês de Pombal. 🚌 12, 22, 36, 702, 711, 720, 723, 727 und viele andere Linien.

Am oberen Ende der Avenida da Liberdade (siehe S. 44) braust der Verkehr um die Rotunda, wie der Platz auch genannt wird. In der Mitte ragt das hohe Pombal-Denkmal aus dem Jahr 1934 empor. Die Statue des despotischen Staatsmannes, der Portugal als »graue Eminenz« 1750–77 regierte, steht auf der Säule – die Hand auf einem Löwen, dem Symbol der Macht, und den Blick auf sein Werk, die Baixa, gerichtet (siehe S. 17). Der Sockel ist mit allegorischen Bildnissen, die sich auf Pombals Reformwerke beziehen, geschmückt. Stehende Figuren symbolisieren die Universität Coimbra, an der er eine neue Fakultät einrichtete. Der dynamische Politiker setzte, obgleich gefürchtet, im Land die Ideen der Aufklärung durch. Raue Steinblöcke und Flutwellen zu Füßen des Denkmals sind Allegorien der Zerstörungen des Erdbebens von 1755.

Durch eine Unterführung, die leider manchmal geschlossen ist, kommt man zur Mitte des Platzes. Hier kann man die Figuren und Inschriften zu Pombals Errungenschaften betrachten. In der Nähe erstreckt sich der gepflegte Parque Eduardo VII (nördlich hinter dem Platz). Das Pflaster um die Rotunda zeigt mit einem schwarz-weißen Mosaik das Wappen Lissabons. Ähnliche kleine Muster schmücken mehrere Straßen und Plätze der Stadt.

Darstellung bäuerlicher Mühsal am Sockel des Denkmals auf der Praça Marquês de Pombal

Stadtplan siehe Seiten 166–179

Museu Calouste Gulbenkian ➏

D as Museum birgt eine der besten Kunstsammlungen Europas. Der armenische Ölmagnat Calouste Gulbenkian *(siehe S. 79)* hat sie mit Geschmack und einem Blick für Meisterwerke zusammengetragen. Das 1969 eingeweihte Museum wurde von dem Multimillionär als Teil eines Treuhandvermögens dem Staat überantwortet. Umgeben von einem weitläufigen Park, gewährleistet die durchdachte Museumsarchitektur eine optimale Präsentation der Sammlung.

Senffässchen
Das silberne Senffässchen (18. Jh.) wurde von Antoine Sébastien Durand in Frankreich gefertigt.

Lalique-Brosche
Die gewundene Form der Schlangen aus Gold und Email ist typisch für den Jugendstil-Schmuck von René Lalique.

★ Diana
Die Göttin der Jagd mit Pfeil und Bogen (1780) des französischen Bildhauers Jean-Antoine Houdon gehörte einst der Zarin Katharina der Großen. Die edle Marmorstatue wurde als zu obszön für die Öffentlichkeit erachtet.

Eingang

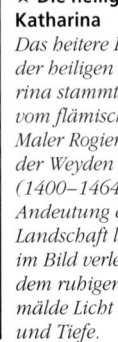

★ Die heilige Katharina
Das heitere Bildnis der heiligen Katharina stammt vom flämischen Maler Rogier van der Weyden (1400–1464). Die Andeutung einer Landschaft links im Bild verleiht dem ruhigen Gemälde Licht und Tiefe.

Treppe zu

NICHT VERSÄUMEN

★ *Diana* (Houdon)

★ *Die heilige Katharina* (van der Weyden)

★ *Porträt eines alten Mannes* (Rembrandt)

★ Porträt eines alten Mannes

Rembrandt war ein Meister des Spiels mit Licht und Schatten. In dem Porträt von 1645 steht der gebrechliche Eindruck des Manns im Gegensatz zum dramatischen Lichteffekt.

INFOBOX

Avenida de Berna 45a.
Stadtplan 5 B2. **Karte** K/L2.
[☎] *21 782 30 00.* [M] *Praça de Espanha oder São Sebastião.*
[🚌] *16, 718, 726, 742.* [○] *Di–So 10–17.45 Uhr.* [●] *1. Jan, Ostern, 1. Mai, 25. Dez.* [◪] *So frei.*
[♿][⛽][🍴]
www.museu.gulbenkian.pt

Vase der hundert Vögel

Die Glasur der chinesischen Porzellanvase wird »Famille verte« genannt. Das kunstvolle Muster ist charakteristisch für die Ch'ing-Dynastie unter Kaiser K'ang Hsi (1662–1723).

Kunst der Renaissance

Kurzführer

Die Abteilungen sind chronologisch und geografisch angelegt. Die erste Sektion (Räume 1–6) beinhaltet antike und orientalische Kunst, die zweite (Räume 7–17) europäische Gemälde, Skulpturen, Möbel, Silberarbeiten und Schmuck.

Armenische Kunst

Ägyptische Bronzekatze

Die Katze mit ihren Jungen stammt aus der Saite-Periode (8. Jh. v. Chr.). Unter den weiteren ägyptischen Exponaten gibt es eine goldene Totenmaske.

Persische Fayencen

Türkischer Fayenceteller

Im türkischen İznik wurden einige der schönsten Krüge, Teller und Vasen der islamischen Welt hergestellt, darunter dieser Teller aus dem 17. Jahrhundert mit stilisierten Tiergestalten.

LEGENDE

- ☐ Ägyptische, antike und mesopotamische Kunst
- ☐ Orientalisch-islamische Kunst
- ☐ Fernöstliche Kunst
- ☐ Europäische Kunst (14.–17. Jh.)
- ☐ Französ. Kunsthandwerk (18. Jh.)
- ☐ Europäische Kunst (18./19. Jh.)
- ☐ Lalique-Sammlung
- ☐ Keine Ausstellungsfläche

Stadtplan *siehe Seiten 166–179*

Museu C. Gulbenkian: Sammlungen

Das Museum mit den einzigartigen Sammlungen Calouste Gulbenkians gehört neben dem Museu Nacional de Arte Antiga (siehe S. 56–59) zu den schönsten Lissabons. Die Exponate, die über 4000 Jahre umspannen – von altägyptischen Statuetten über islamisches Glas bis zu Jugendstil-Broschen –, werden in lichtdurchfluteten Sälen präsentiert. Das Museum ist zwar klein, doch jedes einzelne Exponat, von den großartigen Werken der orientalisch-islamischen Kunst bis hin zur Auswahl an europäischen Gemälden und Möbeln, ist eine Attraktion für sich.

Persische Fayencefliese, Schule von Isfahan (16. Jh.)

Ägyptische, antike und mesopotamische Kunst

Kostbarkeiten gibt es bei der ägyptischen Kunst vom Alten Königreich (um 2700 v. Chr.) bis zur römischen Periode (1. Jh. v. Chr.): etwa eine Alabasterschale aus der dritten Dynastie und einen blauen Terrakottatorso der Venus Anadyomene aus der römischen Periode.

In der Abteilung für antike Kunst sind eine griechische Vase und elf römische Medaillons herausragend. Man nimmt an, dass sie anlässlich der Spiele in Mazedonien im Jahr 242 zur Erinnerung an Alexander den Großen geprägt wurden. Das große assyrische Flachrelief aus Alabaster in der mesopotamischen Abteilung stellt den geflügelten Frühlingsgenius dar, der geweihtes Wasser trägt (9. Jh. v. Chr.).

Griechische Vase (5. Jh. v. Chr.)

Orientalisch-islamische Kunst

Gulbenkian zeigte als Armenier großes Interesse an Kunst aus dem Nahen Osten. Die orientalisch-islamische Abteilung birgt persische und türkische Teppiche, Textilien und Keramiken. Die für Sultane und Prinzen gefertigten syrischen Moscheelampen und Flaschen sind mit farbiger Email verziert. Die armenische Abteilung zeigt Manuskripte (16.–18. Jh.), die von armenischen Flüchtlingen in Istanbul, Persien und auf der Krim gefertigt wurden.

Fernöstliche Kunst

Zwischen 1910 und 1930 erwarb Gulbenkian eine umfangreiche Sammlung chinesischen Porzellans. Eines der seltenen Stücke ist eine kleine blau glasierte Schale aus der Zeit der Yüan-Dynastie (1279–1368). Der größte Teil der Exponate gehört jedoch zum üppig verzierten Familie-verte- und zum K'ang-Hsi-Biskuitporzellan (17. und 18. Jh.). Darüber hinaus gibt es in dieser Abteilung noch durchscheinende chinesische Jade und andere Schmucksteine, japanische Drucke, Wandbehänge und Bucheinbände aus Seidenbrokat sowie Lackarbeiten.

Europäische Kunst (14. – 17. Jahrhundert)

Seltene Buchausgaben, aufwendig illustrierte Handschriften und mittelalterliche Elfenbeinarbeiten finden sich in dieser Abteilung. Kunstvolle Elfenbeindiptychen und -triptychen aus Frankreich stellen Szenen aus dem Leben Christi und Mariens dar.

Zur Sammlung früher Kunst gehören die Gemälde Der heilige Joseph und Die heilige Katharina aus dem 15. Jahrhundert von Rogier van der Weyden. Die italienische Renaissance ist durch Cima da Coneglianos Sacra Conversazione und Domenico Ghirlandaios Porträt einer jungen Frau (1485) vertreten.

Die Abteilung enthält auch flämische und holländische Arbeiten aus dem 17. Jahrhundert, darunter zwei Gemälde von Rembrandt: Porträt eines alten Mannes (1645),

Französisches Elfenbeintriptychon der Szenen aus dem Leben Mariens (14. Jh.)

ein Meisterwerk psychologischer Bildkomposition, und *Alexander der Große* (1660), das man einst für das Bildnis der griechischen Göttin Pallas Athene hielt und für das Rembrandts Sohn Titus Modell gestanden haben soll. Rubens ist mit drei Gemälden vertreten, darunter das *Porträt der Hélène Fourment* (1630), ein Bild seiner zweiten Frau.

In den anschließenden Räumen gibt es Wandteppiche und Textilien aus Italien und Flandern, italienische Keramiken sowie seltene Medaillons und Skulpturen (15. Jh.).

Ansicht der Mole mit dem Dogenpalast (1790) von Francesco Guardi

Französisches Kunsthandwerk (18. Jahrhundert)

Zu dieser Abteilung gehören einige außerordentlich kunstvolle Louis-XV- und Louis-XVI-Möbel. Die Exponate, von denen viele mit Lack, Ebenholz und Bronze verziert sind, wurden historisch gruppiert, einschließlich der Beauvais- und Aubusson-Tapisserien an den Wänden.

Zum französischen Tafelsilber aus der gleichen Zeit, das teilweise einst die Tische in russischen Palästen schmückte, zählen üppig dekorierte Suppenterrinen, Salzfässchen und Servierplatten.

Louis-XV-Kommode mit Ebenholz- und Bronze-Intarsien

Europäische Kunst (18./19. Jahrhundert)

Das 18. Jahrhundert ist hauptsächlich durch französische Maler vertreten, darunter Watteau (1684–1721), Fragonard (1732–1806) und Boucher (1703–1770). Die berühmteste Skulptur ist eine Statue der Diana von Jean-Antoine Houdon (1741–1828). Sie wurde 1780 für den Park

des Herzogs von Sachsen-Gotha gefertigt und war vom 19. bis Anfang des 20. Jahrhunderts eines der Hauptexponate in der Eremitage in St. Petersburg.

Ein Raum ist den herrlichen Ansichten Venedigs des venezianischen Malers Francesco Guardi aus dem 18. Jahrhundert gewidmet.

Zur englischen Kunst gehören Gainsboroughs *Porträt der Mrs. Lowndes-Stone* (um 1775), Romneys *Porträt der Mrs. Constable* (1787) und zwei Bilder von J. M. W. Turner (1775–1851).

Französische Landschaftsmalerei des 19. Jahrhunderts ist entsprechend der Vorliebe Gulbenkians für den Naturalismus mit Werken der Schule von Barbizon, der Realisten und Impressionisten vertreten. Das bekannteste Gemälde dürfte Manets *Junge mit Kirschen* sein, das um 1858 zu Beginn seiner Malerkarriere

entstand, sowie der *Junge mit Seifenblasen* (um 1867). Renoirs *Porträt der Madame Claude Monet* entstand etwa 1872, als sich der Künstler im Landhaus Monets in Argenteuil bei Paris aufhielt.

Lalique-Sammlung

Der Rundgang endet in einem Raum, der mit den Kreationen des französischen Jugendstil-Juweliers René Lalique (1860–1945) angefüllt ist. Gulbenkian war mit dem Künstler befreundet und erwarb viele Schmuckstücke, Glas- und Elfenbeinarbeiten Laliques direkt von ihm. Die Broschen, Ketten, Vasen und Kämme – mit Einlegearbeiten aus Schmucksteinen und Blattgold oder Email – sind mit Libellen, Pfauen oder sinnlichen Motiven verziert, wie sie für den Jugendstil typisch sind.

Calouste Gulbenkian

Calouste Sarkis Gulbenkian wurde 1869 in Konstantinopel (Istanbul) geboren. Er begann im Alter von 14 Jahren zu sammeln, u. a. alte Münzen aus dem Basar. 1928 erhielt er wegen seiner Vermittlung beim Kapitaltransfer der Turkish Petroleum Company Fünf-Prozent-Anteile an vier Ölgesellschaften, u. a. BP und Shell, was ihm den Spitznamen »Mr. Five Percent« einbrachte. Der Ölexperte war ein großer Kunstliebhaber und trug Meisterwerke zusammen. Im Zweiten Weltkrieg zog er sich ins neutrale Portugal zurück, wo er 1955 starb. Er vermachte große Teile seines Vermögens in Form einer Stiftung dem portugiesischen Staat. Die Stiftung unterstützt diverse kulturelle Aktivitäten und verfügt über Bibliotheken, ein Orchester, ein Ballettensemble und Konzertsäle.

**Lichtdurchfluteter Ausstellungs-
raum im Centro de Arte Moderna**

Centro de Arte Moderna ❼

Rua Dr. Nicolau de Bettencourt.
Stadtplan 5 B3. **Karte** K/L2.
📞 21 782 34 74. Ⓜ *São Sebastião.*
🚌 713, 716, 726, 742, 746, 756.
🕐 *Di–So 10–18 Uhr.* ⬤ *1. Jan,
Ostern, 1. Mai, 25. Dez.* 📷 *So frei.*
🖥 ♿ www.cam.gulbenkian.pt

Das Museum für moderne
Kunst gegenüber dem
Gulbenkian-Museum gehört
ebenfalls zur Kulturstiftung
(siehe S. 79). Gezeigt werden
Gemälde und Skulpturen
portugiesischer Künstler vom
Beginn des 20. Jahrhunderts
bis heute. Das berühmteste

Gemälde ist das Porträt (1964)
des Dichters Fernando Pessoa
im Café Irmãos Unidos von
José de Almada Negreiros
(1893–1970), einem wichtigen
Vertreter der portugiesischen
Moderne. Sehenswert sind
auch Bilder von Eduardo Viana (1881–1967), Amadeo de
Sousa Cardoso (1887–1918)
sowie von zeitgenössischen
Künstlern wie Paula Rego,
Rui Sanches, Graça Morais
und Teresa Magalhães.
   Zu dem hellen, geräumigen
Museum gehören ein hüb-
scher Garten und eine gut
besuchte Cafeteria.

Campo Pequeno ❽

Stadtplan 5 C1. **Karte** M1.
Ⓜ *Campo Pequeno.* 🚌 *22, 745.*
Arena 📞 21 782 05 75. 🕐 *Apr–
Okt für Stierkämpfe.* 📷 ♿
www.campopequeno.com

Der Platz wird von dem
neomaurischen Gebäude
(19. Jh.) beherrscht. Nach um-
fangreichen Umbauarbeiten
wurde die nun überdachte
Arena, die auch für Konzerte
und andere Veranstaltungen
genutzt wird, im Mai 2006
wiedereröffnet. Der größte

Teil der charakteristischen Architektur blieb erhalten. Ein
Museum zum portugiesischen
Stierkampf *(siehe S. 24)* befindet sich im Erdgeschoss.

**Restaurierte Dampfpumpe
(19. Jh.) im Museu da Água**

Museu da Água ❾

Rua do Alviela 12. 📞 21 810 02 15.
🚌 *35, 107.* 🕐 *Mo–Sa 10–18 Uhr.*
⬤ *Feiertage.* 📷 📷 **Aqueduto das
Águas Livres** 🕐 *März–Nov.*

Das kleine, aber informative Museum zur Geschich-
te der Wasserversorgung Lissabons wurde um das erste
Dampfkraftwerk der Stadt eingerichtet. Es erinnert an Manuel da Maia, den Ingenieur,
der im 18. Jahrhundert den
Bau des Aqueduto das Águas
Livres *(siehe S. 84)* leitete.
Seine hervorragende Gestal-
tung brachte dem Museum
1990 den Museumspreis des
Europäischen Rates ein.
   Der ganze Stolz sind die
vier liebevoll restaurierten
Dampfmaschinen, von denen
eine (elektrisch) funktioniert.
Fotografien zeigen die Ent-
wicklung der Lissabonner
Wasserversorgung. Besonders
interessant sind die Infos zu
Águas-Livres-Aquädukt und
Chafariz d'El Rei (17. Jh.) in
Alfama – der erste Brunnen
Lissabons, an dem sich die
Einwohner je nach sozialem
Status an den Wasserspendern
anstellen mussten.

Museu Nacional do Azulejo ❿

Maurische Fassade der Stierkampfarena auf dem Campo Pequeno

Siehe S. 82f.

Beeindruckend: Gare do Oriente beim Parque das Nações

Parque das Nações ⓫

Avenida Dom João II. 📞 *21 891 98 98.* Ⓜ *Oriente.* 🚌 *5, 25, 28, 44, 750, 782.* 🚉 *Gare do Oriente.* ⭕ *tägl. 24 Std.* ♿ 🍴 💻 **Pavilhão do Conhecimento – Ciencia Viva** 📞 *21 891 71 00.* ⭕ *Di–Fr 10–18, Sa, So 11–19 Uhr.* ⚫ *1. Jan, 24., 25., 31. Dez.* 📷 **Casino Lisboa** Alameda dos Oceanos. 📞 *21 892 90 00.* ⭕ *So–Do 15–3, Fr, Sa 16–4 Uhr.* ⚫ *24. Dez.* **Seilbahn** 📞 *21 895 61 43.* ⭕ *Mo–Fr 11–20 Uhr, Sa, So 10–20 Uhr (Okt–Mai: tägl. 10–19 Uhr).* ⚫ *bei schlechtem Wetter.* 📷 **www.parquedasnacoes.pt**

Der Parque das Nações, in dem 1998 die Weltausstellung stattfand, wurde zu einer echten Attraktion. Die Architektur sowie die familienorientierten Angebote sorgten für eine Erneuerung des ehemaligen Industrieviertels. Die auffällige Dachkonstruktion des Gare do Oriente von Santiago Calatrava setzte Maßstäbe für die nachfolgenden architektonischen Neuerungen. Sehenswert ist der **portugiesische Pavillon** von Álvaro Siza Vieira mit seinem Betondach, das wie ein riesiges Segel herunterhängt.

Der **Pavilhão do Conhecimento – Ciencia Viva** (Pavillon des Wissens und der Wissenschaft) bietet verschiedene interaktive Ausstellungsbereiche. Im **Casino Lisboa** findet man nicht nur zwei Stockwerke voller Spieltische, sondern auch eine Bühne für Theater und Musik sowie verschiedene Restaurants. Von der **Seilbahn**, die die Torre Vasco da Gama mit dem Yachthafen verbindet, hat man eine spek-

takuläre Aussicht. Grandios ist auch der Blick von der Promenade am Tejo-Ufer auf den 17 Kilometer langen **Ponte Vasco da Gama**, die längste Brücke Europas. Im Park befinden sich die Sony Plaza und der Pavilhão Atlântico.

Oceanário de Lisboa ⓬

Esplanada D. Carlos 1, Parque das Nações. 📞 *21 891 70 02.* Ⓜ *Oriente.* 🚌 *5, 25, 28, 44, 750, 768, 782.* 🚉 *Gare do Oriente.* ⭕ *Apr–Okt: tägl. 10–20 Uhr; Nov–März: tägl. 10–19 Uhr.* 📷 ♿ **www.oceanario.pt**

Das Ozeanarium, das ein bisschen wie ein Flugzeugträger aussieht, war Mittelpunkt der EXPO 98 und ist heute Hauptattraktion des Parque das Nações. Das Gebäude am Ende eines Piers wurde von dem amerikanischen Architekten Peter Chermayeff entworfen. Im zweitgrößten Aquarium der Welt kann man eine Vielzahl von Tierarten – Vögel, Säugetiere, Fische und andere Wasserbewohner – bestaunen.

Vier verschiedene Landschaften und Meeresareale – im Atlantik, Pazifik, Indischen Ozean und Südpolarmeer – sind mit Flora, Fauna und ihrem Ökosystem nachgebildet. Hauptattraktion ist jedoch das riesige Wasserbecken mit überwältigend vielen Fischen in allen Größen und Farben, u.a. Hammerhaie und Ro-

chen, Hechte und Brassen. Auf zwei Ebenen kann man die Tiere durch große Glasfenster beobachten.

Museu da Cidade ⓭

Campo Grande 245. 📞 *21 751 32 00.* Ⓜ *Campo Grande.* 🚌 *36, 47, 750.* ⭕ *Di–So 10–13, 14–18 Uhr.* ⚫ *Feiertage.* 📷 *So frei.* ♿

Der Palácio Pimenta wurde Mitte des 18. Jahrhunderts von João V *(siehe S. 19)* erbaut – angeblich für seine Mätresse Paula, eine Nonne aus dem Konvent in Odivelas. Damals befand sich der Palast noch in einer ruhigen, ländlichen Gegend außerhalb der Hauptstadt. Heute muss er sich gegen den brausenden Verkehr auf dem Campo Grande behaupten. Seit 1979 ist im Palast das Stadtmuseum zu Hause.

Die Ausstellung zeigt anhand von Azulejos, Zeichnungen, Gemälden, Modellen und Dokumenten die Entwicklung der Stadt von prähistorischer Zeit über die Zeit der Römer, Westgoten und Mauren bis heute. Die faszinierendsten Exponate sind die Darstellungen der Stadt vor dem Erdbeben von 1755, darunter ein detailgetreues Modell aus den 1950er Jahren und ein Ölgemälde von Dirk Stoop (1610–1686) mit dem Titel *Terreiro do Paço,* wie die Praça do Comércio seinerzeit hieß *(siehe S. 47).* Ein ganzer Raum ist mit Bauplänen, Drucken und Aquarellen dem Águas-Livres-Aquädukt *(siehe S. 84)* gewidmet.

Indisches Spielzeug (18. Jh.), Museu da Cidade

Das Erdbeben wird mit eindrucksvollen Bildern, die die zerstörte Stadt zeigen, sowie mit Rekonstruktionsplänen anschaulich gemacht. Die Ausstellung zum 20. Jahrhundert beginnt mit einem riesigen farbigen Plakat, das die Revolution von 1910 und die Proklamation der Republik *(siehe S. 17)* feiert.

Stadtplan *siehe Seiten 166–179*

Museu Nacional do Azulejo ❿

Pelikan, manuelinisches Portal

K̈önigin Leonor, die Witwe von König João II, gründete 1509 den Convento da Madre de Deus. Die ursprünglich manuelinische Kirche wurde unter João III in schlichter Renaissance-Manier renoviert. Die barocken Ausschmückungen kamen unter João V hinzu. Der Kreuzgang des Klosters bildet das passende Ambiente für das Azulejo-Museum. Bilder, einzelne Fliesen und Fotografien zeichnen die Geschichte der Fliesenherstellung bis zum heutigen Tag nach, von der Einführung durch die Mauren bis zum portugiesischen Stil.

Panorama von Lissabon
Das Fliesenbild aus dem 18. Jahrhundert im Kreuzgang zeigt Lissabon vor dem Erdbeben von 1755 (siehe S. 22f) – hier den Königspalast am Terreiro do Paço.

Ebene 2

Jagdszene
Handwerker, nicht Künstler, stellten im 17. Jahrhundert die dekorativen Fliesen her.

Ebene 1

LEGENDE

☐	Maurische Fliesen
☐	Fliesen des 16. Jahrhunderts
☐	Fliesen des 17. Jahrhunderts
☐	Fliesen des 18. Jahrhunderts
☐	Fliesen des 19. Jahrhunderts
☐	Fliesen des 20. Jahrhunderts
☐	Wechselausstellungen
☐	Keine Ausstellungsfläche

NICHT VERSÄUMEN

★ Madre de Deus

★ Manuelinischer Kreuzgang

★ Nossa Senhora da Vida

★ Nossa Senhora da Vida
Das Detail mit dem heiligen Johannes ist Teil eines Majolika-Altarbilds aus dem 16. Jahrhundert. Der Mittelteil des Werks stellt Die Huldigung der Hirten dar.

Fliesen aus dem 17. Jahrhundert mit orientalischen Einflüssen sind in diesem Bereich zu sehen.

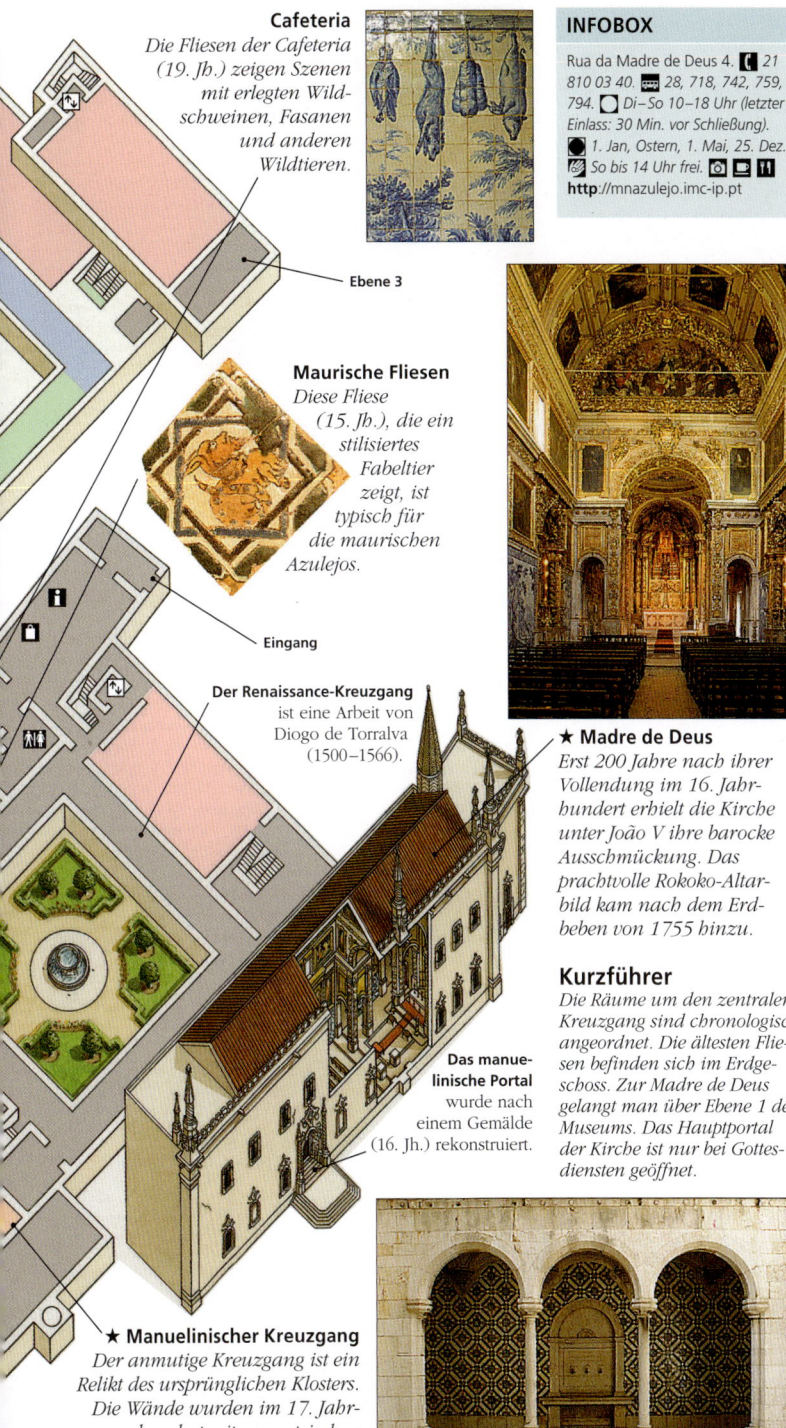

Cafeteria
Die Fliesen der Cafeteria (19. Jh.) zeigen Szenen mit erlegten Wildschweinen, Fasanen und anderen Wildtieren.

INFOBOX

Rua da Madre de Deus 4. ☎ 21 810 03 40. 🚌 28, 718, 742, 759, 794. ◱ Di–So 10–18 Uhr (letzter Einlass: 30 Min. vor Schließung). ◉ 1. Jan, Ostern, 1. Mai, 25. Dez. 🎫 So bis 14 Uhr frei. 📷 🖥 🚻
http://mnazulejo.imc-ip.pt

Ebene 3

Maurische Fliesen
Diese Fliese (15. Jh.), die ein stilisiertes Fabeltier zeigt, ist typisch für die maurischen Azulejos.

Eingang

Der Renaissance-Kreuzgang ist eine Arbeit von Diogo de Torralva (1500–1566).

★ Madre de Deus
Erst 200 Jahre nach ihrer Vollendung im 16. Jahrhundert erhielt die Kirche unter João V ihre barocke Ausschmückung. Das prachtvolle Rokoko-Altarbild kam nach dem Erdbeben von 1755 hinzu.

Kurzführer
Die Räume um den zentralen Kreuzgang sind chronologisch angeordnet. Die ältesten Fliesen befinden sich im Erdgeschoss. Zur Madre de Deus gelangt man über Ebene 1 des Museums. Das Hauptportal der Kirche ist nur bei Gottesdiensten geöffnet.

Das manuelinische Portal wurde nach einem Gemälde (16. Jh.) rekonstruiert.

★ Manuelinischer Kreuzgang
Der anmutige Kreuzgang ist ein Relikt des ursprünglichen Klosters. Die Wände wurden im 17. Jahrhundert mit geometrischen Mustern gefliest.

Jardim Zoológico ⑭

Estrada de Benfica 158–160. ☎ *21
723 29 10.* Ⓜ *Jardim Zoológico.* 🚌
16, 34, 755, 758. ☐ *tägl. 10–18 Uhr
(Apr–Sep: bis 20 Uhr).* 📷 📷
www.zoo.pt

Delfinbecken im Jardim Zoológico

Der Reiz des Jardim Zoológico liegt ebenso in
den grünen Anlagen wie bei
den Tieren, die man hier
sehen kann. Der 1905 eröffnete Zoo wurde vor einiger
Zeit renoviert, wodurch sich
die Lebensbedingungen für
die Tiere in den Käfigen und
Volieren verbesserten. Insgesamt sind hier rund 2000 Tiere
aus 400 Arten zu Hause. Dazu
gibt es eine Kleinbahn durch
den Park, eine Delfinshow
und einen Vergnügungspark.
Es gibt Tickets zu einzelnen
Bereichen oder ein »All-in-
clusive-Ticket« zu allen Attraktionen des Zoos.

Aqueduto das Águas Livres ⑮

Beste Sicht von der Calçada da
Quintinha aus. ☎ *21 810 02 15.*
🚌 *12, 702, 713, 718, 742, 758.*
☐ *Mo–Sa 10–18 Uhr.* ⚫ *Feiertage.*
Mãe d'Água das Amoreiras *Praça
das Amoreiras.* ☎ *21 325 16 46.* ☐
Mo–Sa 10–18 Uhr. ⚫ *Feiertage.*

Das eindrucksvolle Bau-
werk des Águas-Livres-
Aquädukts, der sich über das
Alcântara-Tal bis in den Nord-
westen der Stadt spannt, galt
um 1900 als die schönste
Sehenswürdigkeit Lissabons.
Der Bau eines Aquädukts für

die Wasserversorgung der
Stadt – Alfama verfügte als
einziger Teil über frisches
Trinkwasser – bot João V die
Gelegenheit, seiner Neigung
für großartige Bauwerke
nachzugehen. Eine Lebens-
mittelsteuer finanzierte das
Projekt, das, obwohl erst im
19. Jahrhundert vollendet,
bereits ab 1748 die Stadt mit
Wasser versorgte. Die Haupt-
zuleitung ist 19 Kilometer
lang, mit allen Nebenleitun-
gen sind es 58 Kilometer.
Am augenfälligsten sind die
35 Bogen über dem Alcân-
tara-Tal, die sich an der höchsten Stelle 65 Meter erheben.
Seit 2002 ist der Aquädukt
Nationaldenkmal.
Der Spazierweg entlang
dem Aquädukt ist seit 1853
gesperrt, was zum Teil dem
berüchtigten Räuber Diogo
Alves zu verdanken ist, der
seine Opfer über die Brüstung
zu werfen pflegte. Heute
kann man eine informative

Führung auf den Alcântara-
Bogen unternehmen. Bisweilen
len werden auch Touren zum
Reservoir der Mãe-d'Água-
Quellen angeboten, die den
Aquädukt speisen. Auskünfte
über Touren erteilt das Museu
da Água *(siehe S. 80)*.
Die **Mãe d'Água das Amo-
reiras** am Ende des Aquädukts ist ein burgähnliches
Gebäude, das einst als Wasserreservoir diente. Entworfen
wurde es 1745 vom ungari-
schen Architekten Carlos Mar-
del, der unter Pombal *(siehe
S. 17)* am Wiederaufbau der
Baixa arbeitete. Nach der
Fertigstellung im Jahr 1834
wurde es zum beliebten Aus-
flugsziel mit dem Ruf, ein
Liebesnest für Könige und
ihre Mätressen zu sein. Heute
wird die Mãe d'Água das
Amoreiras für Kunstausstellungen, Modenschauen und
andere Veranstaltungen genutzt. Vom Dach aus bietet
sich ein herrlicher Ausblick.

Die beeindruckenden Bogen des Aqueduto das Águas Livres über dem Alcântara-Tal

Palácio Fronteira ⑯

Largo de São Domingos de Benfica 1.
🔴 21 778 20 23. Ⓜ Jardim Zoológico. 🚌 70. 🚉 Benfica. ⚪ Mo–Sa.
📷 obligatorisch: Juni–Sep: Mo–Sa
10.30, 11, 11.30, 12 Uhr; Okt–Mai:
Mo–Sa 11, 12 Uhr. ⚫ Feiertage. 🖼

Der entzückende Landsitz
wurde 1640 als Jagd-
schloss für den ersten Marquês de Fronteira, João de
Mascarenhas, erbaut. Trotz
der Hochhäuser in der Ferne
konnte er am Rand des Parque Florestal de Monsanto
seinen ländlichen Charme
bewahren. Haus und Garten
sind mit Azulejos geschmückt,
deren Darstellungen von
Schlachtenszenen bis zu trom-
petenden Affen reichen.

Heute lebt hier der zwölfte
Marquês, doch einige Räume
und der Park sind
öffentlich zugäng-
lich. Im Schlach-
tensaal stellen leb-
hafte Fliesenbilder
Szenen aus dem
Restaurationskrieg
(1640–68) dar.
Eines davon zeigt
João de Fronteira
im Kampf gegen
einen spanischen
General. Seine
Treue zu Pedro II
brachte ihm den
Titel »Marquês« ein. Interessant ist ein Vergleich zwischen den relativ naiven portugiesischen Fliesen (17. Jh.)
und den raffinierteren Delfter
Fliesen mit naturalistischen
Szenen aus derselben Zeit im
Speisesaal. Dieser Saal ist auch
mit Fresken und Porträts des
portugiesischen Adels von
Künstlern wie Domingos António de Sequeira (1768–1837)
dekoriert.

Der älteste Teil des Baus ist
die Kapelle aus dem 16. Jahrhundert, deren Fassade mit
Schmucksteinen, Muscheln,
Glas- und Porzellanbruch versehen ist. Es heißt, dass es
sich bei den Scherben um das
Geschirr handele, das bei der
Einweihung des palácio zer-
schmettert wurde, damit nie-
mand anderer davon speisen
könne. Die Fliesenbilder in
den Nischen im **Garten** stellen
Allegorien der Künste und
mythologische Geschöpfe dar.

**Büste von João I im Park
des Palácio Fronteira**

Mit Azulejos verzierte Nische im Garten des Palácio Fronteira

Die Buchsbaumhecken im
italienischen Garten sind entsprechend der Jahreszeit in
Formschnitt gebracht. Ein
künstlicher Teich
reflektiert das
Fliesenbild von
Rittern, die die
Vorfahren der
Fronteira-Familie
darstellen. An bei-
den Seiten des
Gewässers führt
eine Treppe zur
oberhalb gelege-
nen Terrasse, in
deren Arkadeni-
schen Büsten der
portugiesischen
Könige und Majolikareliefs
eingearbeitet wurden. An der
Gartenmauer befinden sich
weitere blau-weiße Fliesenbilder mit realistischen und
allegorischen Motiven.

**Eingang zum Theatermuseum im
Parque do Monteiro-Mor**

Parque do Monteiro-Mor ⑰

Largo Júlio Castilho. 🔴 21 756 76
20. Ⓜ Lumiar. 🚌 3, 7, 36, 108, 701.
Park ⚪ Di–So 10–18 Uhr. ⚫ 1. Jan,
Ostern, 1. Mai, 25. Dez. **Museu
Nacional do Traje** 🔴 21 756 76
20. ⚪ Di–So 10–18 Uhr. 🖼 So bis
14 Uhr frei. **Museu Nacional do
Teatro** 🔴 21 756 74 10. ⚪ Di
14–18, Mi–So 10–18 Uhr. 🖼 Kom-
bi-Ticket für Park u. Museen. 📷 ♿

Der Park wurde 1975 an
den Staat verkauft. An-
schließend wandelte man die
Schlossgebäude aus dem
18. Jahrhundert in Museen
um. Der Komplex liegt etwas
vom Zentrum entfernt, doch
die hübschen Gärten sind
weitaus romantischer als die
typischen Parks Lissabons.
Der größte Teil besteht aus
Wäldern, nur das Areal um
die Museen ist mit Büschen,
Ententeichen und tropischen
Bäumen kultiviert.

Das altmodische **Museu
Nacional do Traje** zeigt Trach-
ten, Stoffe und Accessoires,
die von Musikern, Politikern,
Dichtern, Adligen und Soldaten getragen wurden.

Das **Museu Nacional do
Teatro** belegt zwei Gebäude,
eines für Sonderausstellungen, das andere für die Dauerausstellung mit Fotografien,
Plakaten und Karikaturen zu
portugiesischen Schauspielern
des 20. Jahrhunderts. Eine
Abteilung ist der Fado-Sängerin Amália Rodrigues (siehe
S. 144f) gewidmet.

Zwei Spaziergänge

Das Auf und Ab der vielen Hügel Lissabons mag für manchen Spaziergänger eine Herausforderung sein – der man sich allerdings stellen sollte. Es ist zwar möglich, eine Route mit nur wenigen steilen Straßen zu planen, doch damit würden Sie viele der verborgenen Schätze in den *bairros* verpassen.

Die beiden Vorschläge für Spaziergänge führen durch einige der reizvollsten Gegenden der Stadt. Hier erhalten Sie nicht nur einen Eindruck von der Topografie, sondern auch vom Leben

Fliesenbild im Zentrum Lissabons

in Lissabon. Der erste Spaziergang lotst Sie vom eleganten Estrela im Nordwesten durch malerische *bairros*, vorbei am großartigen Palácio de São Bento (Portugals Parlament) bis ins historische Zentrum. Der zweite Spaziergang startet in der Baixa (»Unterstadt«) und verläuft durch eine der engen Pforten in das Gassengewirr von Alfama, bevor es zum Castelo de São Jorge hinaufgeht. Kürzere Spaziergänge finden Sie in diesem Buch auf den Detailkarten der beschriebenen Stadtteile.

Spaziergänge auf einen Blick

Zwei Spaziergänge
Auf der Karte unten sehen Sie, durch welche Stadtteile Lissabons die beiden Spaziergänge führen.

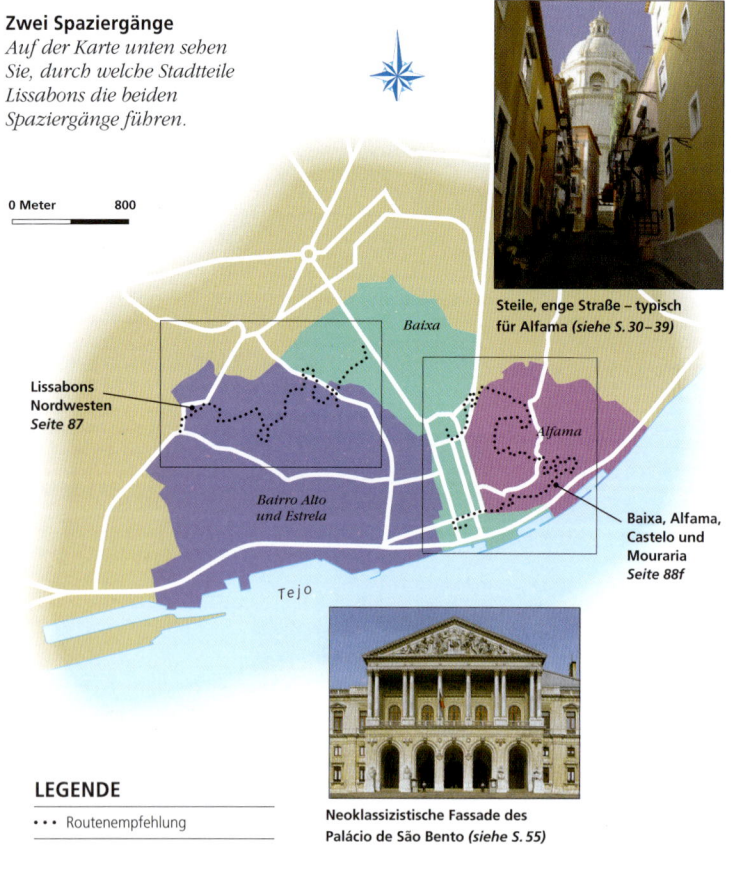

0 Meter   800

Steile, enge Straße – typisch für Alfama *(siehe S. 30–39)*

Baixa

Lissabons Nordwesten
Seite 87

Alfama

Bairro Alto und Estrela

Baixa, Alfama, Castelo und Mouraria
Seite 88f

Tejo

LEGENDE

• • • Routenempfehlung

Neoklassizistische Fassade des Palácio de São Bento *(siehe S. 55)*

Spaziergang durch Lissabons Nordwesten (45 Min.)

Das Wohnviertel Estrela ist typisch für den wohlhabenden Westen von Lissabon. Im Osten liegt das portugiesische Parlament, anschließend steigt das Gelände bis zur Praça do Príncipe Real an. Die hügelige Gegend bietet kleine geschäftige Straßen und ein pulsierendes Nachtleben. Auf der anderen Seite des Hügels fällt der Jardim Botânico steil zum Stadtzentrum ab.

ROUTENINFOS

Start: Basílica da Estrela
Länge: 2,5 km
Anfahrt: Tram 25 oder 28 bzw. Bus 20, 38 oder 709.
Rasten: Das Pão de Canela an der Praça das Flores ist ein reizendes Café mit Tischen im Freien. Auch das Café an der Praça do Príncipe Real ist zu empfehlen. Gehen Sie in die Enoteca ⑩, wenn Sie Lust auf ein Glas Wein haben.

Lissabons Basílica da Estrela aus dem 18. Jahrhundert ①

Flores ⑤, einem für Lissabon typischen Platz mit hübschen Cafés. Überqueren Sie den Platz und spazieren Sie die Rua do Monte Olivete entlang. Hier beherbergt ein *palácio* ⑥ den British Council. Im großen Polytechnikum in der Rua da Escola Politécnica residiert nun das Museu de História Natural. Dahinter liegt der Jardim Botânico ⑦ *(siehe S. 44)*. Gehen Sie nach rechts zur Praça do Príncipe Real ⑧ *(siehe*

penflucht hinunter zu einem großen ehemaligen Wasserreservoir aus Marmor – heute die exzellente Weinbar Enoteca ⑩. Folgen Sie der Rua da Mãe d'Água bis zur Rua da Alegria, vorbei am berühmten Jazzclub Hot Clube ⑪ *(siehe S. 142f).* Auf der Travessa do Salitre kommen Sie am Parque Mayer ⑫, dem alten Varietépark der Stadt, vorbei. Schließlich erreichen Sie die Avenida da Liberdade *(siehe S. 44).* Hier befindet sich die Metro-Station Avenida.

Starten Sie an der Basílica da Estrela ① *(siehe S. 55)*, einem Wahrzeichen der Stadt, und schlendern Sie durch den bezaubernden Jardim da Estrela ② *(siehe S. 55)*. Am Parkausgang geht es die steile Rua de Santo Amaro hinab zur Rua de São Bento ③. Gehen Sie nach rechts, vorbei an schönen Fliesenfassaden und einigen Antiquitätenläden zum Palácio de São Bento ④ *(siehe S. 55)*, dem Sitz des portugiesischen Parlaments. Gehen Sie wieder zurück, rechts in die Rua da Piedade und hinunter zur Praça das

Flores S. 54) mit Magnoliengarten und Café. Gegenüber sticht der neomaurische Palácio Ribeiro da Cunha ⑨ heraus. Überqueren Sie die Straße und gehen Sie die enge Gasse hinunter. Hier führt eine Trep-

LEGENDE

••• Routenempfehlung

M Metro-Station

Der erholsame Jardim da Estrela ②

Spaziergang durch Baixa, Alfama, Castelo und Mouraria (1:30 Std.)

Dieser Spaziergang führt durch die prächtige Baixa aus dem späten 18. Jahrhundert in die viel älteren und bescheideneren schmalen Gassen von Alfama. Auf dem Hügel thront das Castelo de São Jorge an einem Ort, der schon seit uralter Zeit befestigt ist. Dahinter liegt Mouraria, das Viertel, in das Afonso Henriques 1147 nach der Eroberung Lissabons die verbliebenen Mauren verbannt hatte. Ihr Erbe überlebte im *fado* (siehe S. 144f), der nur hier authentisch ist.

Reiterdenkmal für José I auf der Praça do Comércio ①

Starten Sie an der Praça do Comércio ① *(siehe S. 47)*, dem alten Zugang zu Lissabon am Tejo. Die Statue auf dem großen Platz zeigt José I. Er war König zur Zeit des großen Erdbebens 1755, das die Königsresidenz und große Teile der tiefer liegenden Stadtteile zerstörte *(siehe S. 22f)*. Später entstanden um den Platz ② arkadengesäumte Gebäude, die manchmal etwas Geisterhaftes ausstrahlen. Gehen Sie die Rua da Alfândega entlang und nach

links in die Rua da Madalena. Die erste Straße rechts ist die Rua dos Bacalhoeiros ③, benannt nach den einst hier ansässigen Kabeljauhändlern. Auf der Rua da Alfândega erreichen Sie die unverkennbare Casa dos Bicos ④ *(siehe S. 35)*. Den Arco de Jesus hindurch und die Treppe hinauf gelangen Sie zur Rua de São João da Praça. Jetzt sind Sie in Alfama, mit der kolossalen Sé zur Linken und dem Gewirr aus verwinkelten Straßen, Gassen und Treppen zur Rechten. Gehen Sie nach links und genießen Sie einen Kaffee im Pois, Café ⑤ *(siehe S. 136f)*. Folgen Sie dann der Rua de São João da Praça bis sie zur Rua de São Pedro ⑥ wird. Die Fischstände sind eine Institution von Alfama. Die schmale Straße mündet in den Largo do Chafariz de Dentro mit dem Restaurant Museu do Fado ⑦ *(siehe S. 145)* auf der anderen Straßenseite. Um wieder zu den kleinen Gassen zu kommen, überqueren Sie den Platz und gehen die Rua dos Remédios entlang. Falls Sie zu Mittag essen wollen, bietet sich Santo António de Alfama ⑧ *(siehe S. 130)* am Beco de São Miguel an. Ganz in der Nähe führen die Escadinhas de Santo Estêvão und die Calçadinha de Santo Estêvão hinauf zur Kirche Santo Estêvão ⑨. Von den vielen Aussichtspunkten Lissabons ist dies einer der besten. Vom Kirchenvorplatz

führen die Rua Guilherme Braga und Stufen zur Linken (Beco de Loureiro) zu einem kleinen Platz, der sich zur Rua da Regueira hin öffnet. Biegen Sie links ab und gehen Sie bis zur Rua do Castelo Picão, die Sie wieder zurück

ROUTENINFOS

Start: Praça do Comércio ①
Länge: 3 km
Anfahrt: Tram 25 bzw. Bus 2, 11 oder 709.
Rasten: Pois, Café ⑤ ist einen Besuch wert. In Alfama gibt es eine Reihe guter Restaurants, u. a. Santo António de Alfama ⑧ und Mesa de Fradesis in der Rua dos Remédios. Das Café an der Statue von São Vicente ⑪ ist sehr beliebt, ebenso die Bar Cerca Moura auf der anderen Straßenseite.

Fischmarkt in der Rua de São Pedro ⑥

Blick über die Dächer von Alfama

Araújo. Biegen Sie rechts ab, folgen Sie der Straße und der Treppe bis zum Largo das Portas do Sol und der Statue des Stadtpatrons São Vicente ⑪. Auf der anderen Seite des Platzes steht das Museu de Artes Decorativas ⑫ *(siehe S.34)*. Gehen Sie die Treppen des Beco do Maldonado hinauf, bis Sie nach links in den Pátio de Dom Fradique ⑬ einbiegen können. Folgen Sie der Rua do Chão da Feira, der Hauptzugangsstraße zum Castelo de São Jorge *(siehe S.38f)*. In einem Winkel sehen Sie ein einzelnes Toilettenhäuschen, das wegen seines kunstvollen Eisenschilds zu einem oft fotografierten »Kunstwerk« wurde ⑭. In einer Nische im Tor zur Zitadelle steht eine Statue des heiligen Georg ⑮. Souvenirläden ⑯ säumen die steile Straße hinauf zum Castelo. Der Spaziergang führt um die Burg herum und bietet an allen Ecken schöne Aussichten. Gehen Sie unter der langen Treppe, die zum

ins Zentrum von Alfama bringt. Folgen Sie der Spitzkehre nach rechts zum Beco das Cruzes und weiter zur Calçadinha de São Miguel ⑩. Gehen Sie durch den schmalen Torbogen in die Escadinhas de São Miguel, dann nach rechts, den Beco da Corvinha hinauf und durch einen weiteren Torbogen zur Rua Norberto

LEGENDE

• • • Routenempfehlung

Ⓜ Metro-Station

ⓘ Information

▬▬ Fußgängerzone

Turm São Lourenço führt, hindurch und an der Rückseite der Burg weiter. Hier soll 1147 ein kleines Tor ⑰ eine Rolle bei der Belagerung der Burg durch Afonso Henriques gespielt haben. Angeblich warf sich der Ritter Martim Moniz in das sich schließende Tor und opferte sein Leben, damit Afonso Henriques und seine Männer die Burg stürmen konnten.

Gehen Sie den Rundweg bis zum Largo Rodrigues Freitas zur Linken, vorbei am Beco da Laje auf der rechten Seite und nach links auf einen kleinen Platz. Biegen Sie noch einmal links ab, dann stehen Sie am Beginn der Calçada de Santo André und des Viertels Mouraria. Folgen Sie der *calçada*, gehen Sie links in die Rua da Amendoeira, hinunter bis zu einem kleinen Platz und nach links in die Rua Marquês de Ponte do Lima. An der Kreuzung Escadinhas da Saúde geht es rechts und dann gleich nach links in die Rua das Fontainhas de São Lourenço, das Herz von Mouraria ⑱.

Bleiben Sie auf dieser reizenden Straße, bis sie zum Largo das Farinhas wird. Gehen Sie rechts die Treppe hinunter zum Largo dos Trigueiros und weiter zum Beco do Rosendo. Über eine weitere Treppe hinab und über die Rua da Madalena kommen Sie zur Rua dos Condes de Monsanto und wieder zurück zur Baixa. Vor Ihnen liegt die Praça da Figueira ⑲ *(siehe S.45)* mit der Reiterstatue von João I. Nehmen Sie vom Rossio aus die Metro oder einen Bus.

Auf den Festungsmauern des Castelo de São Jorge

Blick über die Dächer von Sintra auf das Rathaus ▷

Küstenregion Lissabon

Küstenregion Lissabon

*D*ie »Costa de Lisboa« – das sind die felsige Atlantikküste, die bewaldeten Hänge von Sintra und die Herrschaftshäuser auf dem Land, die nur eine Autostunde von Lissabon entfernt liegen. Südlich erstrecken sich Sandstrände und malerische Fischerdörfer sowie die Lagunen an der Mündung des Tejo und des Sado.

Händler und Eroberer, von den Phöniziern bis zu den Spaniern, haben hier ihre Spuren hinterlassen – vor allem die Mauren, deren Burgen, mehrfach umgebaut, überall an der Küste zu entdecken sind. Die portugiesischen Könige und der Adel errichteten, nachdem Lissabon 1256 Hauptstadt geworden war, ihre Sommerresidenzen vorzugsweise in der kühlen Serra de Sintra.

Das weniger noble Südufer des Tejo (Outra Banda) war bis zum Bau der Brücke 1966 nur mit der Fähre zu erreichen. Heute sind die Sandstrände der Costa da Caparica, das Fischerstädtchen Sesimbra und die Halbinsel Tróia im Sommer beliebte Ferienziele. Glücklicherweise stehen weite Küstengebiete und viel unberührte Landschaft unter Naturschutz.

Ungeachtet der rasanten Urbanisierung der Region gedeihen die kleinen Fischer- oder Bauerngemeinden noch immer. Die Fischmärkte bieten eine breite Palette an frischem Fisch und Meeresfrüchten. Palmela und das Gebiet um den Sado sind für ihren Wein bekannt. Schafe, aus deren Milch der Azeitão-Käse hergestellt wird, grasen in der Serra da Arrábida. An der Mündung des Sado wird Reis angebaut. Auch traditionelles Gewerbe wie Salzgewinnung bei Alcochete oder Marmorbruch in Pero Pinheiro wird noch betrieben.

Das Meer an der Westküste ist kalt und rau, doch die Strände gehören zu den saubersten Europas. Die Region bietet neben Surf-, Angel- und Tauchmöglichkeiten auch exzellente Golfplätze, Reitwege und eine Autorennstrecke. Das Angebot an Kunst und Unterhaltung reicht von Musik- und Filmfestivals bis zu Stierkämpfen und Jahrmärkten mit Kunsthandwerk.

Geflieste Fassaden in Alcochete *(siehe S. 107)*, einer hübschen Kleinstadt im Mündungsgebiet des Tejo

◁ **Leuchtend bunte Fischerboote im Hafen von Sesimbra** *(siehe S. 110)*

Überblick: Küstenregion Lissabon

Die hübsche Stadt Sintra nordwestlich von Lissabon besitzt jahrhundertealte Paläste. Sie ist von bewaldeten Hügeln umgeben, die manchmal in dichten Nebel gehüllt sind. Das kosmopolitische Cascais und das alte Fischerdorf Ericeira sind hervorragende Ausgangspunkte, um die felsige Atlantikküste zu erkunden. Die Serra da Arrábida und die zerklüftete Küste um Cabo Espichel im Süden können vom kleinen Hafen Sesimbra aus besucht werden. Die Naturreservate in den Mündungsgebieten von Tejo und Sado sind Oasen der Ruhe.

Sehenswürdigkeiten auf einen Blick

Cabo da Roca am westlichen Rand der Serra de Sintra

LEGENDE

— Autobahn

— Hauptstraße

···· Nebenstraße

— Panoramastraße

···· Eisenbahn (Hauptstrecke)

— Eisenbahn (Nebenstrecke)

— Regionalgrenze

Weitere Zeichenerklärungen *siehe hintere Umschlagklappe*

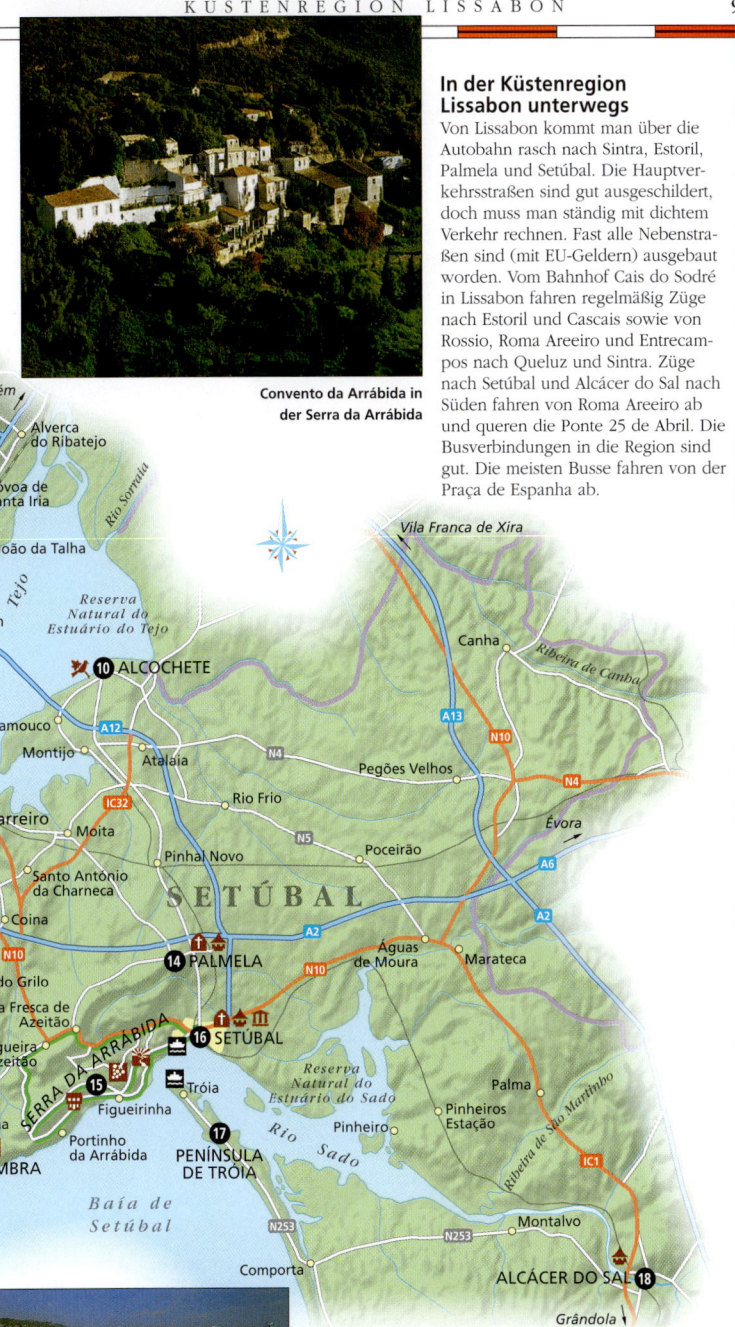

In der Küstenregion Lissabon unterwegs

Von Lissabon kommt man über die Autobahn rasch nach Sintra, Estoril, Palmela und Setúbal. Die Hauptverkehrsstraßen sind gut ausgeschildert, doch muss man ständig mit dichtem Verkehr rechnen. Fast alle Nebenstraßen sind (mit EU-Geldern) ausgebaut worden. Vom Bahnhof Cais do Sodré in Lissabon fahren regelmäßig Züge nach Estoril und Cascais sowie von Rossio, Roma Areeiro und Entrecampos nach Queluz und Sintra. Züge nach Setúbal und Alcácer do Sal nach Süden fahren von Roma Areeiro ab und queren die Ponte 25 de Abril. Die Busverbindungen in die Region sind gut. Die meisten Busse fahren von der Praça de Espanha ab.

Convento da Arrábida in der Serra da Arrábida

Fischerboote im Hafen von Sesimbra

SIEHE AUCH

- *Hotels* S. 122f
- *Restaurants* S. 134f

Imposant: Bibliothek mit Marmorfußboden im Palácio de Mafra

Palácio de Mafra ❶

Terreiro de Dom João V, Mafra. 📞
26 181 75 50. Ⓜ Campo Grande,
dann 🚌 Mafrens. ⓘ Mi–Mo 10–
17.30 Uhr (letzter Einlass: 16.30 Uhr).
⬤ 1. Jan, Ostern, 1. Mai, 25. Dez.
🕆 📷 So bis 14 Uhr frei. 📷 obligatorisch. **www**.ipmuseus.pt

Der gewaltige barocke
Klosterpalast, der das
Städtchen Mafra überragt,
wurde unter João V, Portugals
verschwenderischstem Monar-
chen, erbaut. Er schwor, ein
Kloster und eine Basilika zu
errichten, vorgeblich als Dank
für die Geburt eines Erben,
aber wohl eher, um seine allseits bekannten sexuellen
Eskapaden zu sühnen. 1717
begannen die Arbeiten zu
einem bescheidenen Haus für
13 Franziskanermönche. Doch
als sich die Schatztruhen mit
den Reichtümern Brasiliens
füllten, planten der König und
sein Architekt Johann Friedrich Ludwig (1670–1752) Grö-
ßeres. Es wurden keinerlei
Kosten gescheut: 52 000 Menschen arbeiteten an dem Bau.
Als er fertiggestellt war, bot er
nicht 13, sondern 330 Mönchen Platz – ein Palast mit
einer der schönsten
Bibliotheken Europas,
die mit kostbarem
Marmor, Tropenhöl-
zern und unzähligen
Kunstwerken ausge-
stattet war. Die Basili-
ka wurde am 22. Ok-
tober 1730, dem
41. Geburtstag des
Königs, geweiht.
Der Bau war aller-
dings nur bei den Mit-
gliedern der königli-
chen Familie beliebt,
die gern zur Jagd gin-
gen. Heute gibt es hier
ein Projekt zur Ansied-
lung von Wölfen. Die
schönsten Möbel und Kunstwerke nahm die königliche
Familie auf ihrer Flucht vor
den Franzosen 1807
mit nach Brasilien.
1834 wurde das
Kloster nach Auf-
lösung der Orden
aufgegeben, 1910
auch der Palast, als
der letzte portugie-
sische König Ma-
nuel I von dort zur
königlichen Yacht
floh, die vor Eri-
ceira ankerte.
Der Rundgang
dauert mindestens
eine Stunde. Er be-
ginnt im Kloster

und führt auch zur Apotheke
mit ihren alten Medizingefä-
ßen und einigen beängstigen-
den Instrumenten sowie zum
Krankenhaus. In diesem
konnten 16 Patienten in Ein-
zelzimmern der Messe in der
angrenzenden Kapelle bei-
wohnen, ohne ihre Betten
zu verlassen.
Die prachtvollen Staats-
gemächer im Obergeschoss
nehmen die gesamte West-
seite ein. An einem Ende liegen die Räume des Königs,
am anderen, 232 Meter entfernt, die der Königin. In der
Mitte wird die Fassade von
den beiden Glockentürmen
der Basilika aufgelockert.
Der Innenraum der Kirche
ist mit verschiedenfarbigem
Marmor ausgestattet. Es gibt
sechs Orgeln aus dem frühen
19. Jahrhundert. Die barocken
Skulpturen im Atrium der Basilika stammen aus der Bild-
hauerschule von Mafra,
die José I 1754
gründete und in
der unter der
Leitung des italie-
nischen Bildhauers
Alessandro Giusti
(1715–1799) viele
namhafte Künstler
ausgebildet wur-
den. Die Sala da Caça
birgt groteske Jagd-
trophäen. Prunk-
stück des Palasts ist
die großartige Bi-
bliothek mit dem
gemusterten Mar-
morboden, Bü-
cherschränken im
Rokoko-Stil und
40 000 Büchern in
goldgeprägten Ledereinbän-
den, darunter eine Erstaus-
gabe von Os Lusíadas (1572)
des großen portugiesischen
Dichters Luís de Camões
(1524–1580).

**Statue des heiligen
Bruno im Atrium der
Basilika in Mafra**

Umgebung: Am Donnerstag-
vormittag findet in **Malveira**,
zehn Kilometer östlich von
Mafra, der größte Markt der
Region statt. Neben Lebens-
mitteln findet man hier Haus-
haltswaren und Kleidung.
Im Dorf **Sobreiro**, sechs Kilometer westlich von Mafra,
zeigt Zé Francos Modelldorf
detailgetreue Häuser, Bauern-
höfe, einen Wasserfall und
eine Windmühle.

Schlafgemach des Königs im Palácio de Mafra

Hotels und Restaurants in der Küstenregion Lissabon siehe Seiten 122f und 134f

Ein Traktor zieht in Ericeira ein Fischerboot an Land

Ericeira ❷

🏠 6700. 🚌 ℹ️ *Largo de Sta. Marta 9 (26 186 31 22).* 🚢 *Apr–Okt: tägl.* **www**.ericeira.org

Ericeira konnte trotz der zahlreichen Urlauber von nah und fern einen Rest seines traditionellen Dorflebens bewahren. Hier schätzt man vor allem das erfrischende Klima, die sauberen Sandstrände und die köstlichen Meeresfrüchte.

Im Sommer steigt die Zahl der Besucher manchmal auf über 20 000. Dann geht es in den Cafés und Restaurants bis spät in die Nacht hoch her. Wenn die rote Gefahrenflagge das Baden im Meer verbietet, kann man oft tollkühnen Surfern zusehen, denn zum Wellenreiten formt das Meer hier an der Küste perfekte Tunnel. Für weitere Vergnügungen gibt es einen Minigolfplatz im Santa-Marta-Park.

Das urtümliche Städtchen mit seinem Gassengewirr und den weißen Häusern thront auf einer Klippe 30 Meter über dem Atlantik. Vom höchsten Punkt, dem Largo das Ribas, aus kann man den Hafen aus der Vogelperspektive betrachten. Hier ziehen alte Traktoren Boote aus dem Wasser, allerdings sind es heute kaum mehr Fischer-, sondern eher Sportboote. Dennoch wird am 16. August das Fischerfest mit Prozession zum Hafen gefeiert. Dort werden die Boote gesegnet.

Von Ericeira aus ging am 5. Oktober 1910, als in Lissabon die Republik ausgerufen wurde, Manuel I, der letzte portugiesische König, ins Exil.

Ein Fliesenbild in der Kapelle Santo António erinnert daran. Der König ließ sich in England nieder, wo er 1932 starb.

Colares ❸

🏠 7500. 🚌 ℹ️ *Avenida dos Bombeiros Voluntários 77 (21 929 07 88).* **www**.jf-colares.pt

Das Dorf liegt inmitten von Kiefer- und Kastanienwäldern an den Ausläufern der Serra de Sintra. Es blickt über ein grünes Tal, die Várzea de Colares, zum Meer. In geringen Mengen wird dort noch der berühmte Wein gleichen Namens produziert. Mittlerweile fehlt den Trauben aber der typische Charakter und der reife Geschmack des klassischen Colares. Auch sehen sich die Winzer durch sinkende Einnahmen in ihrer Existenz bedroht.

Die alten Rebstöcke wachsen auf Sand, wurzeln jedoch tief im Lehmboden. Sie gehören zu den wenigen Rebstöcken in Europa, die die Reblausplage Ende des 19. Jahrhunderts überstanden. Das Insekt, das durch Rebstockimporte aus Amerika eingeschleppt wurde und ganze Weinkulturen in Europa zerstörte, konnte den hiesigen dichten Sandboden nicht durchdringen. Der Wein kann in der Adega Regional de Colares in der Alameda de Coronel Linhares de Lima verkostet werden.

Umgebung: Westlich von Colares liegen einige Badeorte. Von Bazão aus kann man die drei Kilometer zur **Praia das Maçãs** mit der alten Straßenbahn (1910) fahren, die das ganze Jahr über verkehrt. Nördlich der Praia das Maçãs klammert sich das malerische Dorf **Azenhas do Mar** an die Klippen.

Der größere Badeort ist **Praia Grande** im Süden. Beide Orte verfügen über natürliche Gezeitenbecken, die sich bei Flut mit Meerwasser füllen, aber für Schwimmer gesperrt sind. An der **Praia da Adraga**, einen Kilometer weiter südlich, lockt ein entzückendes Strandcafé und -restaurant. Abends und außerhalb der Saison fangen Fischer Barsche, Brassen und Schollen, die mit der Flut in die Becken schwimmen.

Gezeitenbecken in Azenhas do Mar bei Colares

Tour: Serra de Sintra ❹

Fliesendetail an der Peninha-Kapelle

Die Rundfahrt von Sintra aus ist eine reizvolle Tour über die Anhöhen des Gebirges. Das erste Stück führt über eine schmale, steile und teilweise nur schlecht asphaltierte Straße mit gefährlichen Haarnadelkurven, dann durch einen dichten Wald und eine fast surreal anmutende Landschaft mit moosbewachsenen Felsbrocken und grandiosen Aussichten auf die Atlantikküste und die Tejo-Mündung. Die Strecke verläuft nach der Fahrt zur zerklüfteten Küste auf kleinen Landstraßen zurück, vorbei an Bergdörfern und großen Landsitzen an den grünen Nordhängen der Serra de Sintra.

Blick von Peninha auf die Küste

Colares ⑥
Das Dorf Colares an den Ausläufern der Serra de Sintra ist von Gärten und Weinbergen umgeben *(siehe S. 97)*.

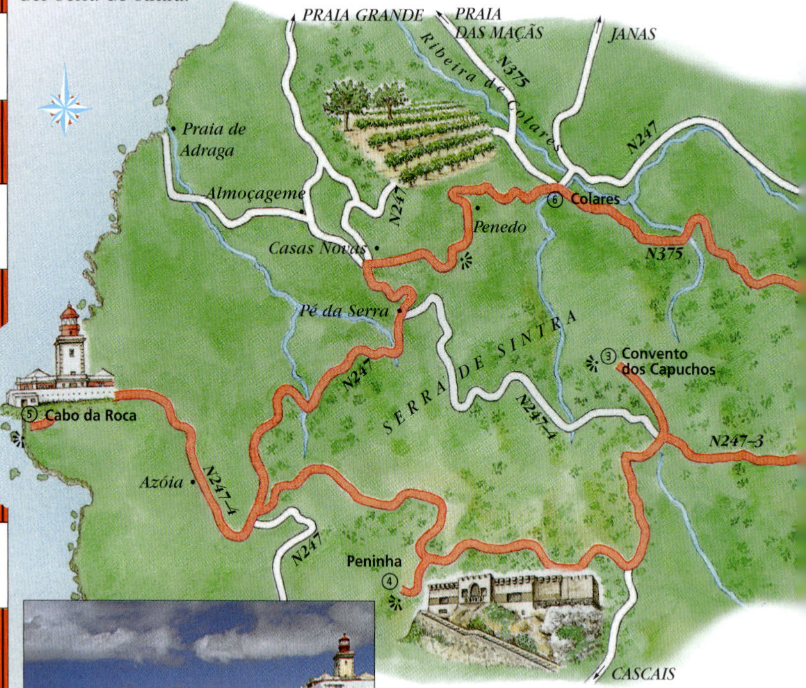

Peninha ④
Der 490 Meter hohe Gipfel bietet überwältigende Ausblicke auf die Küste. Eine Kapelle (17. Jh.) mit Fliesenbildern thront hoch auf dem grauen Felsen.

Cabo da Roca ⑤
Der Leuchtturm auf der 140 Meter hohen Klippe markiert den westlichsten Punkt des europäischen Festlands.

0 Kilometer   2

LEGENDE

Routenempfehlung

Andere Straße

Aussichtspunkt

Seteais ⑧

Der elegante Herrensitz, heute ein Luxushotel mit Restaurant *(siehe S. 123 und 135)*, wurde im 18. Jahrhundert für einen holländischen Konsul erbaut.

ROUTENINFOS

Länge: 36 km.

Rasten: Es gibt entlang der Bergstraßen herrliche Picknickplätze im Parque da Pena samt Trinkwasserbrunnen und erfrischenden Quellen. In Cabo da Roca findet man ein Café, ein Restaurant und Souvenirläden. Colares hat mehrere gute Restaurants und angenehme Bars zu bieten.

Das Schloss von Monserrate

Monserrate ❺

Estrada de Monserrate. **(** 21 923 73 00. ▄▄▄ nach Sintra, dann Taxi. ◯ Apr–Sep: tägl. 9.30–20 Uhr; Okt–März: tägl. 10–18 Uhr (letzter Einlass: 60 Min. vor Schließung). ● 25. Dez. ▨ **www.** parquesdesintra.pt

Monserrate ⑦

Der kühle Waldpark und das reizvolle Schloss (19. Jh.) repräsentieren die Romantik Sintras.

Sintra ①

Die Straße schlängelt sich vom Stadtzentrum steil bergauf entlang großartiger *quintas* (Landsitze) hinter dichten Bäumen.

D er wildromantische Park des einst prachtvollen Landsitzes ist ein Dschungel aus subtropischen Bäumen und Blütenstauden, in dem sich ein Wasserfall, ein kleiner See und die vom Wurzelwerk eines riesigen Ficus umwucherte Ruine einer Kapelle verbergen. Die Geschichte der Kapelle geht bis auf die Zeit der Mauren zurück, doch ihren Namen erhielt sie von einer kleinen Kapelle aus dem 16. Jahrhundert, die Unserer Lieben Frau von Montserrat in Katalonien geweiht war. Der Park wurde Ende des 18. Jahrhunderts von William Beckford, einem reichen Engländer, gestaltet. Lord Byron machte ihn in seinem Gedicht *Ritter Harolds Pilgerfahrt* (1818) unsterblich.

Im Jahr 1856 kaufte Sir Francis Cook das Grundstück, auf dem er das maurisch inspirierte, heute völlig verlassene Schloss baute. Er gestaltete auch den Garten mit einer großen Rasenfläche, Kamelien und subtropischen Bäumen aus aller Welt um. Darunter befinden sich Metrosideros-Bäume (Eisenhölzer aus dem Pazifikraum), Erdbeerbäume, aus deren Beeren der Schnaps Medronho gebrannt wird, und Korkeichen, an deren Rinden kleine Farne gedeihen. Die Organisation »Freunde von Monserrate« hilft, Gebäude und Park zu unterhalten und restaurieren.

Parque da Pena ②

Den riesigen Park kann man zu Fuß erkunden *(siehe S. 101)*. Bis zur Cruz Alta, dem höchsten Punkt der Serra de Sintra, kann man auch mit dem Auto fahren.

Convento dos Capuchos ③

Zwei große Felsen bewachen den Eingang zu dem abgelegenen Franziskanerkloster von 1560, in dem die Mönche in winzigen, mit Kork ausgeschlagenen Felszellen hausten. Vom Hügel oberhalb dieses Zufluchtsorts hat man eine faszinierende Aussicht.

Sintra ❻

Fonte Mourisca (Volta do Duche)

Sintra liegt an den Nordhängen der felsigen Serra de Sintra, die von waldigen Schluchten umgeben ist. Wegen seiner großartigen Lage wurde es zur bevorzugten Sommerresidenz der portugiesischen Könige. Wahrzeichen der Stadt sind die hohen Schornsteine des Palácio Nacional de Sintra *(siehe S. 102f)* und der fantastische Palácio da Pena *(siehe S. 104f)*, der auf seinem Hügel aus Dunstschwaden ragt, wenn die Berge – wie es oft der Fall ist – in Nebel gehüllt sind.

Sintra zählt seit 1995 zum Welterbe der UNESCO und zieht das ganze Jahr über Tausende von Besuchern an, die auf ruhigen, schattigen Pfaden das umliegende Hügelland durchstreifen.

Überblick: Sintra

Das moderne Sintra besteht aus Sintra Vila, Estefânia und São Pedro. Sie sind durch ein Straßengewirr miteinander verbunden, das sich über die umgebenden Hügel zieht. In der Altstadt (Sintra Vila) um den **Palácio Nacional de Sintra** liegen Museen und das mit Fliesen verzierte **Postamt** in den hübschen Pflasterstraßen. Die kurvige **Volta do Duche** führt von der Altstadt Richtung Norden durch den üppigen **Parque da Liberdade** nach Estefânia mit der neugotischen **Câmara Municipal** (Rathaus). Richtung Süden und Osten erstreckt sich São Pedro auf den Hügeln der Serra de Sintra. Jeden zweiten Sonntag findet dort ein **Markt** statt, der sich über den großen Marktplatz hinaus bis in die Rua 1 de Dezembro ausdehnt. Ein Stadtrundgang zu Fuß ist wegen der vielen Hügel anstrengend. Bequemer ist eine Kutschenrundfahrt. Vom **Miradouro da Vigia** in São Pedro genießt man eine beeindruckende Aussicht, ebenso vom Café **Casa de Sapa**, in dem es die köstlichen *queijadas* *(siehe S. 127)* gibt.

Die vielen Brunnen der Stadt werden von den Einheimischen als Trinkwasserquelle genutzt. Die zwei interessantesten Brunnen sind die **Fonte Mourisca**, so genannt wegen ihres maurischen Dekors und des geometrischen Fliesenmusters, und die **Fonte da Sabuga**, bei der das Wasser aus zwei Brüsten hervorsprudelt.

🏛 **Museu do Brinquedo**
Rua Visconde de Monserrate. 📞 21 924 21 71. ⏰ Di–So 10–18 Uhr. 🚫 1. Jan, 1. Mai, 25. Dez. 🅿 ♿ 🌐 www.museu-do-brinquedo.pt
Das kleine Museum zeigt Spielzeug, darunter Modellflugzeuge, -autos und -züge, Puppen und Puppenhäuser sowie ungewöhnliches mechanisches Spielzeug. Es gibt auch eine Werkstatt und ein Spielzimmer mit Puppen und Geschichtenerzählern.

Alfa-Romeo-Modell, Museu do Brinquedo

🏛 **Museu de Arte Moderna**
Avenida Heliodoro Salgado. 📞 21 924 81 70. ⏰ Di–So 10–18 Uhr. 🚫 1. Jan, 25. Dez. 🅿 So bis 14 Uhr frei. ♿ 🍴 🖥 🌐 www.berardocollection.com
Das Museum wurde ursprünglich für die Sammlung von José Manuel Rodrigues Berardo, eine der besten privaten Kunstsammlungen, gebaut. Seit die Werke in das Lissabonner Museo Colecção Berardo *(siehe S. 69)* verlegt wurden, präsentiert das Museum Wechselausstellungen moderner Kunst mit Themen wie Surrealismus oder Pop-Art.

🏛 **Quinta da Regaleira**
Rua Barbosa du Bocage. 📞 21 910 66 50. ⏰ Feb, März, Okt: tägl. 10–18.30 Uhr; Apr–Sep: 10–20 Uhr; Nov–Jan: 10–17.30 Uhr. 🅿 🖥 🍴 🖥
Der neomanuelinische Bau (19. Jh.) und sein Park sind voller religiöser Anspielungen und okkulter Symbole. Der Besitz von António Augusto Carvalho Monteiro ist ein Muss für alle, die sich für Esoterik interessieren.

Die Schornsteine des Palácio Nacional de Sintra überragen die Altstadt

Hotels und Restaurants in der Küstenregion Lissabon *siehe Seiten 122f und 134f*

♠ Castelo dos Mouros

Estrada da Pena. 📞 21 910 79 70.
🕐 Mai–Okt: tägl. 9–19 Uhr; Nov–
Apr: tägl. 9.30–18 Uhr (letzter Einlass:
60 Min. vor Schließung). ⬤ 25. Dez.

Oberhalb der Altstadt schlängelt sich die Brustwehr des
maurischen Kastells (8. Jh.),
das 1147 von Afonso Henriques erobert wurde, über die
Höhen der Serra de Sintra. An
klaren Tagen hat man von
hier einen grandiosen Blick
über die Altstadt auf den Palácio da Pena und weiter bis
zur Küste. Innerhalb der Mauern befinden sich die Ruinen
einer Kapelle und eine maurische Zisterne. Von der Kirche
Santa Maria aus dem 12. Jahrhundert führt ein steiler Fußweg (Beginn beim grünen
Tor) zum Kastell. Das Mono-
gramm »DFII« am Eingang erinnert an den Prinzgemahl
Fernando II (siehe S. 105), der
die Mauern im 19. Jahrhundert restaurieren ließ.

(siehe S. 105)

Burgwall des Castelo dos Mouros auf dem Kamm der Serra de Sintra

INFOBOX

🏠 33 000. 🚉 🚌 Avenida Dr.
Miguel Bombarda. ℹ️ Praça da
República 23 (21 923 11 57);
Bahnhof Sintra (21 924 16 23).
🎪 2. u. 4. So im Monat in São
Pedro. 🎭 Festival de Sintra (Juni–
Juli). www.cm-sintra.pt

♣ Parque da Pena

Estrada da Pena. 📞 21 923 73 00.
🕐 Apr–Okt: tägl. 9–19 Uhr; Nov–
März: tägl. 10–18 Uhr (letzter Einlass:
60 Min. vor Schließung). ⬤ 1. Jan,
25. Dez. ♿ www.parquesdesintra.pt

Ein riesiger Park umgibt den
Palácio da Pena. In ihm verstecken sich Pavillons, Brunnen und ein romantisches
Landhaus, das Fernando II
1869 für seine Mätresse bauen
ließ. Cruz Alta (528 m), der
höchste Punkt der Serra de
Sintra, bietet eine schöne Aussicht. Auf einer Felsenspitze
steht die Statue des Barons
von Eschwege, der Schloss
und Park entwarf.

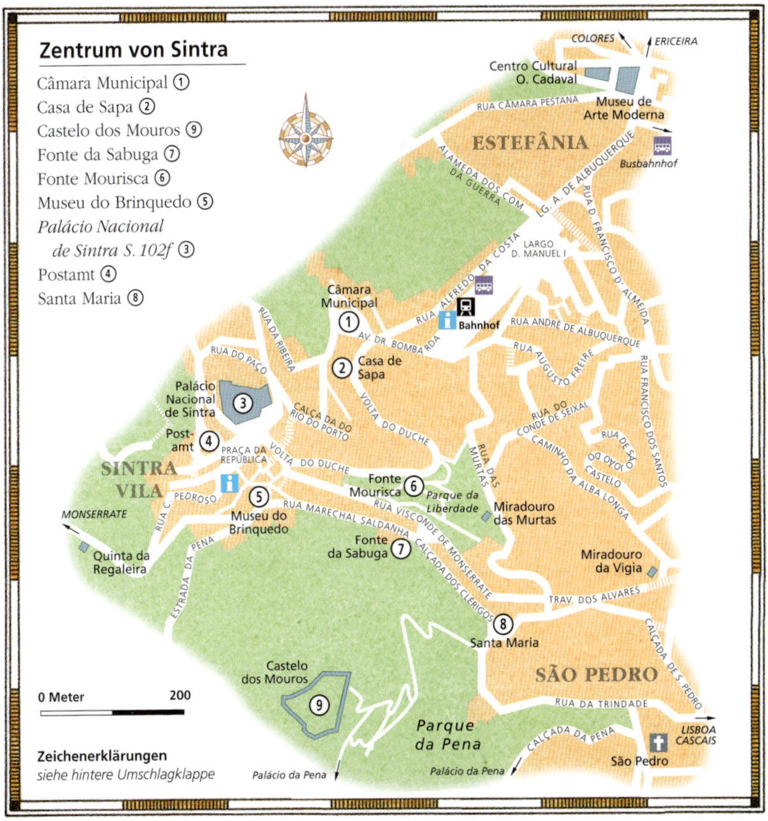

Zentrum von Sintra

Câmara Municipal ①
Casa de Sapa ②
Castelo dos Mouros ⑨
Fonte da Sabuga ⑦
Fonte Mourisca ⑥
Museu do Brinquedo ⑤
Palácio Nacional
  de Sintra S. 102f ③
Postamt ④
Santa Maria ⑧

0 Meter   200

Zeichenerklärungen
siehe hintere Umschlagklappe

COLORES — ERICEIRA
Centro Cultural
O. Cadaval
Museu de
Arte Moderna
RUA CÂMARA PESTANA
ESTEFÂNIA
ALAMEDA DOS COM
DA GUERRA
RUA A. DE ALBUQUERQUE
LG. A. DE ALBUQUERQUE
RUA D. FRANCISCO DE ALMEIDA
Busbahnhof
LARGO
D. MANUEL I
RUA ALFREDO DA COSTA
Câmara
Municipal
①
AV. DR. BOMBARDA
Bahnhof
RUA DA RIBEIRA
RUA ANDRÉ DE ALBUQUERQUE
RUA DO PAÇO
② Casa de
Sapa
RUA AUGUSTO FELIRE
RUA FRANCISCO DOS SANTOS
Palácio
Nacional
de Sintra ③
CALÇA DA DO
RIO DO PORTO
VOLTA DO DUCHE
RUA DO
CONDE DE SEIXAL
Post-
amt ④
PRAÇA DA VOLTA DA
REPÚBLICA
RUA C. PEDROSO
**SINTRA
VILA**
⑤
CALÇADA DO CASTELO
CAMINHO DA ALBA LONGA
O OTOI
RUA DE
MONSERRATE
Museu do
Brinquedo
RUA MARECHAL SALDANHA
Fonte ⑥
Mourisca
Parque da
Liberdade
RUA VISCONDE DE MONSERRATE
Miradouro
das Murtas
RUA DAS
MURTAS
Quinta da
Regaleira
ESTRADA DA PENA
Fonte ⑦
da Sabuga
CALÇADA DOS CLÉRIGOS
Miradouro
da Vigia
TRAV. DOS ÁLVARES
⑧
Santa Maria
CALÇADA DE SÃO PEDRO
SÃO PEDRO
Castelo
dos Mouros
⑨
Parque
da Pena
RUA DA TRINDADE
CALÇADA DA PENA
LISBOA
CASCAIS
São Pedro
Palácio da Pena
Palácio da Pena

Palácio Nacional de Sintra

Schwanenpaneel,
Sala dos Cisnes

Mitten in der Altstadt von Sintra (Sintra Vila) ragen zwei bizarre, konische Schornsteine aus dem Palast. Der Hauptteil des Gebäudes, einschließlich des Mittelteils mit der gotischen Fassade und den Küchenräumen unter den Schornsteinen, wurde Ende des 14. Jahrhunderts unter João I erbaut. Der Paço Real, wie der Palast auch genannt wird, war bis Ende des 19. Jahrhunderts die bevorzugte Sommerresidenz des Königshofs. Die Anbauten im maurischen Stil entstanden im 16. Jahrhundert unter Manuel I. Die verschiedenen baulichen Veränderungen im Lauf der Zeit haben zu einer durchaus reizvollen Mischung unterschiedlicher Stile geführt.

★ Sala das Pegas
Es heißt, König João I habe die Deckenbilder als Rüge für die Hofdamen malen lassen, weil sie sich wie schnatternde Elstern (pegas) dem Klatsch widmeten.

Taubenschläge sind unter dem mit Armillarsphären und Schiffstauen verzierten Gesims der Torre da Meca untergebracht.

In der Sala das Galés werden Wechselausstellungen gezeigt.

★ Sala dos Brasões
Die Kuppeldecke des Saals ist mit den Wappen (brasões) von 72 portugiesischen Adelsfamilien geschmückt. Die Wände zieren Fliesenbilder nach Delfter Art aus dem 18. Jahrhundert.

Jardim da Preta

Sala de Dom Sebastião, der Audienzraum

ZEITSKALA

10. Jahrhundert Der Palast wird Residenz des maurischen Herrschers	**1281** König Dinis befiehlt die Restaurierung des Palácio de Oliva, wie er damals hieß	**1495–1521** Manuel I: größere Umbauten und manuelinische Erweiterungen	**1683** Afonso VI stirbt hier nach neunjähriger Gefangenschaft durch Pedro II	**1755** Das Erdbeben *(siehe S. 22f)* zerstört Teile des Palasts

800	1000	1200	1400	1600	1800

1147 Afonso Henriques erobert den Palast	**1385** João I ordnet den kompletten Umbau des Haupt- und des Küchentrakts an	**um 1880** Maria Pia (Großmutter Manuels II) bewohnt den Palast
8. Jahrhundert Erster Palastbau durch die Mauren	*Sirene, Sala das Sereias (um 1660)*	**1910** Der Palast wird zum Nationaldenkmal

★ Sala dos Cisnes
Die Decke des einstigen Bankettsaals besteht aus achteckigen Holzpaneelen, die mit Schwänen (cisnes) bemalt wurden (15. Jh.).

INFOBOX

Largo Rainha Dona Amélia.
📞 21 910 68 40. ⏰ Do–Di 9.30–17.30 Uhr (letzter Einlass: 17 Uhr). ⚫ 1. Jan, Ostern, 1. Mai, 25. Dez. So bis 14 Uhr frei.
http://pnsintra.imc-ip.pt

Die Sala dos Árabes ist mit Azulejos dekoriert.

Sala das Sereias
Fliesen aus dem 16. Jahrhundert mit verschlungenen Arabesken umrahmen die Tür zum Sirenensaal.

Im Küchentrakt unterhalb der riesigen Schornsteine hängen noch alte Bratspieße und altes Küchengerät.

Eingang

Sala dos Archeiros, Eingangshalle

Manuel I ließ maurisch inspirierte *Ajimene*-Fenster einfügen, deren zwei Bogen von einer schlanken Säule getrennt werden.

Kapelle
Symmetrische maurische Muster zieren die Decke aus Walnuss- und Eichenholz (15. Jh.) sowie den Mosaikboden der Privatkapelle.

NICHT VERSÄUMEN

★ Sala das Pegas

★ Sala dos Brasões

★ Sala dos Cisnes

Sintra: Palácio da Pena

Tritontor

Hoch in der Serra de Sintra wurde im 19. Jahrhundert der eklektische Palácio da Pena für Ferdinand von Sachsen-Coburg-Gotha, den Gatten der jungen Königin Maria II, gebaut. Er entstand auf den Ruinen eines Hieronymitenklosters, das dort im 16. Jahrhundert an der Stelle der Kapelle Nossa Senhora da Pena gegründet worden war. Ferdinand engagierte für den Bau seiner Sommerresidenz, die voller Kuriositäten aus aller Welt ist, den deutschen Architekten Baron von Eschwege. Nach der Ausrufung der Republik 1910 wurde der Palast Museum, das so erhalten blieb, als würde die königliche Familie noch dort leben. Für eine Besichtigung sollte man anderthalb Stunden einplanen.

Eingangstor
Ein mit Zinnen überladener Bogengang heißt die Besucher am Eingang willkommen. Die Palastgebäude sind in Narzissengelb und Erdbeerrot gestrichen.

Schlafgemach Manuels II
Das ovale Zimmer besitzt grüne Wände und eine Stuckdecke. Über dem Kamin hängt ein Porträt des letzten Königs von Portugal.

In der Küche hängen noch die Kupferkessel über dem Eisenherd. Das Speiseservice ist mit dem Wappen Fernandos II geschmückt.

★ Ballsaal
Der geräumige Ballsaal ist mit deutschen Bleiglasfenstern, wertvollem Porzellan und vier lebensgroßen Fackelträgern mit riesigen Kandelabern ausgestattet.

★ **Arabisches Zimmer**
Wände und Decke des hübschesten Zimmers im Palast zeigen herrliche Trompe-l'Œil-Fresken. Der Romantizismus der Zeit war stark vom Orient beeinflusst.

INFOBOX

Estrada da Pena, 5 km südl. von Sintra. 📞 21 910 53 40. 🚌 434 von der Avenida Dr. Miguel Bombarda, Sintra. ⬜ Apr–Sep: tägl. 9.45–19 Uhr; Okt–März: tägl. 10–18 Uhr (letzter Einlass: 30 Min. vor Schließung). ⬤ 1. Jan, 25. Dez.
🖥 www.parquesdesintra.pt

Das Tritontor ist mit neomanuelinischer Dekoration überladen und wird von einem Seeungeheuer bewacht.

★ **Altarbild der Kapelle**
Das Retabel aus Alabaster und Marmor wurde im 16. Jahrhundert von Nicolau Chanterène geschaffen. Jede Nische zeigt eine Szene aus dem Leben Christi.

Der Kreuzgang mit den farbenprächtigen Fliesen ist Teil des einstigen Klosters.

Eingang

Prinzgemahl Ferdinand

In Portugal wurde Ferdinand (Fernando II) auch »Künstlerkönig« genannt. Er war, wie so viele andere Herrscher des 19. Jahrhunderts, an Kunst, Natur und den Neuerungen seiner Zeit stark interessiert. Er selbst malte Aquarelle. Ferdinand liebte seine Wahlheimat enthusiastisch und widmete sich der Förderung der Künste. 16 Jahre nach dem Tod von Maria II heiratete er 1869 seine Geliebte, die Opernsängerin Gräfin Edla. Der extravagante Palácio da Pena, den er sich ein Leben lang erträumt hatte, wurde 1885, in seinem Todesjahr, fertiggestellt.

NICHT VERSÄUMEN

★ Altarbild der Kapelle

★ Arabisches Zimmer

★ Ballsaal

Straßencafé im beliebten Ferienort Cascais

Cascais ❼

🚶 33 000. 🚉 🚌 🛈 *Rua Visconde da Luz 14 (21 482 23 37).* 🏛 *1. und 3. So im Monat.* **www**.cm-cascais.pt

Cascais blickt auf eine über hundertjährige Tradition als Ferienort zurück und ist malerischer als neuere Urlaubsdomizile. Am deutlichsten spiegelt sich die Geschichte der Stadt in den Villen an der Küste wider. Sie wurden Ende des 19. Jahrhunderts von reichen Lissabonnern als Sommersitze erbaut, nachdem Luís I die Burg (17. Jh.) als Sommerresidenz auserkoren hatte.

Die geschützte Sandbucht, 25 Kilometer westlich von Lissabon, an der die Stadt entstand, war schon in vorgeschichtlicher Zeit ein Fischereihafen. Fischfang wird immer noch betrieben. Mit dem Bau eines Kais für die Boote und die Auktion des Fangs erhielt er vor einiger Zeit neuen Aufschwung.

Cascais ist heute in erster Linie ein beliebter »Vorort« von Lissabon mit einem Yachthafen und zwei Golfplätzen. Teilweise scheint die Stadt mehr vom Bauboom geprägt zu sein als von ihrer Geschichte oder vom Fremdenverkehr. Die schöne, windgepeitschte und vom Meer unterspülte Steilküste außerhalb der Stadt ist jedoch noch weitgehend intakt.

Das **Museu Condes de Castro Guimarães** vermittelt einen Eindruck davon, wie Cascais vor über 100 Jahren einmal war. Heute ist das Grundstück der in einer kleinen Bucht gelegenen, schlossähnlichen Villa Teil eines Parks. Gegenüber befindet sich der Yachthafen mit 600 Liegeplätzen, vor allem an den Wochenenden ein Anziehungspunkt für Einheimische und Besucher.

Die von Eduardo Souto de Moura entworfene **Casa das Histórias** ist eine Galerie, die das Werk der zeitgenössischen Künstlerin Paula Rego beherbergt.

🏛 **Museu Condes de Castro Guimarães**
Avenida Rei Humberto II de Itália.
📞 *21 482 54 01.* **Museum** 🕐 *Di–So 10–17 Uhr.* 🎫 *Sa, So bis 13 Uhr frei.* **Bibliothek** Casa da Horta de Santa Clara. 🕐 *Mo–Sa 10–19 Uhr.* ● *Feiertage.*

🏛 **Casa das Histórias**
Avenida da República 300. 📞 *21 482 69 70.* 🕐 *tägl. 10–18 Uhr.* **www**.casadashistoriaspaularego.com/pt

Umgebung: An der **Boca do Inferno**, etwa drei Kilometer westwärts an der Küstenstraße, donnert das Meer gewaltig in die Felsspalten.

Hinter dem großartigen Sandstrand von **Guincho**, zehn Kilometer weiter westlich, verlaufen Sanddünen mit Schirmpinien. Die atlantischen Brecher machen den Strand zum Paradies für Windsurfer, doch man sollte die Strömung nicht unterschätzen.

Die 2004 gegründet **Ellipse Foundation** besitzt eine Sammlung moderner Kunst mit rund 300 Werken von Künstlern wie John Baldessari und Cindy Sherman.

🏛 **Ellipse Foundation**
Rua das Fisgas, Pedra Furada. 📞 *21 469 18 06.* 🕐 *Fr–So 11–18 Uhr.* **www**.ellipsefoundation.com

Fantastischer Blick auf die zerklüftete Küste an der Boca do Inferno bei Cascais

Estoril ❽

🚶 26 000. 🚉 🚌 🛈 *Edifício Centro de Congressos, Avenida Clotilde 3a (21 464 75 76); Arcadas do Parque (21 468 76 30).* **www**.estoril-portugal.com

Seit Jahrhunderten profitiert Estoril von seiner Lage am Meer und in der Nähe der Hauptstadt: Einst war es ein Zufluchtsort für Menschen, die das Königshaus verbannt hatte, sowie für europäische Adlige auf der Flucht vor den Republikanern. Heute ist der Ferien- und Geschäftsort ein komfortabler Ruhesitz, in dessen Nähe einige gute Golfplätze angelegt wurden.

Im Unterschied zu Cascais bietet Estoril nicht nur eine schöne, drei Kilometer lange Strandpromenade und einen mit Villen bebauten Hügel, den Monte Estoril, sondern auch eine durchdachte Stadtplanung. Vom Bahnhof aus gelangt man direkt ins Zen-

Sandstrand und Promenade entlang der Bucht von Estoril

Hotels und Restaurants in der Küstenregion Lissabon *siehe Seiten 122f und 134f*

trum. Westlich schließt sich ein Strand an, östlich ein Palmenpark, der von imposanten Häusern flankiert wird. Am Springbrunnen vorbei kommt man zum angeblich größten Casino Europas. Das Kongresszentrum von Estoril, ein Mehrzweckgebäude, stellt es allerdings in den Schatten.

Palácio de Queluz 🄎

Siehe S. 108f.

Alcochete 🄑

🏃 9000. 🚌 ℹ️ *Largo da Misericórdia (21 234 10 40).*
www.cm-alcochete.pt

Die reizvolle alte Stadt liegt am Südufer des Tejo. Die Salzgewinnung war hier lange Zeit die Haupterwerbsquelle. Noch heute sieht man Salzpfannen im Norden und Süden der Stadt. Im Zentrum des Orts steht die Statue eines muskulösen Salzarbeiters. Die Inschrift lautet: »Do sal a Revolta e a Esperança« (»Vom Salz zum Aufstand und zur Hoffnung«). Am Stadtrand steht eine Statue von König Manuel I, der hier am

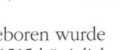
Statue eines Salzarbeiters in Alcochete (1985)

1. Juni 1469 geboren wurde und der Stadt 1515 königliche Privilegien verlieh.

Umgebung: Die **Reserva Natural do Estuário do Tejo**, ein Wasservogelreservat, umfasst ein großes Areal aus Flüssen, Salzmarschen und kleinen Inseln um Alcochete. Besonders reizvoll sind die Flamingos, die sich dort im Herbst und Frühjahr auf der Durchreise von der Camargue in Frankreich und Fuente de Piedra in Spanien versammeln. Fragen Sie im Tourismusbüro nach Bootsausflügen zur Beobachtung der Tiere, auch der Wildpferde und Stiere.

🦅 **Reserva Natural do Estuário do Tejo**
Avenida dos Combatentes da Grande Guerra 1. 📞 *21 234 80 21.*

Pilgerunterkunft am Cabo Espichel

Costa da Caparica 🄒

🏃 12 000. 🚢 *nach Cacilhas oder Trafaria, dann Bus.* 🚆 *nach Pragal, dann Bus.* ℹ️ *Avenida General Humberto Delgado (21 290 00 71).*

Lange Sandstrände und Dünen, Strandcafés und Fischrestaurants haben den Ort zum beliebten Ferienziel der Lissabonner gemacht. Eine Eisenbahn mit offenen Waggons fährt im Sommer die zehn Kilometer an der Küste entlang. Die Stadt am nächsten gelegenen Strände werden meist von Familien mit Kindern aufgesucht, die entfernter liegenden sind bei all jenen beliebt, die gern allein sind. In der Nähe der **Lagoa do Albufeira** liegen ein Surfer-Zentrum und ein Campingplatz.

Cabo Espichel 🄓

🚌 *von Sesimbra.*

An dieser windumtosten Landspitze stürzen die blanken Klippen steil ins Meer. Die Römer nannten das Areal wegen seiner Gefährlichkeit Promontorium Barbaricum. Von der Landzunge aus hat man einen überwältigenden Blick auf den Ozean und die Küste, doch sollte man die heftigen Windböen am Klippenrand nicht unterschätzen.

In dieser unwirtlichen Gegend wurde im 17. Jahrhundert – mit der Rückseite zum Meer hin – das **Santuário de Nossa Senhora do Cabo** errichtet. Die Pilgerunterkünfte rund um die Kirche bilden, mit Blick nach innen, einen offenen Hof. Das Kirchenschiff ist mit barocken Gemälden, Votivbildern und einem Deckenfresko geschmückt. Mittlerweile wurde die Kirche restauriert. Die Kapelle daneben ist mit blau-weißen Azulejos mit Fischerszenen ausgestattet.

Der Ort wurde im 13. Jahrhundert zur Pilgerstätte, nachdem ein Einheimischer eine Madonna auf einem Maultier aus dem Meer aufsteigen sah. Die Hufabdrücke des Maultiers sollen noch im Felsen zu sehen sein. Tatsächlich sind die großen Abdrücke an der Praia dos Lagosteiros unterhalb der Kirche wohl versteinerte Dinosaurierspuren.

Frühlingsblumen bei den Salzpfannen des Tejo nahe Alcochete

Palácio de Queluz ❾

Sphinx im Garten

Pedro, der jüngere Sohn Joãos V, beauftragte 1747 Mateus Vicente mit dem Umbau seines Jagdschlosses (17. Jh.) in einen Rokoko-Sommerpalast. Der Mitteltrakt mit Musikzimmer und Kapelle wurde fertiggestellt und nach Pedros Heirat mit der künftigen Maria I 1760 erweitert. Der französische Architekt Jean-Baptiste Robillon fügte den Pavillon samt Park hinzu, schuf Platz für den Thronsaal und gestaltete auch das Musikzimmer neu. Maria I hielt im Park eine Menagerie und genoss die Ausflüge auf dem mit Azulejos verkleideten Kanal.

Ärmelkorridor
Die Wände des Corredor das Mangas (Ärmel) sind mit Azulejos (1784) versehen, die die Kontinente, Jahreszeiten und Jagdszenen darstellen.

Neptun-brunnen

★ Sala dos Embaixadores
Der stattliche Saal von Robillon wurde für Audienzen und Konzerte genutzt. Auf der Trompe-l'Œil-Decke ist die königliche Familie während eines Konzerts zu sehen.

Die repräsentative und anmutige Löwentreppe führt vom Park zum Palast.

NICHT VERSÄUMEN

- ★ Palastgarten
- ★ Sala dos Embaixadores
- ★ Thronsaal

Zum Kanal

Muschel-brunnen

Der Robillon-Pavillon ist ein Prachtexemplar des französischen Rokoko.

Don-Quijote-Gemach
Das königliche Schlafzimmer, in dem Pedro IV geboren wurde und starb, besitzt eine Kuppeldecke und einen Parkettboden aus exotischen Hölzern, was dem rechteckigen Zimmer einen kreisförmigen Anschein gibt. Die Bilder (1784) von Manuel de Costa erzählen die Geschichte von Don Quijote.

Musikzimmer
Das Orchester Marias I, das von einem englischen Reisenden als »das beste Europas« bezeichnet wurde, führte Opern und Konzerte auf. Ein Porträt der Königin hängt über dem Flügel.

INFOBOX
Largo do Palácio, Queluz. ☎ 21 434 38 60. 🚊 *Queluz-Belas oder Queluz-Massama.* 🚌 *von Lissabon, Colégio Militar.* **Palast und Gärten** ◯ Mi–Mo 9–17 Uhr (Mai–Sep: Gärten bis 18 Uhr). ● 1. Jan, Ostern, 1. Mai, 25. Dez. 🚫 So 10–14 Uhr frei. 📷 ♿ 🖥 💼 🍴 **www**.pnqueluz.imc-ip.pt

Kapelle

Salon und Schlafzimmer der königlichen Familie blicken zum Malta-Garten.

★ Thronsaal
Der elegante Saal (1770) war Schauplatz glänzender Bälle und Bankette. Die vergoldeten Atlasstatuen stammen von Silvestre Faria Lobo.

Eingang

Malta-Garten

Die hängenden Gärten ließ Robillon auf Bogen anlegen, die vor dem Palast über den umliegenden Gärten aufragen.

Maria I (1734–1816)
Maria, die älteste Tochter Josés I, lebte nach ihrer Heirat (1760) mit ihrem Onkel Pedro im Palast. Ernst und fromm füllte sie ihre Rolle als Königin aus, litt jedoch zunehmend unter Anfällen von Melancholie. Als ihr Sohn José 1788 an den Pocken starb, wurde sie verrückt. Besucher des Palasts waren bestürzt über ihre Schreie während halluzinatorischer Wahnvorstellungen. Nach der französischen Invasion von 1807 nahm sie ihr jüngerer Sohn João, der seit 1792 Regent war, mit nach Brasilien.

★ Palastgarten
Der Garten mit Statuen, Brunnen und Formschnitthecken wurde für Lustbarkeiten genutzt. Konzerte aus dem Musikzimmer erschallten bis in den Malta-Garten.

Sesimbra

6000. Largo da Marinha 26/27 (21 228 85 40). 1. und 3. Fr im Monat. http://visit.sesimbra.pt

Eine steile, enge Straße führt zu dem Fischereihafen hinab, der in einer geschützten Bucht liegt. Durch die Südlage und die Hänge der Serra da Arrábida wird Sesimbra von den Nordwinden abgeschirmt und hat sich auch deshalb zum beliebten Ferienort entwickelt. Einst siedelten hier die Römer, später die Mauren, bis 1236 König Sancho II deren stark befestigte Burgen eroberte. In der Mitte der Altstadt mit ihrem Gewirr aus engen Straßen ragt das **Fort Santiago** (heute Zollhaus) empor. Vom tagsüber geöffneten Vorhof schweift der Blick über die Stadt, den Atlantik und den breiten Sandstrand.

Sesimbra hat eine rasche Entwicklung zur Urlaubsdestination hinter sich. In den umliegenden Hügeln wurden zahlreiche Ferienwohnungen gebaut. Die vielen Straßencafés und Bars sind an sonnigen Tagen gut besucht.

Leuchtend bunte Fischerboote ankern westlich des Stadtzentrums im **Porto do Abrigo**, den man über die Avenida dos Náufragos, eine

Farbenfrohe Fischerboote im Hafen von Sesimbra

ausladende Strandpromenade, erreicht. Die großen Fischkutter *(traineiras)* fangen Sardinen, Seebrassen, Weiß- und Schwertfische, die kleineren Boote Tintenfische und Oktopoden. Wenn die Schiffe am späten Nachmittag zurückkehren, findet am Hafen eine lautstarke Fischauktion statt. Den Fang des Tages kann man dann in den exzellenten Fischrestaurants genießen.

Die alte **maurische Burg** oberhalb der Stadt wurde im 18. Jahrhundert restauriert. Dabei wurde eine Kirche samt Friedhof innerhalb ihrer Mauern errichtet. Von den Mauern aus hat man vor allem bei Sonnenuntergang einen großartigen Ausblick.

Palmela

18000. Largo do Municipio (21 233 21 22). 2. Di im Monat. www.cm-palmela.pt

Die gewaltige Burg von Palmela auf einem Ausläufer der Serra da Arrábida überragt die Stadt. Die Festung ist, vor allem bei nächtlicher Beleuchtung, kilometerweit zu sehen. Trotz heftiger Verteidigung durch die Mauren wurde sie schließlich im 12. Jahrhundert vom Ritterorden von Santiago erobert. João I wandelte 1423 die Burg in ein Kloster für den Orden um. Heute ist sie nach einer Restaurierung eine prachtvolle *pousada (siehe S. 123)* mit einem Restaurant im alten Refektorium und einem Swimmingpool innerhalb der Burgmauern.

Von der Burg und mehr noch vom Bergfried (14. Jh.) hat man einen fantastischen Panoramablick auf die Serra da Arrábida. An klaren Tagen sieht man sogar bis Lissabon. In der Stadt selbst kann man in der Kirche **São Pedro** Fliesenbilder aus dem 18. Jahrhundert mit Szenen aus dem Leben des heiligen Petrus bewundern.

Das jährliche Weinfest, die Festa das Vindimas, findet in der ersten Septemberwoche vor dem Rathaus aus dem 17. Jahrhundert statt. Die Einwohner tragen traditionelle Tracht und treten die Trauben mit bloßen Füßen. Am letzten Tag des Fests gibt es auf den Burgmauern ein spektakuläres Feuerwerk.

Die Burg in Palmela mit Blick auf die bewaldete Serra da Arrábida

Hotels und Restaurants in der Küstenregion Lissabon siehe Seiten 122f und 134f

Serra da Arrábida ⑮

🚉 Setúbal. 🛈 Parque Natural da Arrábida, Praça da República, Setúbal (26 554 11 40).

Der 11 000 Hektar große Parque Natural da Arrábida umfasst die kleine Bergkette, die sich an der Küste zwischen Sesimbra und Setúbal in Ost-West-Richtung erstreckt. Er wurde zum Schutz der wunderschönen Landschaft und der vielfältigen Fauna, zu der Adler, Wildkatzen und Dachse gehören, eingerichtet.

Der Name »Arrábida« stammt aus dem Arabischen und bedeutet »Gebetsplatz«. Es ist tatsächlich ein Ort, der Ruhe und Abgeschiedenheit ausstrahlt. Die geschützten Südhänge sind von immergrüner, eher mediterraner Vegetation überwuchert. Die Stadt **Vila Nogueira de Azeitão** ist berühmt für ihren Wein, insbesondere für den Moscatel de Setúbal.

Die **Estrada de Escarpa** (N379-1), die sich über den Bergkamm schlängelt, bietet großartige Ausblicke. Eine schmale Straße führt zum **Portinho da Arrábida** hinab, einer geschützten Bucht mit weißem Sandstrand. Weiter östlich, in Richtung Setúbal, befinden sich die Sandstrände von **Galapos** und **Figueirinha**. Die 380 Meter hohen Risco-Klippen, die höchsten des portugiesischen Festlands, fallen östlich von Sesimbra steil ins Meer.

Portinho da Arrábida an der schönen Küste der Serra da Arrábida

🏛 Convento da Arrábida

Serra da Arrábida. 📞 21 219 76 20. 📅 Mi–So 15 Uhr, nur nach Vereinbarung (21 352 70 02). ● Aug. 🅿

Der hinter Bäumen versteckte Bau (16. Jh.) in der Serra da Arrábida war ein Franziskanerkloster. Die fünf Rundtürme auf dem Hügel dienten wohl zur Meditation. Heute ist hier ein Kulturzentrum.

🏛 Museu Oceanográfico

Fortaleza de Santa Maria, Portinho da Arrábida. 📞 21 218 97 91. 📅 Di–Fr 10–16, Sa 15–18 Uhr. ● Feiertage, Sa im Aug. 🅿

Die kleine Festung oberhalb von Portinho da Arrábida ließ Prinzregent Pedro 1676 zum Schutz der Dörfer vor Piratenüberfällen bauen. Heute sind hier ein Meeresmuseum und ein meeresbiologisches Zentrum untergebracht, in deren Aquarien sich einheimische Meerestiere tummeln.

🍷 José Maria da Fonseca

Rua José Augusto Coelho 11–13, Vila Nogueira de Azeitão. 📞 21 219 89 40. 📅 tägl. 10–13, 14.30–18.30 Uhr. ● 1. Jan, 24., 25. Dez. 🅿 🚻 🛈

www.jmf.pt

Die Weinkellerei Fonseca produziert hochwertige Tafelweine und ist für ihren Dessertwein, den Moscatel de Setúbal (siehe S. 129), bekannt. Bei Führungen durch die Kellerei wird die Herstellungsweise des Moscatel erläutert. Einige alte Kellergewölbe mit Fässern aus Eichen- und Haselnussholz können besichtigt werden. Die Führungen mit Weinprobe dauern etwa 45 Minuten.

LEGENDE

━━ Hauptstraße

━━ Nebenstraße

══ Andere Straße

0 Kilometer   5

Manuelinischer Innenraum der Igreja de Jesus in Setúbal

Setúbal 16

🚶 89 000. 🚉 🚌 ⛴ ℹ *Divisão de Turismo, Paços do Concelho (26 554 15 00); Casa da Baía, Avenida Luísa Todi 10 (26 554 50 10).*
www.mun-setubal.pt

Setúbal ist eine Industriestadt und nach Lissabon und Porto der drittgrößte Hafen Portugals. Südlich des Stadtparks mit seinen hübschen Brunnen befinden sich Fischerei-, Yacht- und Fährhafen sowie eine Markthalle. Nördlich des Parks erstreckt sich die Altstadt mit hübschen Fußgängerzonen und Plätzen voller Läden und Cafés.

Die **Kathedrale** Santa Maria da Graça aus dem 16. Jahrhundert birgt großartige Fliesenbilder (18. Jh.). Die Straßennamen erinnern an zwei berühmte Einwohner der Stadt: Manuel Barbosa du Bocage (1765–1805), dessen satirische Gedichte ihn ins Gefängnis brachten, und Luísa Todi (1753–1833), eine gefeierte Opernsängerin.

Zur Römerzeit war eingelegter Fisch eine wichtige Erwerbsquelle der Stadt. Die steinernen Becken sind unter dem Glasboden des Tourismusbüros »Lisboa e Vale do Tejo« in der Travessa Frei Gaspar 10 zu sehen.

🕆 Igreja de Jesus

Largo de Jesus. 🕻 *26 552 09 64.* ⭘ *Di–So 9.30–12.30, 14.30–17 Uhr.* ♿ **Museum** 🕻 *265 537 890.* ⭘ *Di–Sa 9–12.30, 14–17.30 Uhr.* ● *Feiertage.*
Die gotische Kirche im Norden der Altstadt gehört zu

Fischerboot im seichten Gewässer einer Lagune der Reserva Natural do Estuário do Sado

den architektonischen Schätzen Setúbals. Der hohe Innenraum wurde 1494 von Diogo Boitac entworfen. Er ist mit aus drei Strängen »geflochtenen« Säulen aus rosafarbenem Arrábida-Kalkstein und seilartigen Steinstreben am Dach ausgestattet und gilt als das früheste Beispiel des manuelinischen Stils.

Im angrenzenden Klostertrakt (Rua do Balneário) ist ein **Museum** mit 14 Gemälden zum Leben Christi untergebracht. Die Werke (1520–30) werden Schülern von Jorge Afonso zugeschrieben.

🏛 Museu de Arqueologia e Etnografia

Avenida Luísa Todi 162. 🕻 *26 523 93 65.* ⭘ *Di–Sa 9–12.30, 14–17.30 Uhr.* ● *Feiertage.*
Das archäologische Museum stellt Funde aus Ausgrabungen um Setúbal aus, darunter bronzezeitliche Töpfe, römische Münzen und Amphoren für Wein und *garum*, eine Sauce aus mariniertem Fisch. Die ethnografische Ausstellung präsentiert lokale Kunst, Kunsthandwerk und wichtige Gewerbe wie Salz- oder Korkverarbeitung.

⚓ Castelo de São Filipe

Estrada de São Filipe. 🕻 *26 555 00 70.* ⭘ *tägl.*
Die sternförmige Burg wurde während der spanischen Herrschaft (um 1595) von Felipe II von Spanien erbaut, um Piraten, englische Invasoren und die Bevölkerung im Auge behalten zu können. Eine massive Toreinfahrt führt ins Innere, in dem nun eine *pousada* (*siehe S. 123*) untergebracht ist. Es gibt eine kleine Kapelle mit Fliesenbildern zum Leben des heiligen Philipp von Policarpo de Oliveira Bernardes (1695–1778). Von der Terrasse hat man einen großartigen Blick auf die Stadt und die Sado-Mündung.

Umgebung: Von Setúbal aus kann man eine Autotour in die unberührte **Reserva Natural do Estuário do Sado** unternehmen. Die

Flussniederung mit flachen Lagunen, Salzmarschen und ein paar schattigen Pinienwäldchen wird schon seit 3500 v.Chr. kultiviert und bewohnt. In dieser Umgebung leben Otter, Wasservögel, Austern und eine Vielzahl an Fischen. Die alte Flutwassermühle in Mouriscas, fünf Kilometer östlich von Setúbal, nutzt für ihren Antrieb die Gezeiten. Heute erzielen die Menschen in dieser Region ihren Haupterwerb mit Reisanbau und Fischerei.

✖ Reserva Natural do Estuário do Sado
▮ *Praça da República, Setúbal (26 554 11 40).*

Península de Tróia ⑰

🚌 ⛴ *Tróia.* ▮ *Traversa Frei Gaspar 10, Setúbal (26 553 91 35).*

Fischerhaus mit Reetdach in Carrasqueira

Hoch aufragende Apartmenthäuser dominieren die Spitze der Halbinsel, die von Setúbal aus leicht mit der Fähre zu erreichen ist. An den unberührten Sandstränden der Küste, die sich 18 Kilometer nach Süden erstreckt, tummeln sich im Sommer die Sonnenanbeter.

In der von den Römern an einer geschützten Lagune gegründeten Stadt **Cetóbriga** wurde einst Fisch eingelegt. Die Steinbecken und Ruinen kann man besichtigen. Weiter südlich entstehen entlang der Lagune schicke Ferienhäuser und Golfplätze.

Carrasqueira ist ein altes Fischerdorf, in dem man noch immer die traditionellen Häuser aus Schilf sehen kann. Die schmalen Fischerboote, die im Flachwasser dümpeln, er-

Blick von der Burg über Alcácer do Sal und den Sado

reicht man über Fußwege auf Pfählen. Die Straße nach Alcácer do Sal ist von Pinien gesäumt. Von dort sieht man bereits die Korkeichen, die so typisch für den Alentejo sind.

🏛 Cetóbriga
N253-1. 📞 *21 361 42 00.* 🕐 *nach Vereinbarung.*

Alcácer do Sal ⑱

🏃 *7000.* 🚉 🚌 ▮ *Largo Pedro Nunes 76 (26 561 00 70).* 🗓 *1. Sa im Monat.* **www**.cm-alcacerdosal.pt

Abseits der Hauptstraße liegt die alte Stadt Alcácer do Sal (*al-kasr* ist die arabische Bezeichnung für »Burg«, *do sal* bezieht sich auf den Salzhandel) am Nordufer des Sado. Die imposante Burg war bereits im 6. Jahrhundert v.Chr. eine Festung. Die Phönizier gründeten hier einen

Handelshafen. Später wurde die Burg zur römischen Festung. Nach dem Wiederaufbau durch die Mauren wurde sie schließlich 1217 von Afonso II erobert. Heute ist in den restaurierten Gebäuden eine *pousada (siehe S. 122)* untergebracht, von der man einen weiten Blick über die Dächer und die Storchennester hat.

An der Flusspromenade gibt es Cafés und einige Kirchen. Die kleine Espírito Santo beherbergt das **Museu Arqueológico** mit lokalen Fundstücken. In der Kirche **Santo António** befindet sich die marmorne Kapelle der 11 000 Jungfrauen. Im Sommer lockt die Stierkampfarena, im Oktober eine Landwirtschaftsmesse.

🏛 Museu Arqueológico
Igreja do Espírito Santo, Largo Pedro Nunes. ▮ *26 561 00 40.* 🕐 *wegen Renovierung, Wiedereröffnung für Ende 2012 geplant.*

Vogelwelt der Tejo- und Sado-Mündungen

In den Mündungsgebieten von Tejo und Sado mit ihrem Brackwasser und den ausgetrockneten Lagunen leben zahlreiche Wasservögel wie Stelzenläufer, Säbelschnäbler, Seeregenpfeifer oder Rotflügel-Brachschwalben. Auch die Schilfgürtel bieten Nistplätze für Rohrdommeln, Purpurreiher und Rohrweihen. Zwischen September und März ist das Mündungsgebiet des Tejo für Wildvögel und überwinternde Watvögel von größter Bedeutung.

Stelzenläufer nisten an den Tejo- und Sado-Mündungen

Zu Gast
in Lissabon

Hotels

Lissabon und seine Umgebung bieten eine Vielzahl an Unterkünften: von umgebauten, eleganten *palácios* bis zu einfachen Herbergen in Familienbesitz. Die Lissabonner Hotels können modern und luxuriös, aber auch von verblichener Pracht sein. In den zentralen Stadtvierteln gibt es genügend Hotels und Pensionen jeder Klasse.

Die Hotels in Estoril und Cascais sind meist zweckmäßige, wenig charaktervolle Bauten, die im Sommer sehr gut besucht sein können. Im Landesinneren wartet Sintra mit einigen vorzüglichen Übernachtungsmöglichkeiten auf. Die Stadt eignet sich gut zur Erkundung des Gebiets nordwestlich von Lissabon.

Pousadas, meist historische Gebäude wie *palácios*, Herrenhäuser oder Klöster, die zum Hotel umgewandelt wurden, stellen eine weitere Alternative dar. Für Selbstverpfleger steht eine Reihe von Apartments und Bauernhäusern bereit.

Gepäckträger in einem Lissabonner Hotel

Zimmer im Hotel York House (siehe S. 120), einem umgebauten Kloster

Viertel

Die Mehrzahl der edleren Hotels Lissabons befindet sich in der Nähe des weitläufigen Parque Eduardo VII am nördlichen Ende der Avenida da Liberdade. Lapa, ein ruhiges, elegantes Viertel westlich der Innenstadt, bietet eine Reihe von ausgesprochen exklusiven Luxushotels.

Sehr zentral wohnt man in der Baixa, wo zahllose kleine *pensões* beheimatet sind. Auch in den anderen zentrumsnahen Vierteln, etwa in Chiado, Bairro Alto, Graça und Alfama, gibt es genügend Unterkunftsmöglichkeiten. Der Mangel an zentral gelegenen Mittelklassehotels wurde in den letzten Jahren behoben.

Hotelarten

Die Lissabonner Hotels unterscheiden sich deutlich hinsichtlich Qualität, Preis und Ausstattung. Neben Hotels gibt es in Portugal *pensões* (Pensionen), die – oft bei gleicher Qualität – weniger kosten. *Pensões* sind typischerweise in Wohnhäusern untergebracht und nehmen dort einige Stockwerke ein.

In allen Hotels und *pensões* sollte es Mahlzeiten geben. Wird nur ein Frühstück angeboten, müssen sich die Häuser *residencial* nennen.

Ein *estalagem* ist ein Gasthof, meist mit Garten, der außerhalb des Stadtzentrums liegt. *Albergarias* sind *pensões*, die Vier- bis Fünf-Sterne-Hotels entsprechen.

Pousadas sind manchmal Landgasthöfe, sehr oft jedoch in historischen Gebäuden wie Burgen oder Schlössern untergebracht. *Pousadas* sind staatlich und werden alle von der Gruppe **Pestana** geführt.

Hotelketten

Internationale Luxushotels sind in Lissabon durch das Lapa Palace und das Ritz Four Seasons *(siehe S. 120)* vertreten. Zu den kleineren Luxushotels zählen die **Tivoli Hotels** (drei in Lissabon und zwei in Sintra) sowie die Gruppe **Pestana**, zu der das Pestana Palace Hotel in Lissabon *(siehe S. 118)* gehört. **Heritage Hotels** betreibt fünf kleinere Luxushotels in der Stadt, darunter das Solar do Castelo *(siehe S. 119)*, das innerhalb der Mauern des Castelo de São Jorge *(siehe S. 38f)* steht.

Etwas weniger luxuriös sind die Häuser von **Ibis Hotel**, das zur französischen Accor-Gruppe gehört. Auch die portugiesische Gruppe **VIP Hotels** ist mit Häusern unterschiedlicher Kategorie in Lissabon (drei Häuser) und in der Umgebung vertreten.

Die schöne Fassade des Lapa Palace (siehe S. 120)

◁ **Frühstück unter Glyzinien in der Pousada de Palmela**

Blick vom Palácio de Seteais in Sintra, heute ein Luxushotel *(siehe S. 123)*

Hotelkategorien

Hotels werden vom portugiesischen Fremdenverkehrsamt mit ein bis fünf Sternen bewertet, *pensões* in vier Kategorien eingeteilt (*albergaria* ist die Top-Kategorie, dann folgen erste bis dritte Kategorie). Die Bewertung betrifft Größe, Komfort und Ausstattung, allerdings sagt sie nichts über Lage und Atmosphäre aus. Beachten Sie, dass Hotels mit einem Stern billiger und einfacher sind als *pensões* der ersten Kategorie. Alle bewerteten Unterkünfte sind mit einem entsprechenden Schild versehen.

Preise

Zimmerpreise setzt jedes Hotel bzw. jede Pension frei fest – sie müssen jedoch an der Rezeption und in den Zimmern gut erkennbar angebracht sein. Im Übernachtungspreis ist in der Regel das Frühstück inbegriffen, ebenso die Mehrwertsteuer. Weitere Mahlzeiten werden separat berechnet. Ein Einzelzimmer kostet meist zwischen 60 und 75 Prozent eines Doppelzimmers. In der Nebensaison sind die Preise deutlich günstiger. In den *pousadas* gelten drei Preiskategorien: Nebensaison (Nov–März), Saison (Apr–Mitte Juli und Mitte Sep–Okt) und Hochsaison (Mitte Juli–Mitte Sep, um Neujahr, Karneval und um Ostern).

Reservierung

Hotels in den Seebädern Estoril und Cascais müssen Sie in der Hauptsaison rechtzeitig buchen. Auch Hotelzimmer in Lissabon können in der Hochsaison belegt sein, deshalb sollten Sie hier ebenfalls entsprechend frühzeitig reservieren. An den Rezeptionen der Hotels spricht man meist kein Deutsch, doch mit Englisch kommen Sie überall zurecht. So gut wie alle Hotels akzeptieren die gängigen Kreditkarten.

Übernachtungen in *pousadas* können Sie über **Pestana** oder die Website des jeweiligen Hauses buchen.

Turismo de Portugal gibt zwei offizielle, jährlich aktualisierte Führer heraus, die auch auf Englisch erhältlich sind: *Alojamento Turístico* und *Turismo no Espaço Rural*. Hier werden alle *pousadas* (und ihre Kategorisierung) aufgeführt, neuerdings auch mit ausführlicheren Beschreibungen der Anlagen.

Mit Kindern reisen

Portugiesen sind im Allgemeinen sehr kinderlieb, sodass es in Hotels und Restaurants kaum Probleme geben sollte, wenn Sie mit Kindern reisen. Es empfiehlt sich jedoch, in exklusiven (Hotel-)Restaurants vorab nachzufragen, ob sie für Kinder geeignet sind.

Behinderte Reisende

Das portugiesische Fremdenverkehrsamt gibt ein Verzeichnis mit behindertengerecht ausgestatteten Hotels und Pensionen heraus. Auch einige Jugendherbergen und Campingplätze verfügen über entsprechende Einrichtungen; Informationen erhalten Sie beim **Instituto Nacional para o Reabilitação**.

AUF EINEN BLICK

Hotelketten

Heritage Hotels
☎ 21 321 82 00.
www.heritage.pt

Ibis Hotel
www.ibis.com

Pestana
☎ 21 844 20 01.
☎ 808 252 252 (gebührenfrei).
www.pestana.com

Tivoli Hotels
☎ 21 319 89 00.
www.tivolihotels.com

VIP Hotels
☎ 21 319 89 00.
www.tivolihotels.com

Pousadas

Pestana
☎ 21 844 20 01.
www.pousadas.pt

Information

Turismo de Portugal
Rua Ivone Silva 6,
1050-124 Lisboa.
☎ 21 114 02 00.
www.turismodeportugal.pt
www.visitportugal.com

Turismo de Lisboa
Rua do Arsenal 23,
1100-038 Lisboa.
☎ 21 031 27 00.
www.visitlisboa.com

Behinderte Reisende

**Instituto Nacional
para o Reabilitação**
Avenida Conde de Valbom 63,
1063 Lisboa.
☎ 21 792 95 00.
www.inr.pt

Hotelauswahl

PREISKATEGORIEN
Die Preise gelten für ein Standard-
Doppelzimmer pro Nacht inkl. Steuer,
Frühstück und Service:

€   unter 60 Euro
€€   60–120 Euro
€€€   120–180 Euro
€€€€   180–230 Euro
€€€€€   über 230 Euro

Die folgenden Hotels verschiedener Preisklassen wurden aufgrund ihrer guten Ausstattung und Lage ausgewählt. Die Auflistung ist alphabetisch nach Lissabonner Vierteln bzw. Orten der Küstenregion Lissabon sowie nach Preiskategorien geordnet. Eine Auswahl der Restaurants finden Sie auf den Seiten 130–135.

Lissabon

ALCÂNTARA Pestana Palace Hotel   €€€€€
Rua Jau 54, 1300-314 **C** *21 361 56 00* **FAX** *21 361 56 01* **Zimmer** *190*   **Stadtplan** *2 F3* **Karte** *E/F8*

Das prachtvolle Hotel beherbergt seine Gäste zum Teil im Palácio Valle-Flor aus dem 19. Jahrhundert. Die meisten der luxuriösen Zimmer und Suiten befinden sich in einem modernen Flügel, in welchem es auch einen Konferenzsaal, einen Wellness-Bereich und ein Hallenbad gibt. **www.pestana.com**

AVENIDA Alegria   €
Praça da Alegria 12, 1250-198 **C** *21 322 06 70* **FAX** *21 347 80 70* **Zimmer** *35*   **Stadtplan** *4 F1* **Karte** *S1*

Behaglichkeit erfüllt die einfache, preiswerte Pension mit ihren ordentlichen, sauberen Zimmern (teilweise mit eigenem Balkon). Die elegante Fassade aus dem Jahr 1865 ist auf einen Palmengarten gerichtet. Das Rotlichtviertel ist nebenan, doch das Polizeirevier gleich um die Ecke. Die Umgebung ist sehr ruhig. **www.alegrianet.com**

AVENIDA VIP Inn Veneza   €€
Avenida da Liberdade 189, 1250-141 **C** *21 352 26 18* **FAX** *21 352 66 78* **Zimmer** *37*   **Stadtplan** *5 C5* **Karte** *L4*

Markenzeichen des anmutigen und eleganten Anwesens ist das kunstvolle Treppenhaus mit farbenfrohen Wandmalereien von Pedro Luiz-Gomes. Das Hotel hat sich seit der Eröffnung im Jahr 1886 seine Atmosphäre bewahrt. Die geräumigen Zimmer sind gut ausgestattet, die Hotelbar ist sehr gemütlich. **www.viphotels.com**

AVENIDA Tivoli Jardim   €€€
Rua J. César Machado 7, 1250-135 **C** *21 359 10 00* **FAX** *21 359 12 45* **Zimmer** *119* **Stadtplan** *4 F1* **Karte** *L/M5*

Geschäftsleute kommen gern in das Schwesterhotel des benachbarten Tivoli Lisboa. Das Tivoli Jardim trägt den Namen des tropischen Gartens hinter dem Gebäude – hier können sich Gäste im und am Pool entspannen. Die Sporteinrichtungen des Tivoli Lisboa können ebenfalls genutzt werden. **www.tivolihotels.com**

AVENIDA Britânia   €€€€
Rua Rodrigues Sampaio 17, 1150-278 **C** *21 315 50 16* **FAX** *21 315 50 21* **Zimmer** *33* **Stadtplan** *5 C5* **Karte** *M5*

Das kleine Boutique-Hotel – die einzige noch existierende Art-déco-Unterkunft Lissabons – ist einzigartig. Architekt Cassiano Branco entwarf das Gebäude 1944. Kürzlich wurde es liebevoll restauriert, historische Details wurden mit skurrilen, modernen Nuancen kombiniert. Die Lobby aus poliertem Marmor ist wunderschön. **www.heritage.pt**

AVENIDA Inspira Santa Marta Hotel   €€€€
Rua de Santa Marta 48, 1150-297 **C** *21 044 09 00* **FAX** *21 043 59 93* **Zimmer** *89*   **Stadtplan** *5 C5* **Karte** *M4*

Stil, Komfort und ökologische Nachhaltigkeit (etwa der Einsatz von umweltfreundlichen Materialien) zeichnen dieses Hotel in einer Seitenstraße der Avenida da Liberdade aus. Dazu gibt es ein luxuriöses Spa. Die Brasserie im Haus serviert mediterrane Küche aus Bioprodukten. **www.inspirahotels.com**

AVENIDA Lisboa Plaza   €€€€€
Travessa do Salitre 7, 1269-066 **C** *21 321 82 18* **FAX** *21 347 16 30* **Zimmer** *112*   **Stadtplan** *4 F1* **Karte** *M5*

Abseits der Praça da Alegria und der Avenida da Liberdade liegt dieses charmante Boutique-Hotel aus dem Jahr 1953. Die Inneneinrichtung stammt von der portugiesischen Designerin Graça Viterbo, für deren Arbeit farblich abgestimmte Möbel und Stoffe charakteristisch sind. **www.heritage.pt**

AVENIDA Sofitel Lisboa   €€€€€
Avenida da Liberdade 127, 1269-038 **C** *21 322 83 00* **FAX** *21 322 83 10* **Zimmer** *171* **Stadtplan** *4 F1* **Karte** *M5*

Hier legt man viel Wert auf modernen Komfort und Luxus. Bequeme Matratzen und flauschige Bettdecken garantieren geruhsame Nächte. Das aktuelle Design und das First-Class-Restaurant AdLib machen dieses De-luxe-Hotel zu einer Top-Adresse im Zentrum. **www.sofitel-lisboa.com**

AVENIDA Tivoli Lisboa   €€€€€
Avenida da Liberdade 185, 1269-050 **C** *21 319 89 00* **FAX** *21 319 89 50* **Zimmer** *308* **Stadtplan** *4 F1* **Karte** *M5*

Das Tivoli, wohl das bekannteste Hotel Lissabons, steht an der Prachtstraße Avenida da Liberdade und ist für seinen Service und das aufmerksame Personal bekannt. Brasserie Flo Lisboa (französische Cuisine), Restaurant Terraço und Sky Bar mit Blick über Lissabon. Das Haus ist oft Gastgeber von VIP-Konferenzen. **www.tivolihotels.com**

BAIRRO ALTO Pensão Londres

🔲 ☰ W ⓔ

Rua Dom Pedro V 53, 1250-092 📞 *21 346 220 3* 📠 *21 346 56 82* **Zimmer** *36* **Stadtplan** *4 F2* **Karte** *S2*

Die Zimmer der verwinkelten Pension sind spärlich eingerichtet, aber sauber, ordentlich und mit Satelliten-TV ausgestattet. Aus den Unterkünften im vierten Stockwerk hat man die beste Aussicht auf die Stadt. Die Eigentümer bieten einen Wäscheservice und geben hilfreiche Sightseeing-Tipps. **www.pensaolondres.com.pt**

BAIXA Beira Minho

🔲 🔲 ☰ W ⓔ

Praça da Figueira 6, 1100-240 📞 *21 346 18 46* 📠 *21 886 78 11* **Zimmer** *19* **Stadtplan** *7 B3* **Karte** *U/V2*

Der Weg zu der komfortablen und zentral gelegenen Pension führt durch einen auffallend bunten Eingang und quer durch einen wundervoll duftenden Blumenladen. Die Einrichtung ist einfach, die Zimmer sind mit Fernseher und eigenem Telefon ausgestattet.

BAIXA Duas Nações

🔲 ☰ ⓔ

Rua da Vitória 41, 1100-618 📞 *21 346 07 10* 📠 *21 347 02 06* **Zimmer** *54* **Stadtplan** *7 B4* **Karte** *V3*

Das »Zwei Nationen« ist ein ziemlich großer Bau an der Ecke Rua Augusta und Rua da Vitória (beides Fußgängerzonen) im Stil einer traditionellen Lissabonner Pension. Die Zimmer sind gut ausgestattet und bieten alle ein eigenes Bad. In Zimmern zur Rua Augusta kann es zeitweise laut werden. **www.duasnacoes.com**

BAIXA Norte

☰ W ⓔ

Rua dos Douradores 161, 1100-205 📞 *21 887 89 41* 📠 *21 886 84 62* **Zimmer** *34* **Stadtplan** *7 B3* **Karte** *V3*

Die unprätentiöse Pension liegt eingekeilt zwischen einer Reihe von Läden in einer teilweise zur Fußgängerzone umfunktionierten Straße nahe der Praça da Figueira. Sie bietet makellose Zimmer mit eigenem Bad und Fernseher. Es gibt kein Frühstück, doch dafür jede Menge Cafés und Restaurants in der Nachbarschaft.

BAIXA Portugal

🔲 ☰ ⓔ

Rua João das Regras 4, 1100-294 📞 *21 887 75 81* 📠 *21 886 73 43* **Zimmer** *59* **Stadtplan** *7 C3* **Karte** *V2*

Die Fassade des Hotels in der Nähe der Praça Martim Moniz wirkt unscheinbar, aber die großen Zimmer sind hell und luftig, allerdings alle mit Teppich ausgelegt. Man trifft sich gern in der gut sortierten Hotelbar. Die Metro-Station Rossio ist nicht weit entfernt. **www.hotelportugal.com**

BAIXA Evidência Tejo Creative Hotel

🔲 🏋 ☰ ♿ W ⓔⓔⓔ

Rua dos Condes de Monsanto 2, 1100-159 📞 *21 886 61 82* 📠 *21 886 51 63* **Zi** *58* **Stadtplan** *7 B3* **Karte** *V2*

Das Haus im Zentrum der Baixa stammt aus dem 18. Jahrhundert, die Innenausstattung ist modern gestaltet, mit hellen, komfortablen Zimmern. In der Lobby ist eine Bar, und ganz in der Nähe findet man einige preisgünstige Restaurants. Sonderpreise für das nahe Parkhaus. **www.evidenciatejo.com**

BAIXA Internacional Design Hotel

🔲 ☰ W ⓔⓔⓔ

Rua da Betesga 3, 1100-090 📞 *21 324 09 90* 📠 *21 324 09 99* **Zimmer** *55* **Stadtplan** *7 B3* **Karte** *U3*

Architekten, Raumausstatter, Designer und Künstler verpassten jeder der vier Etagen bei der Renovierung ein eigenes Grundthema: Minimalismus, Zen-Philosophie, Popkultur und Afro-Style. Die Betreiber führen das Hotel nach ganzheitlichen Prinzipien und verwenden nur Bioprodukte. **www.internacionaldesignhotel.com**

BAIXA Mundial

🔲 🔢 ☰ P ♿ W ⓔⓔⓔ

Praça Martim Moniz 2, 1100-341 📞 *21 884 20 00* 📠 *21 884 21 10* **Zimmer** *350* **Stadtplan** *7 B3* **Karte** *V2*

Das Vier-Sterne-Hotel bietet komfortable Zimmer, moderne Einrichtungen und als Pluspunkt einen eigenen Parkplatz. Das Gebäude an der Praça Martim Moniz wirkt etwas bedrohlich, bietet jedoch tolle Ausblicke auf die Stadt – am besten nachts vom Restaurant im obersten Stock. **www.hotel-mundial.pt**

CASTELO Ninho das Águias

🔲 ⓔ

Costa do Castelo 74, 1100-179 📞 *21 885 40 70* **Zimmer** *16* **Stadtplan** *7 C3* **Karte** *W2*

Direkt unterhalb der Burgmauern liegt die ungewöhnliche Pension »Adlernest«, zu erkennen am Dachtürmchen und am großen ausgestopften Adler am Eingang. Das Hotel ist beliebt, deshalb sollten Sie frühzeitig eines der großen, lichten Zimmer buchen. Der ruhige Blumengarten verspricht Entspannung. Kein Frühstück.

CASTELO Olissippo Castelo

🔲 🏋 ☰ P ♿ W ⓔⓔⓔ

Rua Costa do Castelo 126, 1100-179 📞 *21 882 01 90* 📠 *21 882 01 94* **Zimmer** *24* **Stadtplan** *7 C3* **Karte** *W2*

Das Hotel liegt am Fuß des Castelo de São Jorge, zwischen den Altstadtvierteln Alfama und Mouraria. Zweifellos zählt das Olissippo zu den besten Vier-Sterne-Hotels der Stadt. Dafür sorgen die modernen, einladenden Zimmer, von denen etwa die Hälfte einen Balkon mit schöner Aussicht vorweisen kann. **www.olissippohotels.com**

CASTELO Solar do Castelo

☰ W ⓔⓔⓔⓔ

Rua das Cozinhas 2, 1100-181 📞 *21 880 60 50* 📠 *21 887 09 07* **Zimmer** *14* **Stadtplan** *7 C3* **Karte** *W3*

Innerhalb der Burgmauern versteckt sich dieses Juwel von einem Hotel, eingebettet in die Architektur eines renovierten Herrenhauses aus dem 18. Jahrhundert. Einst stand hier der Alcáçova-Palast. Einige Zimmer liegen zum Innenhof. Hier werden die Gäste mit einer Karaffe Port begrüßt. **www.heritage.pt**

CHIADO Hotel do Chiado

🔲 🔢 🏋 ☰ P ♿ W ⓔⓔⓔ

Rua Nova do Almada 114, 1200-290 📞 *21 325 61 00* 📠 *21 325 61 61* **Zimmer** *38* **Stadtplan** *7 B4* **Karte** *U3*

Das Hotel nimmt die oberen zwei Stockwerke des historischen Gebäudes Armazéns do Chiado ein, das nach dem Brand 1988 neu errichtet wurde. Von vielen Zimmern und von der Terrasse der Bar hat man einen tollen Blick auf das Castelo de São Jorge. Gegen Gebühr kann man den Transfer zum Flughafen buchen. **www.hoteldochiado.com**

Stadtplan *siehe Seiten 166–179*

GRAÇA Senhora do Monte ▤ €€

Calçada do Monte 39, 1170-250 📞 *21 886 60 02* 📠 *21 887 77 83* **Zimmer** *28* **Stadtplan** *7 D1* **Karte** *W1*

Die kleine *albergaria* liegt etwas ab vom Schuss auf einem Hügel, doch Gäste werden mit einem unvergesslichen Ausblick belohnt. Zur Einrichtung gehören gemütliche Sofas sowie große Tische und Leuchten. Alle Zimmer haben Balkone und dank kleiner verspielter Dekorationen ihren eigenen Charme. **www.maisturismo.pt/sramonte**

LAPA York House ▯▯▤⊡ €€€

Rua das Janelas Verdes 32, 1200-691 📞 *21 396 24 35* 📠 *21 397 27 93* **Zimmer** *32* **Stadtplan** *4 D3* **Karte** *K7*

Hinter den rosafarbenen Mauern der entzückenden Pension liegen luxuriöse Zimmer mit Holz- oder Terrakottaböden und eleganten Antikmöbeln. Das friedliche, einladende York House befindet sich im Covento dos Marianos aus dem 17. Jahrhundert und bietet einen bezaubernden, begrünten Patio. **www.yorkhouselisboa.com**

LAPA As Janelas Verdes ▤P⊡ €€€€€

Rua das Janelas Verdes 47, 1200-690 📞 *21 396 81 43* 📠 *21 396 81 44* **Zimmer** *29* **Stadtplan** *4 D3* **Karte** *J8*

Die romantische Luxuspension befindet sich in der ehemaligen Villa (18. Jh.) des portugiesischen Schriftstellers Eça de Queirós *(siehe S. 50)* mit neoklassizistischer Einrichtung und einem angenehmen Patio. Zum Anwesen gehört eine Bibliothek. Das Museu Nacional de Arte Antiga *(siehe S. 56 – 59)* liegt in der Nähe. **www.heritage.pt**

LAPA Olissippo Lapa Palace ▯▯▤▯▯▤⊡ €€€€€

Rua do Pau da Bandeira 4, 1249-021 📞 *21 394 94 94* 📠 *21 395 06 65* **Zimmer** *109* **Stadtplan** *3 C3* **Karte** *J7*

Das Anwesen aus dem Jahr 1870 ist die Grande Dame der Lissabonner Hotels. Der *palácio* wurde einst vom Grafen von Valanças bewohnt. Jedes Zimmer ist einzigartig in portugiesischem Stil eingerichtet: vom Klassizismus des 18. Jahrhunderts bis hin zu Art déco. Zur Entspannung steht ein Spa zur Verfügung. **www.olissippohotels.com**

MARQUÊS DE POMBAL Castilho ▯▤⊡ €

Rua Castilho 57, 1250-068 📞 *21 386 08 22* 📠 *21 386 29 10* **Zimmer** *25* **Stadtplan** *4 F1* **Karte** *L4*

Für eine Unterkunft mitten in der Stadt, die nur einen Steinwurf von der Metro-Station Marquês de Pombal entfernt liegt, ist diese Pension sehr preisgünstig. Die komfortablen Zimmer befinden sich alle im vierten Stock des Gebäudes und sind gut ausgestattet. Einige bieten drei oder vier Betten. **www.turisplan.pt/residencialcastilho**

MARQUÊS DE POMBAL Jorge V ▯▤P▯⊡ €€

Rua Mouzinho da Silveira 3, 1250-165 📞 *21 356 25 25* 📠 *21 315 03 19* **Zimmer** *49* **Stadtplan** *5 C5* **Karte** *L5*

Wenn man die zentrale Lage bedenkt, bietet das freundliche, komfortable Hotel ein gutes Preis-Leistungs-Verhältnis. Fast die Hälfte der Zimmer haben Balkon, außerdem gibt es sechs Suiten. In der Bar kann man gut mit anderen Gästen ins Gespräch kommen. In der Lobby gibt es einen Internet-Zugang. **www.hoteljorgev.com**

MARQUÊS DE POMBAL Nacional ▯▤P▯⊡ €€€

Rua Castilho 34, 1250-070 📞 *21 355 44 33* 📠 *21 356 11 22* **Zimmer** *61* **Stadtplan** *5 B5* **Karte** *L4*

Das Hotel bietet hinter seiner Glasfassade komfortable Zimmer und den Service, den man von einem Drei-Sterne-Hotel erwartet. Dazu gehört auch das eigene Parkhaus. Die Lage an der Praça Marquês de Pombal macht das Nacional zu einem guten Ausgangspunkt für die Erkundung der Stadt. **www.hotel-nacional.com**

MARQUÊS DE POMBAL Four Seasons Hotel Ritz Lisboa ▯▯▯▯▯▤P▯⊡ €€€€€

Rua Rodrigo da Fonseca 88, 1099-039 📞 *21 381 14 00* 📠 *21 383 17 83* **Zimmer** *282* **Stadtplan** *5 B5* **Karte** *K4*

Das legendäre Ritz bietet Gastfreundschaft, Luxus und Eleganz. Das Hotel gehört zu den Wahrzeichen Lissabons und ist ein idealer Ausgangspunkt für die Erkundung der Stadt. Das Spa mit seiner Zen-Einrichtung in Marmor und Eiche bietet eine Fülle von Anwendungen und Therapien. **www.fourseasons.com**

MARQUÊS DE POMBAL Tiara Park Atlantic Lisboa ▯▯▯▯▤P▯⊡ €€€€€

Rua Castilho 149, 1099-034 📞 *21 381 87 00* 📠 *21 389 05 00* **Zimmer** *331* **Stadtplan** *5 B4* **Karte** *K4*

Das 18-stöckige Gebäude, das direkt am Parque Eduardo VII aufragt, gehört zur exklusiven Tiara-Gruppe und zählt zu den Top-Hotels Lissabons. Von außen wirkt es ultramodern, doch die Einrichtung vermittelt Behaglichkeit. Im Restaurant L'Appart kann man edel dinieren. **www.tiara-hotels.com**

PARQUE DAS NAÇÕES Tivoli Oriente ▯▯▯▯▤P▯⊡ €€€

Avenida Dom João II, 1990-083 📞 *21 891 51 00* 📠 *21 891 53 45* **Zimmer** *279*

Der Parque das Nações, östlich des Stadtzentrums am Fluss, bietet diverse Sehenswürdigkeiten wie das Ozeanarium und die Konzerthalle Pavilhão Atlântico – alles in Reichweite des Tivoli Oriente. Gegenüber steht das Shopping-Center Vasco da Gama. Bars und Restaurants sind ebenfalls in der Nähe. **www.tivolihotels.com**

RATO Amazónia ▯▯▯▤▯⊡ €€

Travessa Fábrica dos Pentes 12–20, 1250-106 📞 *21 387 70 06* 📠 *21 387 90 90* **Zi** *192* **Stadtplan** *5 B5* **Karte** *K4*

Nahe am Stadtzentrum, aber mit der ruhigeren Atmosphäre einer Seitenstraße, bietet dieses Mittelklassehotel eine mit Folklorekunst und Skulpturen geschmückte Einrichtung. Die Gästezimmer sind komfortabel. Es gibt sogar einen kleinen Swimmingpool, der im Winter jedoch geschlossen ist. **www.amazoniahoteis.com**

RATO Altis ▯▯▯▯▯▤P▯⊡ €€€€€

Rua Castilho 11, 1269-072 📞 *213 106 000* 📠 *21 310 62 62* **Zimmer** *303* **Stadtplan** *5 C5* **Karte** *L5*

Das riesige Hotel bietet jede erdenkliche Einrichtung, z. B. einen Wellness-Bereich, in dem u. a. Massagen und Physiotherapie angeboten werden, sowie ein Hallenbad. Man kann sich auch auf dem Dach im Grillrestaurant oder in der Herald Bar bei einem Drink und Klaviermusik entspannen. **www.altishotels.com**

Preiskategorien *siehe Seite 118* **Zeichenerklärungen** *siehe hintere Umschlagklappe*

RESTAURADORES Nova Goa

R. d. Arco do Marquês do Alegrete 13, 1100-034 ☎ *21 888 11 37* FAX *21 886 78 11* **Zi** *42*   **Stadtplan** *7 C3* **Karte** *V2*

Gleich bei der Praça da Figueira *(siehe S. 45)* findet man diese einfache, aber doch komfortable Pension. Die Zimmer sind schlicht, haben aber alle ein eigenes Bad und Kabelfernsehen. Zur Verständigung kann es nicht schaden, ein paar Brocken Portugiesisch zu sprechen. **www.pensaonovagoa.com**

RESTAURADORES Restauradores

Praça dos Restauradores 13, 1250-187 ☎ *21 347 56 60* FAX *21 347 56 61* **Zimmer** *28* **Stadtplan** *7 A2* **Karte** *T/U2*

Sollte der Aufzug außer Betrieb sein, kommt man um den »Aufstieg« in den vierten Stock des Gebäudes nicht herum, wenn man in dieser kleinen Pension absteigt. Die Zimmer sind überraschend gut möbliert, von denen auf der Vorderseite kann man das geschäftige Treiben auf der Straße beobachten. Kein Frühstück.

RESTAURADORES Roma

Travessa da Glória 9, 1250-118 ☎ *21 346 05 57* FAX *21 346 05 57* **Zimmer** *24*   **Stadtplan** *7 A2* **Karte** *T1*

Die First-Class-Pension bietet im Gegensatz zu vielen anderen Pensionen kleine Apartments mit Kochnische. Die durchgängig besetzte Rezeption nimmt zu jeder Tages- und Nachtzeit Gäste auf. Gepäckschließfächer sind vorhanden. Gute Restaurants und Bars liegen nicht weit entfernt. **www.residenciaroma.com**

RESTAURADORES Turim Suísso Atlântico

Rua da Glória 3–19, 1250-114 ☎ *21 346 17 13* FAX *21 346 90 13* **Zimmer** *84*   **Stadtplan** *7 A2* **Karte** *T1*

In einer kleinen Seitenstraße am Elevador da Glória steht dieses etwas in die Jahre gekommene Hotel mit großen altmodisch eingerichteten Zimmern. Die Gemeinschaftsbereiche haben steinerne Gewölbe und Holzbalken. Zimmer 117 besitzt kein Fenster. Der größte Vorteil ist die Lage bei der Praça dos Restauradores. **www.turimhotels.com**

RESTAURADORES Florescente

R. d. Portas de Santo Antão 99, 1150-266 ☎ *21 342 50 62* FAX *21 342 77 33* **Zi** *68*   **Stadtplan** *7 A2* **Karte** *T/U2*

Die Zimmer sind makellos, gut ausgestattet und bieten ein eigenes Bad – da könnten sich manche Drei-Sterne-Hotels ein Beispiel nehmen. Das Florescente steht in einer Fußgängerzone unweit des Coliseu dos Recreios. Bei Konzerten wird deshalb der eigene Parkplatz der Pension zum Plus. **www.residencialflorescente.com**

RESTAURADORES VIP Executive Suites Eden

Praça dos Restauradores 24, 1250-187 ☎ *21 321 66 00* FAX *21 321 66 66* **Zi** *134*   **Stadtplan** *7 A2* **Karte** *T2*

Die vielen Filmplakate im Innern lassen erahnen, dass dies einst ein Theater und ein Kino war. Bei der Sanierung wurden 75 Studios und 59 Apartments in das Originalgebäude integriert. Für die innovative Gestaltung wurden die Architekten mit einem Preis ausgezeichnet. **www.viphotels.com**

RESTAURADORES Avenida Palace

Rua 1º de Dezembro 123, 1200-359 ☎ *21 321 81 00* FAX *21 342 28 84* **Zimmer** *82*   **Stadtplan** *7 B3* **Karte** *U2*

Das prächtige Hotel mit der neoklassizistischen Fassade stammt aus dem Jahr 1892 und ist damit das älteste in Lissabon. Die Inneneinrichtung mit vielen Details aus über 100 Jahren strahlt einen Hauch Paris zur Zeit der Belle Époque aus. Die Zimmer sind klassisch eingerichtet. **www.hotelavenidapalace.pt**

ROSSIO Metrópole

Praça Dom Pedro IV 30, 1100-200 ☎ *21 321 90 30* FAX *21 346 91 66* **Zimmer** *36*   **Stadtplan** *7 B3* **Karte** *U2*

Das 1917 eröffnete Hotel war während des Zweiten Weltkriegs ein beliebter Ort für Spione und Doppelagenten. Das Haus wirkt auf charmante Weise altmodisch, in den Zimmern stehen zum Teil Originalmöbel aus den 1920er Jahren. Von den Balkonen blickt man auf den prächtigen Rossio. **www.almeidahotels.com**

SALDANHA Horizonte

Av. António Augusto de Aguiar 42, 1050-017 ☎ *21 353 95 26* FAX *21 353 84 74* **Zi** *53* **Stadtplan** *5 B4* **Karte** *L3*

Die große Pension bietet für ihre Lage in der Nähe des Parque Eduardo VII ein gutes Preis-Leistungs-Verhältnis. Zu den Vorzügen der geräumigen Unterkünfte zählen Satelliten-TV und ein Safe. Es gibt auch einen Wäscheservice. In den Zimmern zur Metro-Station Parque hin kann es laut werden. **www.hotelhorizonte.com**

SALDANHA Real Parque

Avenida Luís Bívar 67, 1069-146 ☎ *21 319 90 00* FAX *21 357 07 50* **Zimmer** *153*   **Stadtplan** *5 C3* **Karte** *L2*

Das Hotel macht es Kindern so angenehm wie möglich – mit Spielzeug, speziellen Möbeln und einem besonderen Menü für Kinder. Die Erwachsenen können sich im türkis- und aquamarinfarben gefliesten Wellness- und Fitness-Center austoben oder entspannen. **www.realhotelsgroup.com**

SALDANHA Hotel Marquês de Sá

Av. Miguel Bombarda 130, 1050-167 ☎ *21 791 10 14* FAX *21 793 69 83* **Zi** *164*   **Stadtplan** *6 B2* **Karte** *L2*

Das Vier-Sterne-Hotel befindet sich in einem modernen Gebäude oberhalb der alten Stadthäuser, die für dieses Viertel Lissabons typisch sind. Die Einrichtung ist unspektakulär, abgesehen von den abstrakten Teppichdesigns. Ganz in der Nähe liegt das Museu Calouste Gulbenkian *(siehe S. 76–79)*. **www.olissippohotels.com**

SALDANHA Sheraton Lisboa Hotel & Spa

Rua Latino Coelho 1, 1069-025 ☎ *21 312 00 00* FAX *21 354 71 64* **Zimmer** *369*   **Stadtplan** *5 C3* **Karte** *L3*

Im höchsten Gebäude Lissabons befindet sich das Sheraton mit einer Auswahl an guten Restaurants, Bistros und Bars – auch auf dem Dach mit weitem Blick. Atmosphäre und Design der schicken Zimmer und Suiten werden durch ein ultramodernes Spa ergänzt, das zehn verschiedene Anwendungen anbietet. **www.sheraton.com/lisboa**

Stadtplan *siehe Seiten 166–179*

Küstenregion Lissabon

ALCÁCER DO SAL Pousada Dom Afonso II ⊞ ⒫ P & W €€€€€

Castelo de Alcácer do Sal, 7580-197 ☎ 26 561 30 70 FAX 26 561 30 74 **Zimmer** 35

Die historische, stimmungsvolle *pousada* befindet sich in einer umgestalteten Burg neben römischen, maurischen, phönizischen und neolithischen Ruinen. Hinter dicken, weiß getünchten Mauern liegen saubere Zimmer mit wandhohen Fenstern, durch die der Blick auf die Stadt und den Fluss Sado fällt. **www.pousadas.pt**

CARCAVELOS Praia Mar ⧉ ⑪ ≋ ⚹ ⊞ P & W €€€

Rua do Gurué 16, 2775-581 ☎ 21 458 51 00 FAX 21 457 31 30 **Zimmer** 154

Das wunderschöne Hotel liegt derart nahe am Meer, dass Sie beinahe den einen Fuß in den Swimmingpool und den anderen ins Meer tauchen können. Die ultramodernen Zimmer sind sehr elegant und bieten u. a. Flachbildfernseher und eine fantastische Sicht auf Meer und Garten. **www.almeidahotels.com**

CASCAIS Solar Dom Carlos P W €

Rua Latino Coelho 104, 2750-408 ☎ 21 482 81 15 FAX 21 486 51 55 **Zimmer** 18

Einst war dieses wunderschöne Landhaus die Sommerresidenz von Carlos I. Deshalb haben wohl noch heute nicht nur die Zimmer königliche Ausmaße, sondern auch der mit wandhohen Fresken geschmückte Frühstückssaal. Im rückwärtigen Garten steht eine alte Kapelle. **www.solardomcarlos.com**

CASCAIS Casa da Pérgola ⊞ W €€

Avenida Valbom 13, 2750-508 ☎ 21 484 00 40 FAX 21 483 47 91 **Zimmer** 10

Das Herrenhaus (19. Jh.) ist seit über 100 Jahren in Familienbesitz. Es liegt in einem eigens gestalteten Garten und könnte mit seinen Böden und Treppen aus Marmor, den Stuckdecken und kunstvoll verzierten Möbeln auch am Mittelmeer stehen. *1. Dez – 28. Feb geschlossen.* **www.pergolahouse.com**

CASCAIS Cidadela ⧉ ⑪ ≋ ⚹ ⊞ P W €€

Avenida 25 de Abril, 2754-517 ☎ 21 482 7600 FAX 214 867 226 **Zimmer** 115

Die meisten Zimmer und Suiten des typischen Ferienhotels bieten eine fantastische Aussicht auf die Bucht. Es werden auch Apartments mit einem oder drei Betten und Kochnische vermietet. Der Swimmingpool liegt inmitten schöner Gärten, in denen man abends grillen kann. **www.hotelcidadela.com**

CASCAIS Albatroz ⧉ ⑪ ≋ ⊞ P & W €€€€€

Rua Frederico Arouca 100, 2750-353 ☎ 21 484 73 80 FAX 21 484 48 27 **Zimmer** 59

Das Albatroz wurde im 19. Jahrhundert als Rückzugsort für die portugiesische Königsfamilie gebaut. Es schmiegt sich direkt oberhalb des Meers an die Felsen und legt hohen Wert auf Tradition, Luxus, außergewöhnliches Design und erstklassigen Service. Zum Hotel gehört ein Salzwasser-Swimmingpool. **www.albatrozhotels.com**

COSTA DA CAPARICA Praia do Sol ⧉ ⊞ W €

Rua dos Pescadores 12, 2825-386 ☎ 21 290 00 12 FAX 21 290 25 41 **Zimmer** 54

Das kleine Praia do Sol bietet komfortable Zimmer, in denen Gäste ihren Urlaub genießen können. Das Innere mit Lederarmsesseln und gefliesten Böden ist nicht besonders elegant, dafür liegt das Hotel in einem beliebten Erholungsort in der Nähe eines der größten Strände Portugals. **www.hotelpraiadosol-caparica.com**

COSTA DA CAPARICA Hotel Costa da Caparica ⧉ ⑪ ≋ ⊞ P & W €€€

Avenida General Humberto Delgado 47, 2829-506 ☎ 21 291 89 00 FAX 21 291 06 87 **Zimmer** 353

Das reizende Hotel mit dem ungewöhnlichen, halbkreisförmigen Eingang besitzt ein Spa, das u. a. La-Stone-Massagen anbietet. Aus vielen Zimmern – darunter auch welche für Nichtraucher und sieben für behinderte Reisende – blickt man auf den Strand. Es gibt eine Piano-Bar und ein À-la-carte-Restaurant. **www.hotelcostacaparica.pt**

ERICEIRA Vilazul ⧉ ⑪ ⊞ P W €€

Calçada da Baleia 10, 2655-238 ☎ 26 186 00 00 FAX 26 186 29 27 **Zimmer** 21

Das Hotel in Familienbesitz beschäftigt freundliches und hilfsbereites Personal. Es liegt nur 500 Meter vom Meer entfernt. Die einfachen Zimmer sind makellos sauber. Einige bieten ein prächtiges Strandpanorama. Zum Hotel gehört auch ein Restaurant. Während der Sommermonate sollte im Voraus gebucht werden. **www.hotelvilazul.com**

ESTORIL São Cristóvão ⊟ P €

Avenida Marginal 7079, 2765-607 ☎ 21 468 09 13 FAX 21 464 92 86 **Zimmer** 14

Die bezaubernde Pension befindet sich in einer alten Villa und liegt sehr schön zum Meer gewandt an der Avenida Marginal. Das beigefarbene Gebäude steht frei an der Promenade und bietet einen eigenen Garten. Die Besitzer sind überaus gastfreundlich. **www.residencial-saocristovao.com**

ESTORIL Hotel da Inglaterra ⧉ ≋ ⚹ ⒴ ⊞ W €€€

Rua do Porto 1, 2765-271 ☎ 21 468 44 61 FAX 21 468 21 08 **Zimmer** 55

Das eindrucksvolle, charismatische Hotel entstand in den frühen 1920er Jahren als Villa und besitzt noch einige prächtige Möbel aus dieser Zeit. Über die Jahre hinweg wurde es sorgfältig renoviert. Zum Hotel gehören eine sehr gut ausgestattete Fitness-Halle, Massageräume und ein Swimmingpool. **www.hotelinglaterra.com.pt**

ESTORIL Palácio 🏷 🍴 ☕ 🅿 ♿ 🚾 €€€€

Rua Particular, 2769-504 📞 *21 464 80 00* FAX *21 464 81 59* **Zimmer** *161*

Estorils berühmtes Hotel mit der eindrucksvollen Fassade, der klassischen Einrichtung und dem Gourmetrestaurant beherbergt häufig königliche Gäste, Staatsoberhäupter und Filmstars. Von den meisten Zimmern blickt man auf den Garten und aufs Meer. Zudem gibt es einen 18-Loch-Golfplatz und Tennisplätze. **www.palacioestorilhotel.com**

GUINCHO Fortaleza do Guincho 🏷 🍴 ☰ 🅿 🚾 €€€€

Estrada do Guincho, 2750-642 📞 *21 487 04 91* FAX *21 487 04 31* **Zimmer** *27*

Das westlichste Hotel des europäischen Festlands liegt an einer windumtosten Klippe am Meer nahe Cabo da Roca. Im Inneren der ehemaligen Festung findet man Gewölbedecken und mittelalterliches Dekor. Das Restaurant besitzt einen Michelin-Stern. Um Reservierung wird gebeten. **www.guinchotel.pt**

GUINCHO Senhora da Guia 🍴 ☕ 🍽 ☰ 🅿 🚾 €€€€€

Estrada do Guincho, 2750-642 📞 *21 486 92 39* FAX *21 486 92 27* **Zimmer** *41*

Das elegante Hotel liegt inmitten gepflegter Anlagen neben dem Golfplatz Quinta da Marinha. Gäste können einen Golfpass für fünf verschiedene Golfplätze erwerben. Es gibt auch ein Wellness-Center der Luxusklasse. Die meisten Zimmer bieten Meerblick. **www.senhoradaguia.com**

PALMELA Pousada do Castelo de Palmela 🍴 ☰ 🅿 🚾 €€€€

Castelo de Palmela, 2950-317 📞 *21 235 12 26* FAX *21 233 04 40* **Zimmer** *28*

Die befestigten Mauern der Burg (12. Jh.) beherbergen eine ruhig gelegene, historisch interessante *pousada*. Aus den weiß getünchten, großen und komfortablen Zimmern des ehemaligen Konvents hat man eine tolle Aussicht. Die Igreja de Santiago (15. Jh.) nebenan ist mit Azulejos aus dem 17. Jahrhundert geschmückt. **www.pousadas.pt**

QUELUZ Pousada Dona Maria I 🍴 ☰ 🅿 ♿ 🚾 €€€€

Largo do Palácio Nacional, 2745-191 📞 *21 435 61 58* FAX *21 435 61 89* **Zimmer** *26*

Die beeindruckende *pousada* befindet sich in einem als »Uhrenturm« bekannten Gebäude, das von der königlichen Dienerschaft des benachbarten Palácio de Queluz (18. Jh.) genutzt wurde. Die sorgfältige Renovierung bewahrte den Charakter der Nebengebäude, dennoch finden Gäste alle modernen Annehmlichkeiten vor. **www.pousadas.pt**

SESIMBRA Hotel do Mar 🏷 🍴 ☕ 🏃 ☰ 🅿 ♿ 🚾 €€€

Rua General Humberto Delgado 10, 2970-628 📞 *21 228 83 00* FAX *21 223* **Zimmer** *168*

In dem Komplex kann man sich leicht verlaufen. Das Hotel erstreckt sich an einem Felsen über drei Ebenen, die durch Korridore und Aufzüge miteinander verbunden sind. Die sauberen Zimmer sind einfach eingerichtet. Gäste der Präsidentensuite verfügen über ihren eigenen Swimmingpool. **www.hoteldomar.pt**

SETÚBAL Ibis Setúbal 🏷 🍴 ☕ ☰ 🅿 ♿ 🚾 €

Rua do Alto da Guerra, 2914-518 📞 *26 570 09 00* FAX *26 570 09 09* **Zimmer** *102*

Das Hotel bietet den bekannten Standard der Ibis-Kette und ist ein guter Ausgangspunkt für die Erkundung der Naturparks Arrábida und Sado. Das freundliche Personal arrangiert auf Wunsch Touren, auf denen man Delfine beobachten kann. Swimmingpool und kostenloser Parkplatz. **www.ibishotel.com**

SETÚBAL Pousada de São Filipe 🍴 ☰ 🅿 🚾 €€€€

Castelo de São Filipe, 2900-300 📞 *26 555 00 70* FAX *26 553 92 40* **Zimmer** *16*

Die alte *pousada* befindet sich im Castelo de São Filipe, das 1590 im Auftrag von Felipe II von Spanien *(siehe S. 112)* errichtet wurde. Vom Festungswall aus hat man einen herrlichen Blick auf die Flussmündung und die Halbinsel Tróia. Fünf Zimmer wurden im früheren Burgverlies eingerichtet. **www.pousadas.pt**

SINTRA Residencial Sintra ☕ 🏃 🅿 🚾 €€

Travessa dos Avelares 12, 2710-506 📞 *21 923 07 38* FAX *21 923 07 38* **Zimmer** *15*

Die weitläufige *pensão* in Familienbesitz liegt östlich des Stadtzentrums im ruhigen grünen Wohnviertel São Pedro. Die komfortablen Zimmer sind auf üppig bewachsene Anlagen gerichtet und bieten eine schöne Aussicht auf die maurische Burg in Sintra. Gästeparkplatz. **www.residencialsintra.blogspot.com**

SINTRA Lawrence's 🍴 ☰ 🅿 ♿ 🚾 €€€€

Rua Consigliéri Pedroso 38, 2710-550 📞 *21 910 55 00* FAX *21 910 55 05* **Zimmer** *16*

Das Lawrence's aus dem Jahr 1764 soll das älteste Hotel der Iberischen Halbinsel sein. Die Zimmer tragen keine Nummern, sondern die Namen von Persönlichkeiten aus Kunst, Theater und Literatur, z. B. den von Lord Byron, der hier während seines Aufenthalts 1809 an seinem Werk »Childe Harold« arbeitete. **www.lawrenceshotel.com**

SINTRA Penha Longa 🏷 🍴 ☕ 🍽 🅿 ♿ 🚾 €€€€€

Estrada da Lagoa Azul-Linhó, 2714-511 📞 *21 924 90 11* FAX *21 924 9007* **Zimmer** *194*

Das Luxushotel und Golf-Resort Penha Longa ist für seinen Mix aus Kultur und Vergnügen bekannt. Die Zimmer und Suiten bieten eine traumhafte Ausstattung, von vielen blickt man direkt auf den von Robert Trent Jones Jr. gestalteten Golfplatz Atlantic. Spa und japanisches Gourmetrestaurant Midori. **www.penhalonga.com**

SINTRA Tivoli Palácio de Seteais 🍴 ☰ 🅿 🚾 €€€€€

Avenida Barbosa do Bocage 10, 2710-517 📞 *21 923 32 00* FAX *21 923 42 77* **Zimmer** *30*

Das prächtige Anwesen, eines der meistgeschätzten und romantischsten Hotels des Landes, ist ein herrliches Beispiel für die Architektur des 18. Jahrhunderts mit Zimmern im klassischen Stil und seltenen Möbelstücken der damaligen Zeit. Zum Hotel gehört ein wunderschön angelegter Garten. **www.tivolihotels.com**

Restaurants

Genießen Sie den portugiesischen Wein

Dank der Nähe zum Atlantik kann man in praktisch jedem Lissabonner Restaurant frischen Fisch und frische Meeresfrüchte in jeder denkbaren Form – gegrillt, gekocht, überbacken, als Eintopf oder als Suppe – genießen. Daneben bieten die Restaurants vor allem viele Fleischgerichte an.

In Lissabon findet man nicht nur traditionelle portugiesische Restaurants, sondern auch Lokale mit chinesischer, indischer, brasilianischer und afrikanischer Küche, ein Erbe der kolonialen Vergangenheit des Landes. Die vielen Cafés in Lissabon und in den Seebädern servieren nicht nur Kaffee und Kuchen, sondern bieten zu den Essenszeiten auch warme Speisen an.

Wissenswertes über die Gepflogenheiten in portugiesischen Restaurants erfahren Sie in dieser Einführung. Die Restaurantauswahl folgt auf den Seiten 130–135.

Restaurants

Restaurants gibt es in Lissabon in den unterschiedlichsten Größen und Preiskategorien. Am günstigsten ist eine kleine *tasca*, eine Taverne mit nur wenigen Tischen, oft ein Familienbetrieb. Vor allem zur Mittagszeit treffen sich hier die Einheimischen. In einer *casa de pasto* erhält man meist ein relativ preiswertes Drei-Gänge-Menü, während ein *restaurante* einen gepflegteren Speisesaal besitzt und eine größere Auswahl an Gerichten anbietet. In einer *marisqueira* werden überwiegend Fisch und Meeresfrüchte zubereitet. Eine *churrasqueira* – ursprünglich in Brasilien beheimatet – tischt leckere gegrillte Fleischgerichte auf. Sollte es Sie nach einem Bier gelüsten, sind Sie in einer gemütlichen *cervejaria* (Bierlokal) genau richtig. Grundsätzlich offerieren die meisten portugiesischen Hotelrestaurants, wie auch die Restaurants in den staatseigenen *pousadas (siehe S. 116)*, erstklassige traditionelle Gerichte.

Der hübsche Innenhof des Restaurants Lautasco *(siehe S. 130)* in Alfama

Essenszeiten

Für ein südliches Land isst man in Portugal verhältnismäßig früh. Das Mittagessen wird meist zwischen 13 und 15 Uhr eingenommen. Abendessen wird in Restaurants von etwa 19 bis 22 Uhr serviert. Später erhalten Sie meist nur noch in einer *cervejaria* etwas zu essen.

Eine Alternative stellt ein Dinner in einem bis in die Morgenstunden geöffneten *Fado-Haus (siehe S. 145)* dar.

Reservierung

Vor allem in den teureren Restaurants empfiehlt es sich, einen Tisch zu reservieren. Auf jeden Fall sollten behinderte Reisende vorher anrufen, ob geeignete Einrichtungen vorhanden sind. Im Allgemeinen fehlen behindertengerechte Zugänge zu den Gasträumen.

Speisekarte

Manche Restaurants bieten eine *ementa turística*, ein preiswertes Drei-Gänge-Menü mit einem Getränk und einer Tasse Kaffee für Besucher an. Hier erwarten Sie keine versteckten Kosten für Gedeck und Service. Häufig wird das Mittagessen *(almo-*

Der prächtige Speisesaal des Cozinha Velha *(siehe S. 135)* in Queluz

In Cascais haben viele Restaurants und Cafés Tische im Freien

ço) als zweigängiges Menü angeboten, wobei in der Regel Fisch oder Fleisch mit Beilage (Reis oder Kartoffeln) als Hauptgang serviert wird. Wenn Sie regionale Spezialitäten kennenlernen wollen, sollten Sie nach dem *prato do dia* (Tagesgericht) fragen.

Das Abendessen *(jantar)* besteht aus zwei oder drei Gängen inklusive Dessert oder Käse.

Charakteristisch für die portugiesische Küche sind Gerichte, die in einem großen Topf bzw. einer Form serviert werden. Das können herzhafte Fleischeintöpfe oder im Ganzen zubereitete Fische sein, deren Preis sich nach dem Gewicht berechnet. Dies gilt vor allem für die in einer *cataplana* (feuerfeste, dicht schließende Kasserolle aus dem Süden Portugals) gedämpften Gerichte sowie für das beliebte *porco à alentejana* (mariniertes Schweinefleisch mit Muscheln).

Die Portionen sind in portugiesischen Restaurants grundsätzlich sehr groß. Ist Ihnen eine ganze Portion zu viel, können Sie bedenkenlos um eine halbe Portion *(meia dose)* bitten.

Vergessen Sie nicht, dass Sie die unaufgefordert gereichten Vorspeisen – etwa Oliven, Käse, Schinken, Pasteten – in der Regel bezahlen müssen, und zwar abhängig vom Verzehr. Separat in Rechnung gestellt wird Ihnen in jedem Fall das Gedeck, zu dem das Brot und Butter gehören.

Vegetarische Gerichte

Vegetarier haben es in Portugal nicht so gut wie Fischliebhaber. Doch in Lissabon und an der Algarve gibt es genügend Ethno-Restaurants, die Fleischloses anbieten. In portugiesischen Lokalen besteht ein fleischloses Gericht meist aus einem Omelett oder einem Salat.

Getränke

Portugal ist für zwei Getränke berühmt, die aus Wein gewonnen werden: Portwein und Madeira. Wenn Sie Alkohol nicht generell ablehnen, sollten Sie unbedingt beide während Ihres Aufenthalts kosten. Der weiße Portwein wird leicht gekühlt als Aperitif getrunken, während der schwerere rote ein vorzüglicher Dessertwein ist.

Pastéis de nata
(Cremetörtchen)

Als Getränk zu den Mahlzeiten empfiehlt sich der einheimische Wein *(siehe S. 128f)*. Selbst in den einfachsten Restaurants ist der Hauswein meist von guter Qualität.

Außerdem wird überall Bier ausgeschenkt, weitverbreitet sind die Lagerbiere Sagres und Super Bock. In *cervejarias* wie der beliebten Cervejaria da Trindade im Bairro Alto erhalten Sie viele Biere vom Fass.

Zum Durstlöschen bietet sich das einheimische Mineralwasser an, das es *com gás* (mit Kohlensäure) und *sem gás* (still) gibt.

Trinkgeld

Fünf bis zehn Prozent Trinkgeld sind üblich. Zwar ist der Service in der Rechnung inbegriffen, doch die Löhne für Bedienungen sind niedrig. Achtung: Nicht alle Lokale akzeptieren Kreditkarten.

Mit Kindern essen

In Lissabon sind Kinder in Restaurants normal – für Portugiesen gehören Kinder einfach dazu. Kindergerichte oder halbe Portionen *(meia dose)* für Kinder gibt es fast überall, Kinderstühle allerdings nicht.

Rauchen

Seit 2008 ist das Rauchen in Restaurants und allen anderen Lokalen verboten – außer in großen Lokalen mit abgetrenntem Raucherbereich.

Kaffee

Kaffee – zu jeder Tages- und Nachtzeit getrunken – gibt es in vielen Varianten. Eine kleine Tasse starken Kaffees ist *um café* oder *uma bica*. Einen Espresso nennt man *uma italiana*. Etwas schwächer ist *uma carioca de café*. Ein Espresso mit einem Schuss Milch heißt *um garoto escuro*, mit etwas mehr Milch *um garoto claro*. Kaffee mit Milch bestellt man als *café com leite*. Mögen Sie Kaffee mit sehr viel Milch, sollten Sie *um galão* ordern. Er wird in einem hohen Glas serviert und enthält mehr Milch als Kaffee. Auch hier haben Sie die Wahl zwischen *escuro* und *claro* (besonders viel Milch).

Uma bica   Um galão

Portugiesische Spezialitäten

Lissabon und Umgebung bieten eine gastronomische Vielfalt mit Gerichten aus ganz Portugal. Es gibt Spanferkelbraten aus dem Norden, eine exzellente Auswahl an Fisch und Meeresfrüchten aus dem Atlantik, dazu einzigartige Käsesorten und herzhafte Eintöpfe aus dem Bergland. Diese Vielfalt wird am beliebten *porco à alentejana* deutlich: Das Gericht aus Schweinefleisch und Muscheln, gewürzt mit Paprika, kommt ursprünglich aus Südportugal. Im kosmopolitischen Lissabon vermischen sich alte und neue Küche, exotische und traditionelle Zubereitungsarten.

Sardinen

Käseauswahl auf Lissabons
berühmtem Mercado de Ribera

Fleisch und Milchprodukte

Wenn Portugiesen Fleisch essen, stammt es meist vom Schwein: Spanferkel vom Spieß ist ein Klassiker, doch man isst Schweinefleisch auch gern gebraten oder in herzhaften Eintöpfen. Schweinsfüße in Koriandersauce (*pézinhos de coentrada*) gelten als Delikatesse.

Ohne gewürztes, gepökeltes oder geräuchertes Schweinefleisch wäre die portugiesische Küche undenkbar, etwa die Paprikawurst *chouriço*, der dunkle, stark gewürzte *Ibérico*-Schinken (von mit Eicheln gefütterten Schweinen) oder *morcela*, eine Blutwurst mit Nelken und Kreuzkümmel. Ziegenfleisch (*cabrito*) wird gebraten oder in Eintöpfen verwendet. Rind wird seltener gegessen, ist aber von ausgezeichneter Qualität, vor allem die Sorten Barrosã, Mirandesa oder Maronesa. Das Schaf kommt vorwiegend bei der Käseherstellung zum Einsatz. Schafs- und Ziegenkäsesorten sind vorzüglich, egal ob jung und weich oder gereift, fest und pikant. Der bekannteste Käse Portugals ist der unverkennbar buttrige Serra de Estrela aus Schafsmilch. Die Laibe werden in Baumwolltücher gewickelt, damit sie ihre Form behalten.

Serra de Estrela
Saloio
Palhais
Quejo fresco
Alavão

Exzellente Schafs- und Ziegenkäse aus Portugal

Typische Gerichte

Paprika

Die Küche Portugals ist geprägt von einfachen, hart arbeitenden Menschen, die vieles selbst anbauen und haltbar machen. So erklärt sich die Dominanz von Räucher- und Pökelfleisch sowie von Eintöpfen aus getrockneten Bohnen, deren Geschmack oft mit Wurst oder Schinken aufgepeppt wird. Die Leibspeise der Lissabonner sind *favas à Portuguesa*. In der Hauptstadt vermischen sich nicht nur die verschiedenen Geschmacksrichtungen Portugals, hier sind auch die Einflüsse der Kolonialzeit (16. Jh.) am stärksten ausgeprägt. Sie sind seit Langem in die lokale Küche integriert. Doch auch neuere Einflüsse sind spürbar, von kapverdischen Restaurants bis zu Sushi-Bars. *Frango à piri-piri*, Grillhähnchen mit Chili, ist ein beliebtes Gericht aus den ehemaligen Kolonien in Afrika.

Feijoada *ist in der Regel ein mit Paprika gewürzter Eintopf aus Bohnen, Gemüse und Schweinefleisch.*

Salate, wohin das Auge blickt, an einem Lissabonner Gemüsestand

Aus dem Meer

Portugal besitzt eine lange Atlantikküste – kein Wunder, dass man hier viel Fisch isst. Auf den lokalen Fischmärkten gibt es fast alles. Tintenfisch *(lula)*, Sepia *(choco)*, Wolfsbarsch *(robalo)*, Goldbrasse *(dourada)*, Sardinen *(sardinhas)* und Meeresfrüchte wie Austern *(ostras)* und Herzmuscheln *(ameijoas)* findet man im Überfluss. Häufig kommt alles im reichhaltigen Fischeintopf *cataplana de peixe e mariscos* zusammen. Kabeljau *(bacalhau)* ist seit eh und je beliebt. Flussfische liegen seltener auf dem Teller: Forellen sind oft gezüchtet, das früher weitverbreitete Neunauge *(lampreia)* wird nun importiert. Manchmal gibt es Schnecken *(caracóis)*, z. B. in *feijoada*.

Obst und Gemüse

Auf Lissabons erstklassigem Mercado de Ribera (Avenida 24 de Julio, Cais do Sodré) kann man sehen, wie fruchtbar das Landesinnere ist. Hier gibt es alle Arten

Kellner mit einem Blech voller *pastéis de Nata* (Puddingtörtchen)

von Gemüse (Paprikas und Tomaten schmecken besonders gut), ebenso reifes, duftendes Obst wie Feigen, Aprikosen, Melonen, Zitrusfrüchte, Trauben und Pflaumen. Oliven und Olivenöl dürfen in keiner Küche fehlen. Portugiesische Speisen ohne die drei Zutaten Olivenöl, Knoblauch und Koriander gibt es kaum. Aus dem hier angebauten Weizen und Mais wird ein hartes, haltbares Brot gebacken, mit dem man oft Suppen bindet. Der Spitzname der Lissabonner, *alfacinhas*, mag von *alface* (Salat) herstammen – die Stadt ist bekannt für besonders wohlschmeckende Salatsorten.

Auf der Speisekarte

Açorda de marisco: Meeresfrüchte-Brot-Eintopf mit Knoblauch.

Bacalhau à gomes de sá: Schichten von gesalzenem Kabeljau, Zwiebeln und Kartoffeln, garniert mit Eiern und Oliven.

Caldo verde: Die »grüne Brühe« wird mit Grünkohl zubereitet.

Pastéis de bacalhau: Kabeljaukroketten, kalt als Snack oder warm als Hauptspeise – Portugiesen lieben sie.

Queijadas de Sintra: Käsekuchen mit Zimt.

Sardinhas assadas: Sardinen vom Holzkohlegrill.

Caldeirada de peixe *ist ein Fischeintopf mit Meeresfrüchten, Kartoffeln, Tomaten und Paprikaschoten.*

Favas à Portuguesa *bestehen aus dicken Bohnen* (fava), morcela *(Blutwurst) und Schweinerippchen.*

Arroz doce *ist ein köstlicher, mit Zitronenschale verfeinerter Milchreis – verziert mit einem Zimtmuster.*

Portugals Weine

O bwohl portugiesische Weine nach wie vor im Schatten des Portweins stehen, sollte man ihnen Beachtung schenken. Inzwischen haben viele Rotweine – wie die vollmundigen aus dem Douro – zu einem eigenen, interessanten Stil gefunden. Erstklassige Weißweine sind selten, dennoch gibt es in jeder Region ein paar davon. Nicht zu vergessen ist der *vinho verde*, der meist leicht kohlensäurehaltige Weißwein aus dem Norden.

Moussierende Roséweine *wie Mateus und Lancers sind Portugals Exportschlager. Vielleicht wurden die besseren Tafelweine aus Portugal wegen dieser Produkte lange verkannt.*

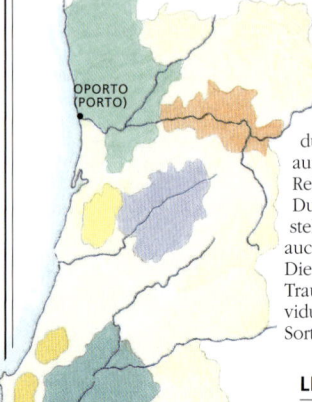

Weinbaugebiete
Jede Weinbauregion hat durch die Spezialisierung auf bestimmte heimische Rebsorten ihren eigenen Stil. Durch moderne Weinherstellungstechniken wurde auch die Qualität verbessert. Die zunehmende Einfuhr von Trauben hat bislang die Individualität portugiesischer Sorten nicht verdrängt.

Vinho-verde-Anbaugebiet bei Lapela unweit von Monção im Minho

LEGENDE

🟩	Vinho verde
🟧	Douro
🟪	Dão
🟨	Bairrada
🟨	Estremadura
🟩	Ribatejo
🟥	Setúbal
🟦	Alentejo

0 Kilometer   50

In der Kellerei des Palace Hotel do Bussaco bei Mealhada lagern große Rotweine

Etikett

Tinto bedeutet rot, *branco* weiß, *seco* trocken und *doce* lieblich. Genannt werden zudem der Jahrgang sowie der Name des Winzers und des Anbaugebiets. Besteht der Wein zu mindestens 80 Prozent aus einer Rebsorte, darf sie auf dem Etikett genannt werden. *Denominação de Origem Controlada* (DOC) bezeichnet Wein, der nach strengen Regeln hergestellt wurde, was aber keine höhere Qualität als bei den nominell einfacheren, als *vinho regional* bezeichneten Weinen garantiert. Das Rückenetikett liefert oft hilfreiche Angaben zu Rebsorte und Herstellungsweise.

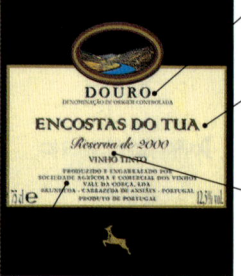

Die Sociedade Agrícola e Comercial dos Vinhos Vale da Corça, Lda, hat diesen Wein gekeltert und abgefüllt.

Dieser Wein kommt aus dem Douro und wurde nach DOC-Standard hergestellt.

Der Name des Weins bedeutet »Von den Hängen des Flusses Tua«, wodurch seine Herkunft erklärt wird.

Reserva heißt, dass der Wein mindestens ein Jahr im Eichenholzfass und insgesamt mindestens drei Jahre in Fass und Flasche gereift ist. Er ist von höherer Qualität als Weine ohne diese Bezeichnung.

Vinho verde, »grüner Wein« aus der Region Minho, kann rot oder weiß sein, ist jedoch immer moussierend. Vereinzelt gibt es trockene rote Varianten. *Weißer* vinho verde *ist meist sehr trocken, leicht moussierend und hat einen geringen Alkohol-, aber hohen Säuregehalt. Schwerere Weißweine liefert die Alvarinho-Traube. Bekannte Produzenten sind Soalheiro und Palácio de Breoeira.*

Bairrada *ist ein Weinbaugebiet, in dem man hauptsächlich die kleine, dickhäutige Rebsorte Baga findet. Daraus werden schwere Weine gewonnen, die manchmal einen leicht rauchigen oder pinienähnlichen Geschmack aufweisen. Wie die Dão-Weine müssen sie erst noch weicher werden. Neuerdings gibt es mehr und mehr bekömmliche rote (oft mit* Vinho Regional das Beiras *bezeichnet) und frischere weiße Varianten.*

Ribatejo *heißt das fruchtbare Tejo-Tal im Norden und Osten Lissabons. Nach der Estremadura wird hier die zweitgrößte Menge Wein in Portugal produziert. Die Güte der Qualitätsweine wird jedoch erst allmählich erkannt. Wie in der Estremadura sind die als vinho regional bezeichneten oft besser als DOC-Weine. Bekannte Produzenten sind Quinta da Alorna, Casa Branco und Fiuza & Bright.*

Das Douro-Tal *ist als Herkunftsgebiet von Portwein bekannt, aber etwa die Hälfte des hier hergestellten Weins wird zu Tafelwein vergärt – diese Weine sind in Portugal führend. Der Vorreiter, Barca Velha, trat vor 50 Jahren zum ersten Mal in Erscheinung. Er wird heute hoch geschätzt, ist aber auch sehr teuer. Weitere erstklassige Winzer sind Calheiros Cruz, Domingos Alves de Sousa, Quinta das Castas, Quinta do Crasto und Ramos-Pinto.*

Weinlese des *vinho verde*

Setúbal *südlich von Lissabon ist bekannt für seinen kräftigen Muskatellerwein, den Moscatel de Setúbal. Zudem wird in der Region hervorragender, meist roter Tafelwein hergestellt. Zwei Winzer dominieren den Markt: José Maria da Fonseca (siehe S. 111) und J.P. Vinhos. Die Genossenschaft in Santo Isidro de Pegões vertreibt preiswerte Weine. Kleinere Weingüter wie die von V.C. Lima, H. do Castanheiro und E. Freitas sind auch nicht zu verachten.*

Aus dem **Dão-Tal** *stammen einige der besten Weine Portugals. Kleine Güter wie Quinta dos Roques, Quinta da Pellada und Quinta de Cabriz sowie die Sogrape-Genossenschaft erzeugen fruchtige Rotweine, die jung getrunken werden, sowie frische, trockene Weiß- und auch vollmundige Rotweine. Früher versetzte man die Weine oft noch mit Sauerstoff.*

Die Estremadura *ist das westlichste Weinbaugebiet in Portugal und noch nicht lange als eigenständiges Anbaugebiet anerkannt. Einige Winzer produzieren guten* vinho regional. *Zu empfehlen sind die Weine von DFJ, Casa Santos Lima, Quinta de Pancas und Quinta do Monte d'Oiro. Der interessanteste DOC-Wein ist derjenige aus Alenquer. Bucelas liefert einige charaktervolle Weißweine.*

Die Region **Alentejo** *hat sich in den letzten Jahren hervorragend entwickelt. Lange wurde der Alentejo als Ort von einfachen, roten Hausweinen für Restaurants verachtet, doch mittlerweile werden hier einige der edelsten Rotweine des Landes und exzellente Weiße hergestellt. Zu den besten Produzenten zählen Herdade do Esporão, Herdade dos Coelheiros, Cortes de Cima und João Portugal Ramos.*

Restaurantauswahl

PREISKATEGORIEN

Die Preise gelten für ein Drei-Gänge-Menü, inkl. einer halben Flasche Hauswein, Steuer und Service:

€ unter 20 Euro
€€ 20–25 Euro
€€€ 25–30 Euro
€€€€ 30–40 Euro
€€€€€ über 40 Euro

Die folgenden Restaurants wurden aufgrund der Qualität der Küche, des guten Preis-Leistungs-Verhältnisses und ihrer Lage ausgewählt. Manche bieten Tische im Freien oder Live-Musik. Die Lokale sind alphabetisch nach Lissabonner Vierteln bzw. Orten der Küstenregion sowie nach Preiskategorien geordnet.

Lissabon

ALCÂNTARA Espaço Lisboa
€€€

Rua da Cozinha Económica 16, 1300-149 📞 *21 361 02 10*   *Stadtplan 3 A4* **Karte G8**

In der Nähe des Kreuzfahrt-Terminals serviert Espaço Lisboa traditionelle portugiesische Küche. Auf der Karte stehen viele Fischgerichte, aber auch Klassiker wie Kalbsbraten in Portwein oder Lammkoteletts vom Grill. Im Obergeschoss werden freitags Jazz und samstags Oldies live gespielt. *Nur abends geöffnet.*

ALCÂNTARA Alcântara Café
€€€€€

Rua Maria Luisa Holstein 15, 1300-388 📞 *21 363 71 76*   *Stadtplan 3 A4* **Karte G8**

Seit der Eröffnung in den 1980er Jahren ist dies ein Klassiker unter den Lokalen Lissabons. Die Einrichtung ist dem *Nautilus* nachempfunden, dem U-Boot aus Jules Vernes *20 000 Meilen unter dem Meer*. Serviert werden Gerichte der neuen portugiesischen Küche, z. B. *escalopes de salmão*. *Di – So abends geöffnet, 2 Wochen im Aug geschlossen.*

ALFAMA Hua-Ta-Li
€

Rua dos Bacalhoeiros 109–115, 1100-068 📞 *21 887 91 70*   *Stadtplan 7 C4* **Karte W4**

Das große, beliebte Chinarestaurant liegt an den Docks in einer halb zur Fußgängerzone umfunktionierten Straße. Es gibt viele großartige Suppen und die allseits bekannten Reis- und Nudelgerichte, aber auch ein, zwei Überraschungen wie Garnelenauflauf und Froschschenkel mit Chilis. Die Bedienungen sind schnell, aber etwas nachlässig.

ALFAMA Lautasco
€€

Beco do Azinhal 7a (nahe Rua de São Pedro), 1100-067 📞 *21 886 01 73*   *Stadtplan 8 E4* **Karte X3**

Das mit Holztäfelung und Wagenrad-Kronleuchtern rustikal eingerichtete Lautasco serviert traditionelle portugiesische Küche auch auf der Terrasse. Es gibt Dekobänder und bunte Strahler. Das Lokal ist vor allem während der Feierlichkeiten zu Ehren von Santo António *(siehe S. 25)* beliebt. *So geschlossen.*

ALFAMA Santo António de Alfama
€€€

Beco de São Miguel 7, 1100-538 📞 *21 888 13 28*   *Stadtplan 8 E4* **Karte X3**

In dem kleinen Lokal bekommt man gute portugiesische und internationale Küche, und das in beeindruckender Auswahl. Es gibt allein zwei Dutzend Vorspeisen, dazu noch *petiscos* (portugiesische Tapas). Spezialitäten sind die Gerichte mit *bacalhau* (Salzfisch) und *bife* (Steak). *Di geschlossen.*

AMOREIRAS Mezzaluna
€€€€

Rua da Artilharia Um 16, 1250-039 📞 *21 387 99 44*   *Stadtplan 5 A4* **Karte K4**

Das Mezzaluna liegt in einem ruhigen Viertel und ist wohl eines der besten italienischen Restaurants der Stadt. Auf der Speisekarte stehen Klassiker wie Spaghetti alla carbonara und Tagliatelle mit Shrimps und Wodkasauce. Die Weinkarte ist fantastisch. *Sa mittags und So geschlossen.*

AVENIDA Os Tibetanos
€

Rua do Salitre 117, 1250-198 📞 *21 314 20 38*   *Stadtplan 4 F1* **Karte L5**

In dem reizenden, ungezwungenen Restaurant, einer Oase für Vegetarier, duftet es nach Weihrauch. Überall hängen bunte tibetische Gebetsfahnen sowie Bilder des Dalai-Lama. Die einfallsreiche Speisekarte bietet etwa *tofu com pesto e queijo de cabra* (Tofu mit Pesto und Ziegenkäse). Auf der Rückseite des Hauses gibt es auch eine Terrasse.

AVENIDA Ribadouro
€€€

Rua do Salitre 2–12, 1250-200 📞 *21 354 94 11*   *Stadtplan 4 F1* **Karte L/M5**

Das Ribadouro befindet sich an einer Ecke der Avenida da Liberdade in einem langen, spitz zulaufenden Gebäude. Hier trifft man sich gern nach einem Film oder einer Show. Die Speisekarte ist etwas für Fischliebhaber: Austern, *buzios* (Wellhornschnecken), Krebse, Hummer und andere Meeresfrüchte. Es gibt auch Fleischgerichte.

BAIRRO ALTO Bota Alta
€€

Travessa da Queimada 35, 1200-364 📞 *21 342 79 59*   *Stadtplan 7 A3* **Karte T3**

Der »hohe Stiefel« in Lissabons Künstlerviertel bewirtet seine Gäste seit den 1970er Jahren. Das ansprechende Innere ist mit Gemälden und Keramik dekoriert, z. B. einem Tonstiefel an der Bar. Die Karte bietet Traditionelles wie *costeletas fumados à algarvia* (Räucherrippchen) und *bacalhau real* (Kabeljau). *So und im Sep geschlossen.*

BAIRRO ALTO Casanostra
▤ €€€

Travessa do Poço da Cidade 60, 1200-334 ☎ *21 342 59 31*   **Stadtplan** *7 A3* **Karte** *S3*

Wenn Sie nach einem italienischen Restaurant fragen, wird man Ihnen oft das Casanostra empfehlen. Es ist bei der Künstler- und Intellektuellenszene beliebt und wegen seiner sechsseitigen Speisekarte bekannt. Zu den Rennern gehören Penne all'arrabbiata. *Sa mittags geschlossen.*

BAIRRO ALTO Imperio dos Sentidos
▥▤ €€€

Rua da Atalaia 35–37, 1200-037 ☎ *21 343 18 22*   **Stadtplan** *4 F2* **Karte** *S3*

Das unauffällige Lokal in einem Gebäude aus dem frühen 20. Jahrhundert lockt seine Gäste – obwohl es kein reines Seafood-Restaurant ist – mit Gerichten wie Pasta mit Rahmspinat und Shrimps oder Lachs in Rotweinsauce an. Die Nachspeisen sind nicht zu verachten. *Nur abends geöffnet, Mo geschlossen.*

BAIRRO ALTO Pap'Açorda
▤ €€€€

Rua da Atalaia 57, 1200-037 ☎ *21 346 48 11*   **Stadtplan** *4 F2* **Karte** *S3*

Das Pap'Açorda, ein Stern am Gastronomiehimmel Lissabons, gehörte zu den ersten Lokalen, die der portugiesischen Küche neue Impulse gaben. Heute ist es mit das erfolgreichste Restaurant der Stadt. Man genießt z.B. *açorda de mariscos* (Broteintopf mit Meeresfrüchten). Zu jedem Gericht gibt es den passenden Wein. *So und Mo geschlossen.*

BAIRRO ALTO Tavares Rico
▤ €€€€€

Rua da Misericórdia 35–37, 1200-270 ☎ *21 342 11 12*   **Stadtplan** *7 A4* **Karte** *T3*

Es gibt kaum Restaurants mit einer über 200-jährigen Geschichte, genau deshalb ist das Tavares Rico etwas Besonderes. Blattgold und Spiegel des Speisesaals versprühen Zauber und Eleganz des 18. Jahrhunderts. Die Speisekarte dagegen bietet moderne internationale Gourmetküche. *So und Mo geschlossen.*

BAIXA Muni
▣▥▤ €€€

Rua dos Correeiros 115–117, 1100-163 ☎ *21 888 42 03*   **Stadtplan** *7 B4* **Karte** *V3*

Das entzückende, eher unauffällige Lokal widmet sich der traditionellen portugiesischen Küche. Probieren Sie den ausgezeichneten Oktopussalat und *peixinhos da horta* (frittierte Stangenbohnen im knusprigen Teigmantel). Das *cabrito assado no forno* (im Ofen gebackenes Zicklein) ist unglaublich saftig.

BELÉM Nosolo Italia
▣▥▦▤▣ €€

Avenida de Brasilia 202, 1400-038 ☎ *21 301 59 69*   **Stadtplan** *1 B5* **Karte** *C10*

Das Restaurant liegt direkt am Wasser vor dem Padrão dos Descobrimentos, der besonders abends, wenn er beleuchtet ist, sehr hübsch wirkt. Die Karte enthält klassische italienische Küche, etwa 25 verschiedene Pastagerichte und 30 Pizzas, dazu erstklassige, frisch bereitete Salate.

BELÉM Vela Latina
▥▦▤▮▣ €€€€

Doca do Bom Sucesso, 1400-038 ☎ *21 301 71 18*   **Stadtplan** *1 B5* **Karte** *B10*

Die Preise sind im Vela Latina relativ hoch, doch dafür sind die Lage am Ufer und die Gerichte der klassischen portugiesischen Küche grandios. Durch die hohen Decken und großen Fenster mit Blick auf die Bucht hat dieser Ort etwas Friedliches – und die Aussicht auf den Tejo und die Torre de Belém ist umwerfend. *So geschlossen.*

CAMPO DE OURIQUE Tasquinha d'Adelaide
▥▤▣ €€€€

Rua do Patrocínio 70–74, 1350-231 ☎ *21 396 22 39*   **Stadtplan** *3 C2* **Karte** *J6*

Die Gerichte in dem behaglichen Restaurant stammen überwiegend aus Trás-os-Montes. Genießen Sie *rojões à transmontana* (gebratenes Schweinefleisch »Trás-os-Montes«) oder *paletilha e sela de borrego no forno* (Lammrücken aus dem Ofen). Je später der Abend, desto voller das Lokal. Große Weinauswahl. *So geschlossen.*

CAMPO PEQUENO Rodízio Grill
▥▮▤ €€

Campo Pequeno 79, 1000-082 ☎ *21 793 97 60*   **Stadtplan** *5 C1* **Karte** *etwas nördl. von M1*

Das große, gut organisierte Restaurant ist für eine hohe Zahl an Gästen ausgelegt. Auf der Speisekarte stehen allein 40 Vorspeisen. Das Thema »Südamerika« zieht sich durch die Speisen, z.B. beim brasilianischen Barbecue (Büffelrippchen mit Knoblauch, schwarzen Bohnen und Bananenbeignet).

CAMPO PEQUENO Laurentina
▤ €€€

Avenida Conde de Valbom 71a, 1050-067 ☎ *21 796 02 60*   **Stadtplan** *5 B2* **Karte** *L2*

Das Restaurant in der Nähe des Museu Calouste Gulbenkian serviert seit mehr als 30 Jahren gute portugiesische Küche. So überzeugen etwa die vielen *Bacalhau*-Gerichte, aber auch die Klassiker mit Fleisch wie *cabrito assado no forno* (im Ofen gebratenes Zicklein). *So geschlossen.*

CASTELO Restô do Chapitô
▥▦▮▮ €€€

Costa do Castelo 7, 1149-079 ☎ *21 886 73 34*   **Stadtplan** *7 C3* **Karte** *V/W3*

Chapitô ist eigentlich eine Schule für darstellende Kunst. Die Atmosphäre springt auf das Restaurant über, in dem man sich auf Forelle und die gegrillten Würstchen freuen kann. Einige Tische bieten einen schönen Blick auf Lissabon. Am Wochenende gibt es Live-Jazz. Der erste Stock ist am Wochenende mittags geschlossen.

CASTELO Casa do Leão
▥▦▮▤ €€€€

Castelo de São Jorge, 1100-129 ☎ *21 887 59 62*   **Stadtplan** *8 D3* **Karte** *W2*

Hier empfiehlt der Küchenchef z.B. die Ziegenkäse-Terrine mit Kirschtomaten-Confit, dann Entenschlegel mit Ratatouille. Das Lokal liegt auf dem Grundstück des Castelo de São Jorge *(siehe S. 38f)*. Gästen mit Reservierung wird der Eintritt zum Castelo von der Restaurantrechnung abgezogen. Bei schönem Wetter wird im Freien gedeckt.

Stadtplan *siehe Seiten 166–179*

CHIADO La Brasserie de l'Entrecôte

Rua do Alecrim 117, 1200-016 21 347 36 16   *Stadtplan 7 A4* **Karte T4**

Hier gibt es nur ein Menü: als Vorspeise ein knackiger, grüner Salat mit Pinienkernen und French Dressing, anschließend Entrecôte, nach Wunsch zubereitet, in Kräuterrahmsauce mit Pommes frites. Danach kann man zwischen drei Desserts wählen. Reservierungen werden nicht angenommen, kommen Sie deshalb frühzeitig.

GRAÇA Via Graça

Rua Damasceno Monteiro 9b, 1170-108 21 887 08 30   *Stadtplan 8 D1* **Karte P4**

Die Lage des Via Graça ist einzigartig: Vom Rand eines Hügels eröffnet sich ein herrliches Panorama mit dem Castelo de São Jorge *(siehe S. 38f)*. Zu den liebevoll angerichteten portugiesischen Gerichten gehört auch *lombino de javali braseado* (Wildschwein). Großartige Weinauswahl. *Sa und So mittags geschlossen.*

LAPA Picanha

Rua das Janelas Verdes 96, 1200-692 21 397 54 01   *Stadtplan 4 D4* **Karte J8**

Zum Festpreis können Sie hier essen, so viel Sie möchten. Alles basiert auf einer Grundzutat: *picanha* (über offenem Feuer gegrilltes Rumpsteak). Bewahren Sie sich noch etwas Appetit für Käsekuchen, *mousse au chocolat* oder tropische Früchte. Das Innere des Restaurants ist mit schönen Azulejos geschmückt. *Nur abends geöffnet.*

LAPA Sua Excelência

Rua do Conde 34, 1200-637 21 390 36 14   *Stadtplan 4 D3* **Karte J7**

»Seine Exzellenz« im Diplomatenviertel ist eines der beliebtesten Lokale der Stadt. Der Eigentümer kann die Speisekarte in fünf Sprachen aufsagen. Das Essen ist klassisch portugiesisch, z. B. *cogumelos salteados em manteiga com natas e vinho da Madeira* (gebratene Pilze in einer Sauce aus Butter, Sahne und Madeira). *So geschlossen.*

LAPA A Confraria

Pensão York House, Rua das Janelas Verdes 32, 1200-691 21 396 24 35   *Stadtplan 4 D3* **Karte K7**

Das charmante Hotelrestaurant bietet erlesene Speisen in schöner Umgebung: Innen sind die Wände mit Fliesen verziert, außen speist man in einem Blumengarten unter Palmen. Hier isst man typisch portugiesisch, etwa Seeteufel in Senfsauce oder mariniertes Rebhuhn.

MARQUÊS DE POMBAL Marisqueira Santa Marta

Travessa do Enviado de Inglaterra 1d, 1150-139 21 352 56 38   *Stadtplan 5 C5* **Karte M4**

Mittags strömen hier die Gäste in Scharen herein. Das Lokal ist bekannt für seine große Auswahl an Fisch und Meeresfrüchten sowie für seine portugiesische Küche. Wegen des guten Preis-Leistungs-Verhältnisses und der vielen Stammgäste kann es sein, dass Sie auf Ihren Tisch etwas warten müssen.

MARQUÊS DE POMBAL Velho Páteo de Sant'Ana

Rua Dr. Almeida Amaral 6, 1150-138 21 314 10 63   *Stadtplan 6 D5* **Karte M4**

Hier orientiert man sich an Traditionen und schlägt die Brücke zur Moderne. Die Einrichtung ist stilvoll, die klassischen portugiesischen Gerichte werden modern variiert und sehr gut zubereitet. Das Herz des Hauses aber schlägt beim Fado, der mit höchster Kunst erklingt. Nicht umsonst wurde das Lokal mit einigen Preisen ausgezeichnet.

MARQUÊS DE POMBAL Pabe

Rua Duque de Palmela 27a, 1250-097 21 353 74 84   *Stadtplan 5 B/C5* **Karte L4**

Das etwas andere Restaurant im Stadtzentrum: Das Gebäude ist einem Tudor-Haus nachempfunden, komplett mit Bleiglasfenstern. Die mittelalterliche Anmutung wird durch Holzbalken und Kupfertische noch verstärkt. Zu empfehlen sind das Zicklein vom Holzkohlegrill und der panierte Tintenfisch mit Mayonnaise.

MARQUÊS DE POMBAL Restaurante 33A

Rua Alexandre Herculano 33a, 1250-008 21 354 60 79   *Stadtplan 5 C5* **Karte L4**

Das Restaurant besitzt nur eine kleine Gaststube, die eher an eine Jagdhütte erinnert: Von den Wänden blicken ausgestopfte Hirsche und Wildschweine auf die Gäste. Die Küche kocht traditionell portugiesisch und serviert mehrere ausgezeichnete Gerichte mit Meeresfrüchten. *Sa mittags und So geschlossen.*

MARQUÊS DE POMBAL Eleven

Rua Marquês de Fronteira, Jardim Amália Rodrigues, 1070-310 21 386 22 11   *Stadtplan 5 B4* **Karte K3**

Der Name geht auf die elf Unternehmer zurück, die hier Lissabons erstes Designer-Restaurant der Spitzenklasse eröffnen wollten. Sie haben eine mit Michelin-Sternen ausgezeichnete Glanzleistung abgeliefert. In zeitgenössischem und weltgewandtem Ambiente werden einfallsreiche, internationale Speisen serviert. *So geschlossen.*

MOURARIA Tentações de Goa

Rua S. Pedro Mártir 23, 1100-555 21 887 58 24   *Stadtplan 7 C3* **Karte V2**

Das Restaurant ist ein kleines, in einer kopfsteingepflasterten Seitenstraße verstecktes Juwel, das für seine exotische Goa-Küche ausgezeichnet wurde, z. B. für Linsen mit Lamm, Fisch-Massala und Baby-Hai. Trotz der Lage im Herzen der Stadt ist das Preis-Leistungs-Verhältnis hervorragend. Freundlicher Service. *So und an Feiertagen geschlossen.*

PRAÇA DO CHILE Cervejaria Portugalia

Avenida Almirante Reis 117, 1115-014 21 314 00 02   *Stadtplan 6 E4* **Karte N3**

Das urige Bierlokal war der Ursprung einer nationalen Kette. Hier gibt es exzellente Gerichte mit Meeresfrüchten, etwa *açorda de camarão* (Broteintopf mit Garnelen). *Presuntos* (Räucherschinken) ist ebenfalls sehr gut. Neben der Bar, an der man auch einfach nur ein Bier trinken und die Atmosphäre genießen kann, steht ein großes Aquarium.

PRAÇA ESPANHA O Polícia 👤🍴🅿 €€
Rua Marquês de Sá da Bandeira 112a, 1050-158 📞 *21 796 35 05* **Stadtplan** *5 B2* **Karte** *L2*

Der Vater des Lokalbesitzers war Polizist, deshalb der Name. Die Speisekarte wechselt täglich, doch Meeresfrüchte und Schalentiere stehen immer darauf. *Espetada de tamboril* (Seeteufel-Kebab) ist besonders gut. Das Restaurant gewann schon mehrfach Preise und erfreut sich vieler Stammgäste. *Sa abends und So geschlossen.*

PRAÇA ESPANHA A Gôndola 👤🍴🍽 €€€
Avenida de Berna 64, 1050-043 📞 *21 797 04 26* **Stadtplan** *5 B2* **Karte** *K2*

Auf der Speisekarte stehen viele portugiesische und italienische Köstlichkeiten, darunter eine gute Auswahl an vegetarischen Gerichten und leckeren Desserts (z. B. Wodkasorbet). Hier kann man es sich gut gehen lassen, vor allem im Sommer, wenn man im Garten speisen kann. *So geschlossen.*

RATO Real Fábrica ♿👤🍴🍸 €€
Rua da Escola Politécnica 275, 1250-101 📞 *21 385 20 90* **Stadtplan** *4 E1* **Karte** *K5*

Von 1735 bis 1835 produzierte man in dieser Fabrik unter königlicher Schirmherrschaft Seide. 1995 wurde das leer stehende Gebäude renoviert und das Innere mit Holz und Stein ausgebaut. Zu den Vorspeisen gehören würzige Gambas aus Mosambik. *Entrecôte à Real Fábrica* ist ein Steak, das eines Königs würdig wäre. *So geschlossen.*

RATO Casa da Comida 🍽🍴🅿 €€€€€
Travessa das Amoreiras 1, 1250-025 📞 *21 388 53 76* **Stadtplan** *5 B5* **Karte** *K5*

Das edle, dezente Restaurant besitzt einen bezaubernden Patio voller Bougainvilleen – ein geeigneter Ort für einen romantischen Abend, an dem die Qualität der Speisen wichtiger ist als der Preis. Hier serviert man Haute Cuisine: Kaviar, Froschschenkel, Ente und Fasan. *Sa mittags, So und Mo geschlossen.*

RESTAURADORES Casa do Alentejo 🎵🍴 €
Rua das Portas de Santo Antão 58, 1150-268 📞 *21 340 51 40* **Stadtplan** *7 A2* **Karte** *U2*

In dem Haus aus dem 19. Jahrhundert erwartet die Gäste eine Überraschung. Hinter der unauffälligen Fassade verbirgt sich ein schöner maurischer Innenhof, verziert mit Fliesen, auf denen arabische Schriftzeichen zu sehen sind. Hier finden regelmäßig Kunstausstellungen und Chorkonzerte statt. Die Küche bietet gute regionale Kost.

RESTAURADORES Solar dos Presuntos 🍴 €€€
Rua das Portas de Santo Antão 150, 1150-269 📞 *21 342 42 53* **Stadtplan** *7 A2* **Karte** *T1*

Hier ist man stolz auf den Ruf, das beste Restaurants Lissabons für geräucherten Schinken *(presunto)* zu sein. Schon die Auslage im Schaufenster zeigt: Hier dreht sich alles um Schinken. Doch auch die Gerichte mit Fisch und Meeresfrüchten sind einen Versuch wert. Reservierung empfohlen. *So und an Feiertagen geschlossen.*

RESTAURADORES Gambrinus 🍴 €€€€€
Rua das Portas de Santo Antão 23, 1150-264 📞 *21 342 14 66* **Stadtplan** *7 B2* **Karte** *U2*

Das Gambrinus ist exklusiv und teuer, aber eines der besten Seafood-Restaurants des Landes. Die Gäste kommen jedoch nicht nur wegen der Krustentiere hierher. Die Speisekarte bietet als Vorspeise auch iranischen Belugakaviar und *foie gras* mit Trüffeln. Auf der Weinkarte stehen etliche alte Portweine.

SALDANHA António 👤🍴 €
Rua Tomás Ribeiro 63, 1050-226 📞 *21 353 87 80* **Stadtplan** *5 C3* **Karte** *L3*

Das António eignet sich sehr gut zum Mittagessen. Hier wird schnörkellos gekocht und höflich serviert. Die Portionen sind groß. Sehr beliebt sind Brathähnchen und Steak mit Pommes frites. Zum Nachtisch kann man unter verschiedenen Eisbechern wählen. Alle Gerichte gibt es auch günstiger zum Mitnehmen. *So geschlossen.*

SANTA APOLÓNIA Casanova 🍽🍴🅿 €€
Avenida Infante Dom Henrique, nahe Cais da Pedra, 1900-264 📞 *21 887 75 32* **Stadtplan** *8 F3* **Karte** *Q6*

Das italienische Restaurant liegt nicht nur schön am Fluss, sondern auch voll im Trend. Die Speisekarte wird mit der Hand auf die Mauer neben dem Eingang geschrieben. Der Fokus liegt auf Pizzas, zum Dessert gibt es sogar eine Schokoladenpizza. Reservierungen werden nicht entgegengenommen.

SANTA APOLÓNIA Faz Figura 👤🍴🍸 €€€€
Rua do Paraíso 15b, 1100-396 📞 *21 886 89 81* **Stadtplan** *8 F2* **Karte** *Q6*

In dem schicken Restaurant sind die Tische auf der überdachten Terrasse mit Blick auf den Tejo heiß begehrt. Wer warten muss, kann sich die Zeit an der Bar vertreiben. Auf der Speisekarte steht eine reiche Auswahl an traditionellen portugiesischen sowie internationalen Gerichten.

SANTA APOLÓNIA Bica do Sapato ♿🍴🍸🅿 €€€€€
Avenida Infante Dom Henrique, nahe Cais da Pedra, 1900-000 📞 *21 881 03 20* **Stadtplan** *8 F3* **Karte** *Q6*

Der Schauspieler John Malkovich ist Miteigentümer dieses Restaurants in einer ehemaligen Lagerhalle am Fluss. Es gibt Interpretationen portugiesischer Gerichte im Gourmetbereich, Bistro-Speisen im Café sowie Sushi und asiatische Fusionsküche in der oberen Etage. Frühzeitige Reservierung erforderlich. *So und Mo mittags geschlossen.*

SANTOS Kais 🍴🍸🅿 €€€€€
Cais da Viscondessa, Rua da Cintura do Porto de Lisboa, 1200-109 📞 *21 393 29 30* **Stadtplan** *4 D4* **Karte** *K8*

Ein Paradebeispiel, wie man aus einer alten Lagerhalle einen angesagten Treffpunkt macht: Kais besteht aus zwei Restaurants in einem. Unten serviert man portugiesische Gerichte, oben feine internationale Speisen. Schickes Industriedesign kennzeichnet die Räume. *Nur abends geöffnet, So und Mo geschlossen.*

Stadtplan *siehe Seiten 166–179*

SÃO BENTO Conventual ▤ €€€
Praça das Flores 45, 1200-192 📞 *21 390 92 46* **Stadtplan 4 E2 Karte L6**

Das Restaurant steht an einem der bezauberndsten Plätze Lissabons und ist mit alter Sakralkunst aus Klöstern geschmückt. Die Speisekarte bietet eine feine Auswahl an regionalen Gerichten, etwa Ente in Champagnersauce. Um
Reservierung wird gebeten. *Sa mittags, So, Mo mittags geschlossen.*

Küstenregion Lissabon

CASCAIS Mayura 🚻 ▤ P €
Rua Freitas Reis 15b, 2750-357 📞 *21 484 65 40*

Die Aromen des indischen Subkontinents durchströmen dieses exzellente Restaurant, das in einer ruhigen Gegend
abseits vom Strand liegt. Auf der Speisekarte stehen die bekannten Currygerichte, bei deren Präsentation man sich
allerdings besondere Mühe gibt. Neben den Tandoori-Spezialitäten gibt es auch würzige Speisen aus Goa.

CASCAIS Eduardo's 🚻 ▤ €€
Largo das Grutas 3, 2750-367 📞 *21 483 19 01*

Das von einem Belgier geführte Restaurant könnte man wegen der Holzvertäfelung mit einer Försterhütte ver-
wechseln. Im Innern fungiert ein Aquarium als Trennwand. Die französisch-europäische Küche serviert u. a. *ragoût
de borrego à flamenga* (flämisches Lammragout). Probieren Sie die köstlichen Crêpes. *So geschlossen.*

CASCAIS Casa Velha 🚻 ▤ €€€
Avenida Valbom 1, 2750-508 📞 *21 483 25 86*

Das Gebäude im Herzen von Cascais gleicht einem traditionellen Bauernhaus. Die Inneneinrichtung wird vom Thema
»Seefahrt« bestimmt, über den Tischen hängen rote Öllampen. Hier gibt es vorwiegend Seafood. Beliebte Gerichte
sind *caldeirada de peixe* (Fischeintopf) und *cherne grelhado* (gegrillter Heilbutt). *Mi geschlossen.*

CASCAIS O Pescador 🚻 ▤ €€€€
Rua das Flores 10b, 2750-348 📞 *21 483 20 54*

Das Seafood-Restaurant, das seit 1964 existiert, ist mit Objekten der Seefahrt geschmückt. Die umfangreiche Speisekarte bietet z. B. Hummersuppe, Shrimps-Cocktail und Schwertfischsteak. Das Lokal ist stolz darauf, dass hier schon
Mick Jagger und Julio Iglesias Gäste waren. *So (im Winter) und Mo mittags geschlossen.*

ERICEIRA Sail 🚻 ▤ P €€
Rua Capitão João Lopes 14, 2655-295 📞 *26 186 27 59*

Das Sail liegt sehr schön am Ufer, und so wie das Haus ist auch die Speisekarte aufs Meer ausgerichtet. Zu den
Fischspezialitäten zählen *feijoada de marisco* (Eintopf aus Bohnen und Meeresfrüchten) und Meeresfrüchte-Curry.
Täglich wechselnde Angebote. *So abends und Mo geschlossen.*

ESTORIL Pinto's 🚻 ▤ P €
Arcadas do Parque 18b, 2765-087 📞 *21 468 72 47*

Pinto's liegt gleich beim Hotel Palácio *(siehe S. 123)* und bietet eine schöne Aussicht auf die Gärten der Promenade.
Der Mix aus Bar, Cafeteria und Restaurant eignet sich vorzüglich für eine kleine preiswerte Pause. Pizzas, Pastagerichte, Omeletts und Burger werden ebenso serviert wie Seafood und große Salate.

ESTORIL Estoril Mandarin 🚻 ▤ P €€€€
Casino Estoril, 2765-237 📞 *21 466 72 70*

Sie werden in ganz Portugal kaum ein authentischeres Chinarestaurant finden. Die sautierte Pekingente wird in
Scheiben geschnitten, in knackige Salatblätter eingewickelt und serviert. Mittags sind vor allem die Dim-Sum-Varia-
tionen sehr beliebt. Zudem gibt es Mini-Frühlingsrollen und Schweinefleisch-Congee mit Ei. *Mo und Di geschlossen.*

ESTORIL Four Seasons Grill 🚻 ▤ Y P €€€€
Hotel Palácio Estoril, Rua do Parque, 2765-000 📞 *21 46 804 00*

Dies ist eines der feinsten Restaurants in Estoril. Es befindet sich im Hotel Palácio *(siehe S. 123)* und gestaltet seine
Dekoration den Jahreszeiten entsprechend. Die erstklassigen Gerichte nach portugiesischen oder internationalen
Rezepten können Sie à la carte bestellen.

GUINCHO Estalagem Muchaxo 🚻 ▤ P €€€
Praia do Guincho, 2750-642 📞 *21 487 02 21*

Das Muchaxo gewährt eine grandiose Aussicht auf den Cabo da Roca, den westlichsten Punkt des europäischen
Festlands. Auf der Speisekarte stehen gute Seafood-Gerichte wie Hummer in einer Sauce aus Tomaten, Sahne und
Portwein. Die Küche verfügt über eine eigene Muschelbank.

GUINCHO Porto de Santa Maria 🚻 ▤ P €€€€
Estrada do Guincho, 2750-642 📞 *21 487 94 50*

Die schöne Aussicht auf den Guincho-Strand und die Hügel von Sintra machen dieses Restaurant so beliebt. Die
Speisekarte ist eine Reverenz an das Meer: Krebse, Hummer, Austern und Garnelen. Zu den Spezialitäten gehört
Fisch im Brotteig mit Olivenöl und Knoblauch. *Mo geschlossen.*

Preiskategorien *siehe Seite 130* **Zeichenerklärungen** *siehe hintere Umschlagklappe*

MONTE ESTORIL O Sinaleiro
Avenida de Sabóia 595, 2765-278 ☎ *21 468 54 39*

Das O Sinaleiro mit seinem guten und freundlichen Service ist sowohl Bar als auch Restaurant. Unter den Gerichten befinden sich keine ausgefallenen Spezialitäten der portugiesischen Küche, außer vielleicht *espetada mista de caça* (Kebab aus gegrilltem Hirsch und Wildschwein). *Mi geschlossen.*

MONTE ESTORIL Com Sentido's
Avenida de Sabóia 515d, 2765-502 ☎ *21 468 28 38*

Große abstrakte Gemälde zieren die Wände des modernen Restaurants. Die Speisekarte führt Gerichte wie Entenbrust an Orangensauce oder Milchkalb-Confit mit sautiertem Mangold. Auch unter den Desserts finden sich zahlreiche attraktive Leckereien. *So geschlossen.*

PAÇO D'ARCOS Aquarela do Brasil
Praça 5 de Outubro 12a, 2770-029 ☎ *21 441 54 12*

Das entzückende Lokal ähnelt teilweise eher einer Kunstgalerie als einem Restaurant – nicht zu Unrecht heißt es *aquarela* (Aquarell, Wasserfarbe). Die brasilianischen Speisen, die zwischen bemalten Wänden serviert werden, sind köstlich und reichhaltig, die Atmosphäre ist locker und freundlich. *Mo geschlossen.*

PALMELA Pousada do Castelo de Palmela
Pousada do Castelo de Palmela, 2950-317 ☎ *21 235 12 26*

Das umgestaltete Refektorium eines Klosters aus dem 15. Jahrhundert sorgt für ein elegantes und romantisches Ambiente. Im Speisesaal hängen vereinzelt Kronleuchter, die die servierten Speisen in ein besonderes Licht rücken, beispielsweise Delikatessen wie Austernsuppe oder Seezunge in Biermarinade.

PORTINHO DA ARRÁBIDA Beira-Mar
Portinho da Arrábida, 2925-378 ☎ *966 337 352*

Die Tische auf dem Balkon über dem Hafen sind an warmen Tagen am schnellsten voll. In diesem Restaurant bekommt man beim Blick aufs Meer leicht Appetit, etwa auf *arroz de tamboril* (Reisgericht mit Seeteufel) oder *arroz de marisco* (Reisgericht mit Meeresfrüchten). *Mi geschlossen (außer Juni–Aug).*

QUELUZ Cozinha Velha
Largo Palácio Nacional de Queluz, 2745-191 ☎ *21 435 61 58*

Das altehrwürdige Restaurant in den alten Küchen des Palácio de Queluz *(siehe S. 108f)* bereitet seine Gerichte nach traditionellen portugiesischen Rezepten zu. Am Gebäude sind noch viele architektonische Details aus dem 18. Jahrhundert erhalten, z. B. der Originalkamin.

SESIMBRA Ribamar
Avenida dos Náufragos 29, 2970-637 ☎ *21 223 48 53*

Das bequeme, heitere und lichtdurchflutete Ribamar liegt direkt am Meer und gilt als eines der besten Restaurants der Gegend. Auf der Speisekarte steht immer etwas Neues, oft auch wundervolle Eigenkreationen. Sie sollten den Fisch mit Algen oder die Seeigelcreme probieren.

SETÚBAL Poço das Fontainhas
Rua das Fontainhas 96, 2910-082 ☎ *26 553 48 07*

Das Lokal, das in einer kleinen Straße in der Nähe des Fährhafens Tróia liegt, ist nicht ganz einfach zu finden, aber die Suche lohnt sich. Hier gibt es vor allem Fischgerichte, ein Favorit der Einheimischen ist *caldeirada Setubalense*, ein Fischeintopf, oder *espetada de lulas* (Tintenfischspieß). *Mo geschlossen.*

SETÚBAL Pousada de São Filipe
Pousada de São Filipe, Castelo de São Filipe, 2900-300 ☎ *26 555 00 70*

Von hier aus hat man einen schönen Blick auf Setúbal und den Sado-Naturpark. Bei warmem Wetter stehen Tische auf der Promenade. Das Lokal erinnert an das Portugal des 16. Jahrhunderts, die Speisekarte ist eine Zeitreise durch die portugiesische Kochtradition: Kürbiscremesuppe, gegrillte Meerbarbe und gegrilltes Lamm mit Orangensauce.

SINTRA Tulhas
Rua Gil Vicente 4–6, 2710-568 ☎ *21 923 23 78*

Das mysteriöse Loch neben dem Eingang des Restaurants ist das Überbleibsel eines mittelalterlichen Kornspeichers (auf Portugiesisch »tulhas«). Das kleine, einfache Lokal serviert hausgemachte, gesunde und preiswerte Gerichte. Besonders lecker ist das Kalbssteak in Madeirasauce. *Mi geschlossen.*

SINTRA Lawrence's
Rua Consigliéri Pedroso 38–40, 2710-550 ☎ *21 910 55 00*

Für die Eigentümer des Lawrence's ist dies eher ein Restaurant mit Zimmern als ein Hotel. In diesem Sinn führen sie ihren Gourmettempel. Lord Byron und William Beckford sind nur zwei der historischen Persönlichkeiten, die hier gegessen haben sollen. Man speist à la carte. Es gibt über 200 Weine zur Auswahl.

SINTRA Restaurante Palácio de Seteais
Rua Barbosa du Bocage 8, Seteais, 2710-517 ☎ *21 923 32 00*

Der *palácio*, heute ein Hotel, ist ein atemberaubendes Beispiel für die Pracht des 18. Jahrhunderts und Heimat eines prächtigen Gourmetrestaurants für portugiesische Haute Cuisine. Aus dem mit mythologischen Fresken verzierten großen Speisesaal genießt man einen umwerfenden Blick auf die Landschaftsgärten und die Küste.

Cafés und Bars

Kaffee gehört in Portugal zum Leben. Hier hat sich eine besondere Kaffekultur entwickelt. Die Lissabonner entspannen gern bei Kaffee und Gebäck in einem ihrer vielen Cafés. Portugiesen bestellen nicht einfach nur einen Kaffee: Es gibt zahlreiche Varianten (*siehe S. 125*), an denen auch neue Kaffeemoden nichts ändern werden. In Restaurants werden Mängel und unzulänglicher Service vielleicht noch verziehen, doch schlechter Kaffee nach dem Essen ist in Portugal eine Sünde. Bars sind erst seit jüngerer Zeit auf dem Vormarsch. Zwar gibt es die bekannten, traditionellen *Ginjinha*-Bars, doch diejenigen Lokale, die das Nachtleben Lissabons zu einem der lebhaftesten und abwechslungsreichsten in Europa machen, sind höchstens zehn oder 20 Jahre alt. Die meisten Bars finden sich im Bairro Alto. In Santos, Bica/Santa Catarina und Cais do Sodré kann man ebenfalls gut von Bar zu Bar ziehen.

Klassische Cafés

Von den großen Cafés aus der Zeit um 1900 ist in erster Linie das **A Brasileira** zu nennen. Es liegt perfekt, am Beginn einer von Lissabons besten Shopping-Meilen. Die Intellektuellen, die es einst berühmt machten, sind lange tot (ein Denkmal von Fernando Pessoa steht an der beliebten Promenade), doch die Atmosphäre ist nach wie vor kosmopolitisch. Das **Nicola** zeigt innen Art-déco-Eleganz, draußen herrscht an den Tischen lebhaftes Treiben. Die Attraktion des **Casa Suiça** ist die lange Promenade. Unter den Arkaden an der Praça do Comércio steht das **Martinho da Arcada** mit seiner illustren Geschichte und der schönen Einrichtung mit Fliesendekor. Innen befindet sich auch ein Restaurant – der Verkehr ist dort nicht so laut.

Park- und Gartencafés

Im **Linha d'Água** an der Spitze des Parque Eduardo VII kann man seinen Kaffee im Grünen ohne Verkehrslärm genießen. Wie in vielen anderen Lissabonner Cafés können Sie hier mittags auch essen. Das Café am Teich des **Jardim da Estrela** ist eine Alternative. **Pão de Canela** ist ein kleines Café mit Terrasse an der Praça das Flores, einem ruhigen Platz mit einem Garten in einer von Lissabons lauschigsten Ecken. Die **Cafetaria**

Quadrante befindet sich im modernen Komplex des Centro Cultural, inmitten eines minimalistischen Gartens mit Blick auf den Fluss. Innen kann es manchmal wie in einer Kantine zugehen, oben in der Bar Terraço ist es ruhiger. Das **Psi** ist ein Lokal für Vegetarier. Es besitzt einen kleinen Garten und glänzt mit spirituellem Flair.

Moderne Cafés

Moderne Cafés geben mehr Schaum auf den Milchkaffee (nennen Sie ihn trotzdem nicht »Latte«), bieten mehr Auswahl an Sandwiches und leichtere Speisen an. Dort liegen jede Menge Zeitschriften aus, und man achtet sehr auf die richtige Musikuntermalung. Hierzu zählen etwa das **Café no Chiado**, das **Vertigo**, ebenfalls im Chiado, und das gemütliche **Pois, Café** mit seinem behaglichen Wohnzimmer nahe der Sé. Inzwischen gibt es zwar schon die ersten Filialen von Starbucks in Lissabon, doch die portugiesischen Ketten **LA Caffé** und **Magnolia Caffé** sind immer noch beliebt.

Patisserien

Pastelarias sind in Lissabon eine Institution. Sie sind weniger laut als Cafés und Snackbars und werden gern von älteren Damen besucht. Doch auch sie würden nicht hierherkommen, lägen in der Auslage nicht frisch zubereitete *pastéis de nata* oder *amêndoas* (Törtchen mit Pudding oder Mandeln), *bolos de arroz* (Reismehlkuchen) oder *queijadas* (Hüttenkäsekuchen). Das **Bénard** befindet sich in der Nähe des A Brasileira, bietet allerdings frischeres Gebäck an. Seit fast zwei Jahrhunderten verkauft die **Confeitaria Nacional** ihre Ware über den Ladentisch. Die Cafétische sind ruckzuck besetzt. In der vornehmen **Pastelaria Versailles** spürt man ein wenig vom Glanz vergangener Zeiten. Die berühmteste Patisserie ist **Antiga Confeitaria de Belém**. Es heißt, hier wurde *pastel de nata* (das in Lissabon *pastel de Belém* heißt) erfunden.

DJ-Bars

Die Bars im Bairro Alto kann man gar nicht alle aufzählen. Zu denen, welche besonderen Wert auf Musik legen, gehören das **Clube da Esquina** und das **Mexe Café**. In Bica/Santa Catarina befindet sich das coole, zwanglose **Bicaense**. Die **Lounge** ist weniger dezent als früher, mit ihrer Musik schwimmt sie aber weiterhin gegen den Strom. Im **Mini-Mercado** (das frühere Fluid) in Santos legen einige der besten DJs der Stadt auf.

Bars im Freien

Für warme Nächte und den Anblick des Sonnenuntergangs (oder des Sonnenaufgangs) eignen sich Bars wie das **Meninos do Rio**. Wer Glück hat, kann auf einer der Chaiselonguen zum Ufer hin Platz nehmen. **Op Art** befindet sich im leicht schäbigen Docas-Viertel unter der Brücke, ist aber bekannt für guten Geschmack und gute Musik. **Noobai** vereint tolle Musik mit grandiosen Blicken vom Aussichtspunkt Santa Catarina und ist damit einer der beliebtesten Plätze an Sommerabenden. Am Fuße der Burg bietet die **Bar das Imagens** eine Terrasse mit Blick über die Stadt.

Klassiker und Ginjinhas

Das **Pavilhão Chinês** zählt zum Pflichtprogramm für Besucher, die Einrichtung voller Kuriositäten sollte man gesehen haben. Außerdem ist dies einer der wenigen Orte, an denen man gute Cocktails bekommt. Die **British Bar** ist ein Überbleibsel einer vergangenen Zeit und immer voll. **Portas Largas** wirkt mit seinen Straßenpartys wie der Motor des Bairro Alto – hier treffen sich auch Schwule. *Ginjinha*-Bars gibt es nur in Portugal: kleine Bars, oft nur »Löcher in der Wand«, die meist nichts anderes als *ginjinha* (Sauerkirschlikör mit 18 Prozent Alkohol) ausschenken. Zu empfehlen sind **A Ginjinha** und **Ginjinha Sem Rival**.

Weinbars

In Lissabonner Bars wird selten offener Wein glasweise serviert. Zu den wenigen Lokalen, die das tun, gehört die **Enoteca**. Hier gibt es leckere Snacks zu den hervorragenden portugiesischen und ausländischen Weinen. Auch in der **Néctar Wine Bar** im Herzen der Baixa kann man ein Glas Wein genießen. Im **Lux**, dem führenden Nachtclub in Lissabon, befindet sich seit Kurzem ebenfalls eine Weinbar.

Steht Ihnen der Sinn nach einem Glas Portwein, ist **Solar do Vinho do Porto**, im Besitz des Portwein-Instituts von Porto, eine gute Adresse.

AUF EINEN BLICK

Klassische Cafés

A Brasileira
Rua Garrett 120.
Stadtplan 7 A4.
21 346 95 41.

Casa Suiça
Praça D. Pedro IV 96–101.
Stadtplan 7 B3.
21 321 40 90.

Martinho da Arcada
Praça do Comércio 3.
Stadtplan 7 C5.
21 886 62 13.

Nicola
Praça D. Pedro IV 24–25.
Stadtplan 7 B3.
21 346 05 79.

Park- und Gartencafés

Cafetaria Quadrante
Centro Cultural de Belém,
Praça do Império.
Stadtplan 1 B5.
21 361 24 00.

Jardim da Estrela
Jardim da Estrela, Praça da Estrela. **Stadtplan** 4 D2.

Linha d'Água
Jardim Amália Rodrigues (am Parque Eduardo VII).
Stadtplan 5 B3.
21 381 43 27.

Pão de Canela
Praça das Flores 27.
Stadtplan 4 E2.
21 397 22 20.

Psi
Alameda Santo António dos Capuchos. **Stadtplan** 6 D5. 21 359 05 73.

Moderne Cafés

Café no Chiado
Largo do Picadeiro 10–12.
Stadtplan 7 A4.
21 346 05 01.

LA Caffé
Avenida da Liberdade 129b (Filiale Campo Grande 3a). **Stadtplan** 4 F1. 21 325 67 36.

Magnolia Caffé
Campo Pequeno 2a.
Stadtplan 5 C1.
21 795 98 52.
Avenida da Roma (Kino Londres). **Stadtplan** 6 D1. Avenida Fontes Pereira de Melo (Haus Saldanha).
Stadtplan 5 C4.

Pois, Café
Rua S. João da Praça, 93–95. **Stadtplan** 8 D4.
21 886 24 97.

Vertigo
Travessa do Carmo 4.
Stadtplan 7 A4.
21 343 31 12.

Patisserien

Antiga Confeitaria de Belém
Rua de Belém 84/92.
Stadtplan 1 C4.
21 363 80 77.

Bénard
Rua Garrett 104.
Stadtplan 7 A4.
21 347 31 33.

Confeitaria Nacional
Praça da Figueira 18b.
Stadtplan 7 B3.
21 342 44 70.

Pastelaria Versailles
Avenida da República 15a.
Stadtplan 5 C3.
21 354 63 40.

DJ-Bars

Bicaense
Rua da Bica de Duarte Belo 42a. **Stadtplan** 4 F3.
21 325 79 40.

Clube da Esquina
Barroca 30. **Stadtplan** 4 F2. 21 342 71 49.

Lounge
Rua da Moeda 1.
Stadtplan 4 F3.

Mexe Café
Trombeta. **Stadtplan** 4 F2. 21 347 49 10.

Mini-Mercado
Avenida Dom Carlos I 67.
Stadtplan 4 F3.
96 045 11 98.

Bars im Freien

Bar das Imagens
Calçada Marquês de Tancos 1. **Stadtplan** 7 C3. 21 888 46 36.

Meninos do Rio
Rua da Cintura do Porto de Lisboa, Armazém 255.
Stadtplan 4 E4.
21 322 00 70.

Noobai
Miradouro de Santa Catarina. **Stadtplan** 4 F3. 21 346 50 14.

Op Art
Doca de Santo Amaro.
Stadtplan 3 A5.
21 395 67 87.

Klassiker und Ginjinhas

A Ginjinha
Largo de São Domingos 8.
Stadtplan 7 B3.

British Bar
Rua Bernardino Costa 52.
Stadtplan 7 A5.
21 342 23 67.

Ginjinha Sem Rival
Rua das Portas de Santo Antão 7. **Stadtplan** 7 B2.

Pavilhão Chinês
Rua Dom Pedro V 89.
Stadtplan 4 F2.
21 342 47 29.

Portas Largas
Rua da Atalaia 105.
Stadtplan 4 F2.
21 346 63 79.

Weinbars

Enoteca
Rua da Mãe d'Água.
Stadtplan 4 F1.
21 342 20 79.

Lux
Cais da Pedra, Av. Infante D. Henrique.
Stadtplan 8 F3.
21 882 08 90.

Néctar Wine Bar
Rua dos Douradores 33.
Stadtplan 7 C4.
21 885 01 67.

Solar do Vinho do Porto
Rua de São Pedro de Alcântara 45.
Stadtplan 7 A3.
21 347 57 07.

Stadtplan *siehe Seiten 166–179*

Shopping

L issabon bietet mit seinem Mix aus eleganten Läden, Flohmärkten und modernen Einkaufszentren eine Vielfalt an Shopping-Möglichkeiten. Die gepflasterten Straßen der Baixa und der schicke Chiado sind die Haupteinkaufsgegenden. Die vielen Märkte in Lissabon, Sintra und Cascais eignen sich bestens für einen abwechslungsreichen

Portugiesischer Keramikhahn

Bummel. Wer etwas typisch Portugiesisches sucht, findet etwa Spitze oder die traditionellen handgefertigten Wandteppiche. Werfen Sie unbedingt einen Blick auf Keramikprodukte wie die kunstvoll gearbeiteten Azulejos oder das bekannte Vista-Alegre-Porzellan. Die Weinhandlungen Lissabons offerieren die besten Weine des Landes.

Delikatessenladen im Bairro Alto

Öffnungszeiten

D ie Läden sind in der Regel montags bis freitags von 9 bis 13 und von 15 bis 19 Uhr sowie samstags von 9 bis 13 Uhr geöffnet.

Den Erwartungen der Kunden entsprechend bleiben inzwischen viele Läden, insbesondere diejenigen in der Baixa, während der Mittagszeit und auch samstagnachmittags geöffnet.

Fachgeschäfte haben üblicherweise zwischen 12.30 und 14.30 Uhr geschlossen. Einkaufszentren sind täglich von 10 bis 24 Uhr geöffnet, wobei die meisten Läden um 23 Uhr schließen. Geschäfte mit Waren des täglichen Bedarfs haben normalerweise täglich von 7 bis 2 Uhr geöffnet.

In Portugal gibt es keine landesweit einheitlichen Ladenschlussgesetze, sodass viele Geschäfte, besonders die in touristischen Vierteln, auch sonntags öffnen.

Bezahlung

W as Kreditkarten betrifft, akzeptieren die meisten Läden Visa und MasterCard sowie in geringerem Umfang American Express und Diners Club. Dies gilt jedoch nicht für kleinere Läden abseits der Haupteinkaufsgegenden, diese bestehen auf Barzahlung. Sie können an einem der zahlreichen Geldautomaten (*multibancos*) sowohl mit Kreditkarte als auch mit der girocard (EC-Karte) Bargeld abheben.

Mehrwertsteuer

S eit 1. Januar 2011 beträgt die Umsatzsteuer (IVA = *Imposto sobre o valor acrescentado*) in Portugal 23 Prozent. Der ermäßigte Umsatzsteuersatz (etwa für Grundnahrungsmittel) liegt bei sechs Prozent. Reisende

aus Ländern außerhalb der EU können sich diese bei der Ausreise rückerstatten lassen. Das benötigte Formular heißt *Isenção na Exportação*.

Shopping-Center

M oderne Einkaufszentren erfreuen sich großer Beliebtheit. Hier sind Supermärkte, Läden internationaler Ketten und kleine Fachgeschäfte in riesigen Gebäuden oder Passagen zusammengefasst. **Amoreiras** ist das älteste Shopping-Center, ein Komplex mit zehn Kinos, 300 Läden und 50 Restaurants. Das deutlich kleinere **Dolce Vita Monumental** (vier Kinos, ein Supermarkt, ein Restaurant, eine Bar, einige Boutiquen) liegt in der Nähe der Praça Duque de Saldanha.

Großen Zulauf hat **Armazéns do Chiado**. Hinter der nach dem Brand 1988 wiederaufgebauten historischen Fassade verbirgt sich ein hochmodernes Innenleben. Zum riesigen **Colombo** *(siehe S. 74)* in Benfica gehört auch ein Vergnügungspark.

Weitere Einkaufstempel sind **Vasco da Gama** zwischen dem Bahnhof Oriente und Parque das Nações, **El Corte Inglés**

Das Amoreiras-Shopping-Center mit Filialen zahlreicher internationaler Ketten

Schnäppchenjäger durchstöbern den Nippes auf der Feira da Ladra

am Ende des Parque Eduardo VII sowie **Cascaishopping**, das größte Einkaufszentrum außerhalb Lissabons, das zwischen Sintra und Estoril liegt.

Märkte

In Lissabon finden fast an jedem Wochentag Märkte jeder Couleur und jeder Größe statt – von städtischen Lebensmittelmärkten bis zur berühmten **Feira da Ladra**, dem Flohmarkt auf dem Campo de Santa Clara in Alfama *(siehe S. 35)*. Bei dem großen Angebot an Nippes, Secondhand-Kleidung sowie an Handwerks- und Kunsthandwerksartikeln lassen sich durchaus Dinge entdecken, nach denen es sich zu stöbern lohnt.

An der Estação Oriente finden die **Feira de Antiguidades e Velharias** (Antiquitätenmarkt) statt, in Chiado die **Feira dos Alfarrabistas** (Markt für alte Bücher) und am Cais do Sodré sonntags von 9 bis 13 Uhr die **Feira de Coleccionismo** (Sammlermarkt).

Außerhalb von Lissabon wird auf der **Feira de São Pedro** in Sintra von Kleidung bis hin zu Käse und Geflügel so gut wie alles angeboten. Auf der **Feira de Cascais** und der **Feira de Carcavelos** finden Sie vor allem preiswerte Kleidungsstücke und allem möglichen Schnickschnack, den sowohl Lissabonner als auch Souvenirjäger kaufen. Wenn Sie möglichst früh am Morgen kommen, hält sich das Gedränge noch in Grenzen.

Delikatessen

Es ist fast unmöglich, in Feinkostläden *(charcutarias)* das Warenangebot zu begutachten, ohne Lust zu bekommen, etwas zu kaufen. Die **Charcutaria Brasil** hat köstliche Schlemmereien von fantastischen Käsesorten über appetitliches Räucherfleisch bis zu exquisiten Süßigkeiten im Angebot. Hier erhalten Sie auch regionale Spezialitäten – von Käse wie Serra und Ilhas bis zu Jagdwild wie Rebhuhn. Wenn Sie Süßes mögen, probieren Sie die köstlichen *ovos moles* (süße Eier) oder die getrockneten oder kandierten Früchte. Vergessen Sie auf keinen Fall die köstlichen Elvas-Pflaumen.

Weitere empfehlenswerte Delikatessenläden sind die **Charcutaria Carvalho & Morais** und die **Manuel Tavares**, die sich auf Portwein und Madeira spezialisiert haben.

Celeiro Dieta ist ein guter Naturkostladen, der für sein großes Angebot an biologisch hochwertigen Produkten bekannt ist.

Auf den Wochenmärkten findet man so manche köstliche Spezialität aus den Regionen Portugals.

Wein und Spirituosen

Frischer Fisch auf einem der städtischen Märkte

Portugal bietet eine große Auswahl an exzellenten Weinen und Spirituosen, die in vielen Fachgeschäften in Lissabon zu finden sind. Von leichten *vinhos verdes* bis zu kräftigen *tintos* (Rotweinen), von fruchtigen jungen Portweinen bis zu rotbraunem Madeira, von süßem *amêndoa amarga* (einem Likör aus Bittermandeln) bis zu feurigem *bagaceira* (der portugiesischen Variante des Grappa).

Napoleão, der bekannteste Weinhändler in Lissabon, hat überall in der Stadt Filialen – die älteste ist in der Baixa. Wenn Sie guten Portwein suchen,

sollten Sie zu **Solar do Vinho do Porto** *(siehe S. 54)* im Bairro Alto gehen: Diese etwas muffige Institution ist eigentlich eine Bar, in der Sie die Portweine probieren können, bevor Sie sich für einen entscheiden. Die Fülle der angebotenen Jahrgänge ist atemberaubend. **Garrafeira de Campo de Ourique** ist einer der besten kleineren Weinhändler in Lissabon. Auch **Coisas do Arco do Vinho** hat eine gute Auswahl.

Selbst in den größeren Supermärkten kann man gute und preiswerte Weine und Spirituosen kaufen, denn dort gibt es häufig Sonderangebote. In den Kellern von **J. M. da Fonseca** kann man viele portugiesische Weine verkosten und erwerben.

Die Livraria Bertrand, einer der ältesten Buchläden von Lissabon

Musik und Multimedia

Portugals Musikszene ist überaus vital. Die von der afrikanischen Musik der früheren Kolonien beeinflusste Rockmusik hat internationales Ansehen erlangt. So findet die Musik der Kapverdischen Inseln ihr Pendant in manchen portugiesischen Trends.

Die große musikalische Tradition des Fado *(siehe S. 144f)* ist immer noch allgegenwärtig. Zu den berühmtesten portugiesischen Gruppen zählt Madredeus, die den Fado mit modernen Elementen kombiniert, ohne ihn zu verfälschen. In der **Discoteca Amália** in der Baixa hat man sich auf Fado spezialisiert.

Es gibt zwei große Filialen von **FNAC** in Lissabon. Hier findet man eine sehr große Auswahl an CDs aller Stilrichtungen vor. Auch Hard- und Software sowie Bücher und DVDs kann man bei FNAC gut einkaufen.

Töpferwaren in Setúbal

Buchhandlungen

Portugal erfreut sich einer großen literarischen Tradition mit Autoren wie Luís de Camões, Fernando Pessoa, José Saramago und António Lobo Antunes.

Zu den ältesten Buchhandlungen zählen die **Livraria Bertrand**, die **Livraria Portugal**, beide im Chiado, und die **Livraria Buchholz** nahe der Avenida da Liberdade. Hier finden Sie auch eine große Auswahl an fremdsprachigen Büchern, Taschenbüchern und gebundenen Ausgaben.

Ein interessantes Antiquariat mit großer Auswahl ist die **Feira dos Alfarrabistas**, die jeweils am ersten Sonntag des Monats in Chiado stattfindet.

Mode

Zahlreiche internationale Modeketten sind in Lissabon vertreten, die meisten mit Filialen in den riesigen Shopping-Centern (siehe S. 138f.).

Exklusive Fachgeschäfte, etwa **Rosa & Teixeira**, ein etablierter Schneider für klassische Herrenbekleidung, runden das Angebot ab.

Das Modegeschäft **Loja das Meias** unterhält in ganz Lissabon Zweigstellen. Ausgefallenes, das jedoch entsprechend teuer ist, finden Sie bei **Ana Salazar**, einer der berühmtesten Designerinnen Portugals.

Keramik

Portugals Keramikwaren sind wegen ihrer hohen Qualität berühmt, darunter das feine **Vista-Alegre**-Porzellan. Auch die handbemalten Keramikartikel genießen Ansehen, insbesondere die Produkte der **Fábrica Cerâmica Viúva Lamego** sowie die von **Santana** und **Cerâmica Artística de Carcavelos**. Azulejos werden meist als Mosaik von 16 oder 25 Stück verkauft. Das **Ceramicarte** in Cascais ist eines der größten Einkaufszentren für Keramik. Töpferwaren aus Barcelos zeigen den berühmten Hahn, der zum inoffiziellen Nationalsymbol geworden ist.

Kunsthandwerk

Portugal kann auf eine lange Tradition von Kunsthandwerk (artesanato) zurückblicken, insbesondere Stickerei, Spitzenklöppelei und handgestrickte Wollartikel sowie Gold- und Silberschmuck. In Lissabon liegen zahlreiche Kunsthandwerks- und Geschenkeläden um die Praça dos Restauradores und den Rossio. **Arte Rústica** in der Baixa bietet authentisches Kunsthandwerk an.

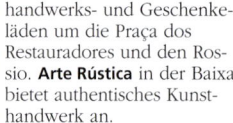
Portugiesisches Kunsthandwerk

Auch **Regionália** in Estoril und **Sintra Bazar** in Sintra sind für Kunsthandwerk bekannt. Im Juli und August kann man bei der **Feira de Artesanato do Estoril** eine große Auswahl an Kunsthandwerk aus ganz Portugal bewundern. Korkschnitzereien, Töpferwaren und anderes Traditionelles gibt es bei **Santos Ofícios**.

Antiquitäten

Antiquitäten sind häufig überteuert, vor allem in Lissabon. Achten Sie auf Läden, die Mitglied der APA (Associação Portuguesa de Antiquários) sind.

Die meisten Antiquitätenhändler befinden sich in der Rua Dom Pedro V im oberen Teil des Bairro Alto oder in der Rua de São Bento sowie rund um die Kathedrale in

Alfama. Dort werden zudem zahlreiche religiöse Artefakte und Souvenirs angeboten. **Solar** hat sich auf kostbare alte Azulejos spezialisiert.

Einige Antiquariate des Bairro Alto bieten schöne Drucke (gravuras) und bibliophile Ausgaben an, etwa die **Livraria Olisipo**.

Ein Besuch der Auktionen von **Cabral Moncada Leilões** (jeden Montagabend) lohnt sich immer. Dies gilt auch für die beliebte Antiquitätenmesse im April.

Azulejos – Keramikkunst

Azulejos sind meist quadratische, bunt bemalte und glasifizierte Keramikfliesen, die ein Mosaikbild formen. Der Name leitet sich vom arabischen Al-zulaij (kleiner Stein) ab. In Portugal findet sich auch die Herleitung von arabisch azul (blau) wegen der überwiegend blauen Farbgebung der Keramikfliesen. Azulejos sind ein Erbe der Mauren auf der Iberischen Halbinsel. Einheimische Handwerker übernahmen die ursprünglich orientalische Keramiktechnik und entwickelten sie weiter. Im 16. Jahrhundert entstand die Majolikatechnik, die eine größere Gestaltungsvielfalt erlaubte. Hierfür wurden die Fliesen mit einer Zinnglasur versehen, auf die die Farben aufgetragen und dann eingebrannt werden konnten.

Die Häufigkeit von Azulejos in Portugal ist einzigartig. Die frühen arabischen Motive waren wegen des Bilderverbots des Islams vor allem geometrischer Natur. Nach der Christianisierung entstanden überwiegend religiöse Motive. Anfang des 16. Jahrhunderts rückten Pflanzen-, Tier- und Schiffsmotive in den Vordergrund. Historismus und Jugendstil brachten die Azulejos zu neuer Blüte.

AUF EINEN BLICK

Shopping-Center

Amoreiras
Avenida Eng. Duarte
Pacheco, Amoreiras.
Stadtplan 5 A5.
℡ 21 381 02 00.
www.amoreiras.com

**Armazéns
do Chiado**
Rua do Carmo 2, Chiado.
Stadtplan 7 B4.
℡ 21 321 06 00.
www.armazensdochiado.
com

Cascaishopping
Estrada Nacional 9,
Alcabideche-Estoril.
℡ 21 012 16 20.
www.cascaishopping.pt

Colombo
Avenida Lusíada, Benfica.
℡ 21 711 36 00/36.
www.colombo.pt

El Corte Inglés
Avenida António Augusto
Aguiar 31.
Stadtplan 5 B5.
℡ 21 371 17 00.
www.elcorteingles.pt

**Dolce Vita
Monumental**
Avenida Fontes Pereira
de Melo 51, Saldanha.
Stadtplan 5 C4.
℡ 21 351 05 00.
www.dolcevita.pt

Vasco da Gama
Avenida Dom João ll,
Parque das Nações.
℡ 21 893 06 00. www.
centrovascodagama.pt

Märkte

**Feira dos
Alfarrabistas**
Chiado.

**Feira de
Antiguidades
e Velharias**
Estação Oriente.

Feira de Carcavelos
Carcavelos.

Feira de Cascais
Cascais.

**Feira de
Coleccionismo**
Mercado da Ribeira,
Avenida 24 de Julho.
Stadtplan 4 F4.

Feira da Ladra
Alfama.
Stadtplan 8 E3.

Feira de São Pedro
Sintra.

Delikatessen

Celeiro Dieta
Avenida António Augusto
de Aguiar 130, Saldanha.
Stadtplan 5 B3.
℡ 21 355 81 64.

**Charcutaria
Brasil**
Rua Alexandre Herculano
90–92, Rato.
Stadtplan 5 C5.
℡ 21 388 56 44.

**Charcutaria
Carvalho & Morais**
Avenida João XXI 54,
Areeiro.
Stadtplan 6 E1.
℡ 21 797 34 12.

Manuel Tavares
Rua da Betesga 1, Baixa.
Stadtplan 7 B3.
℡ 21 342 42 09.

Wein und
Spirituosen

**Coisas do Arco
do Vinho**
Centro Cultural de Belém.
Stadtplan 1 B5.
℡ 21 364 20 31.

**Garrafeira
de Campo
de Ourique**
Rua Tomás de Anunciação
29a, Campo de Ourique.
℡ 21 397 34 94.

J. M. da Fonseca
Vila Nogueira de Azeitão,
Azeitão.
℡ 21 219 75 00.

Napoleão
Rua dos Fanqueiros 70,
Baixa. Stadtplan 7 C4.
℡ 21 887 20 42.

**Solar do Vinho
do Porto**
Rua São Pedro de
Alcântara 45, Bairro Alto.
Stadtplan 7 A3.
℡ 21 347 57 07.
www.ivp.pt

Musik und
Multimedia

Discoteca Amália
Rua Áurea 272, Baixa.
Stadtplan 7 B4.
℡ 21 342 09 39.

FNAC
Rua Nova do Almada 102,
Chiado. Stadtplan 7 B4
℡ 21 322 18 00.

Buchhandlungen

Livraria Bertrand
Rua Garrett 73, Chiado.
Stadtplan 7 A4.
℡ 21 347 61 22.

Livraria Buchholz
Rua Duque de Palmela 4,
Marquês Pombal.
Stadtplan 5 C5.
℡ 21 353 50 95.

Livraria Portugal
Rua do Carmo 70–74,
Chiado.
Stadtplan 7 B4.
℡ 21 347 49 82.

Mode

Ana Salazar
Rua do Carmo 85–87,
Chiado.
Stadtplan 7 B3.
℡ 21 347 22 89.

Loja das Meias
Rua Castilho 39.
Stadtplan 4 F1.
℡ 21 371 03 03.

Rosa & Teixeira
Avenida da Liberdade 204,
Avenida.
Stadtplan 5 C5.
℡ 21 311 03 50.

Keramik

**Cerâmica Artística
de Carcavelos**
Avenida Loureiro 47b,
Carcavelos.
℡ 21 456 32 67.

Ceramicarte
Largo da Assunção 3–4,
Cascais.
℡ 21 484 01 70.

Fábrica Cerâmica
Viúva Lamego
Largo do Intendente 25.
Stadtplan 7 C1.
℡ 21 885 24 08.

Santana
Rua do Alecrim 95,
Chiado.
Stadtplan 7 A5.
℡ 21 342 25 37.

Vista Alegre
Largo do Chiado 20–21,
Chiado.
Stadtplan 7 A4.
℡ 21 346 14 01.

Kunsthandwerk

Arte Rústica
Rua do Ouro 246–248,
Baixa. Stadtplan 7 B4.
℡ 21 342 11 27.

Regionália
Arcadas do Parque 27,
Estoril.
℡ 21 468 16 19.

Santos Ofícios
Rua da Madalena 87,
Baixa.
Stadtplan 7 C4
℡ 21 887 20 31.

Sintra Bazar
Praça da República 37,
Sintra.
℡ 21 924 82 45.

Antiquitäten

**Cabral Moncada
Leilões**
Rua Miguel Lupi 12,
Estrela.
Stadtplan 4 E2.
℡ 21 395 47 81.

Livraria Olisipo
Largo Trindade Coelho
7–8, Bairro Alto.
Stadtplan 7 A3.
℡ 21 346 27 71.

Solar
Rua Dom Pedro V 68–70,
Bairro Alto.
Stadtplan 4 F2.
℡ 21 346 55 22.

Stadtplan siehe Seiten 166–179

Unterhaltung

Für eine relativ kleine Hauptstadt bietet Lissabon sehr viele kulturelle Veranstaltungen. Von Klassik- und Opernaufführungen über Fado-Abende bis hin zu Rockkonzerten ist alles dabei. Auch Ballett und moderner Tanz sind gut vertreten. Der Stiftung Gulbenkian, der früher der einzige Großmäzen war, stehen nun auch andere private und staatliche Sponsoren zur Seite. Fußball ist eine traditionelle Leidenschaft der Portugiesen. Man spürt es bei den Heimspielen der großen Clubs. Das Nachtleben Lissabons sticht so manche andere Hauptstadt aus.

Tickets

Tickets können telefonisch bei der Agência de Bilhetes para Espectáculos Públicos (**ABEP**) reserviert werden. Beim Abholen ist allerdings Barzahlung erwünscht. Nur manche Kinos und Theater nehmen Reservierungen über die Kreditkartennummer an.

ABEP-Kiosk: Kartenvorverkauf an der Praça dos Restauradores

Information

Veranstaltungstermine, Rezensionen und Listen von Bars und Clubs findet man in den großen Zeitungen. Die Tourismusbüros bieten kostenlose englischsprachige Infos an, darunter das monatlich erscheinende *Follow Me Lisboa*. Ebenfalls kostenlos ist die portugiesische *Agenda Cultural*.

Kino und Theater

Cineasten werden sich in Lissabon wohlfühlen. Die meisten Filme laufen im Original mit portugiesischen Untertiteln. Die Karten sind relativ preiswert. Leider mussten viele der traditionellen kleinen Kinos den großen Multiplexen weichen. Hier werden Hollywood-Blockbuster gezeigt, während Kinos wie das **King Triplex** sich auf europäische Filme spezialisiert haben. In der **Cinemateca Portuguesa** kann man Klassiker und Retrospektiven sehen. Die Programme liegen auch in den Tourismusbüros aus.

Die meisten Theateraufführungen sind auf Portugiesisch, doch in größeren Häusern wie dem **Teatro Nacional Dona Maria II** und dem **Teatro da Trindade** finden auch viele Gastspiele ausländischer Ensembles statt. Das weniger formelle **Chapitô** bietet gelegentlich auch Open-Air-Aufführungen.

Klassische Musik, Oper und Tanz

Das **Centro Cultural de Belém** (*siehe S. 68*) und die **Fundação Calouste Gulbenkian** (*siehe S. 76–79*) sind Schauplatz von Konzerten, Opern und Ballettaufführungen. Das **Teatro Nacional de São Carlos** ist Portugals Nationaloper, in der eigene Inszenierungen, aber auch Gastspiele zu sehen sind. Das **Teatro Camões** ist die Heimat des Sinfonieorchesters und des Nationalballetts. Im **Coliseu dos Recreios** steht ein gemischtes Programm auf dem Spielplan.

Clowns im Chapitô, der Zirkusschule in der Alfama

World Music, Jazz, Pop und Rock

Lissabons Seele ist der Fado, doch auch andere musikalische Einflüsse sind in der Stadt deutlich spürbar. Afrikanische Musik, vor allem aus der ehemaligen Kolonie Kap Verde, nimmt einen besonderen Platz in der Lissabonner Musikszene ein. Oft treten die Bands im **Enclave** auf.

Der **Hot Clube** mit seiner anheimelnden Atmosphäre ist Lissabons ältester und

Das Orchester der Fundação Calouste Gulbenkian

Brasilianische Klänge im Pé Sujo

bekanntester Jazzclub. Das **Speakeasy** ist jünger und etwas größer und bietet regelmäßig Jazz- und Blueskonzerte.

Große Rock- und Popkonzerte finden meist in Fußballstadien statt. Hallen wie der **Pavilhão Atlântico** und das Coliseu dos Recreios sind ebenfalls beliebte Konzertorte.

Bars und Clubs

Bairro Alto ist bei Nachtschwärmern das beliebteste Viertel, obwohl die meist kleinen Bars dort nur selten eine Tanzfläche haben und erst sehr spät öffnen. Zu den Ausnahmen gehört der älteste Club im Bairro Alto, das **Frágil**, das nach 20 Jahren Existenz immer noch wegweisend ist.

Größere, auf Mainstream ausgelegte Clubs sind das **Kremlin** und das **Kapital**. Ersteres ist ein lange etablierter House-Club, Letzteres eine eher durchschnittliche Disco.

In Alcântara stößt man auf das anspruchsvolle **W** und auf **Alcântara-Mar**, während man weiter östlich – beim Bahnhof Santa Apolónia – zum bekanntesten Club der Stadt, dem **Lux**, gelangt.

Weitere Infos zu Bars in Lissabon sowie in Estoril, Cascais und Sintra finden Sie auf den Seiten 136f.

Sport-Events

Portugal war 2004 Gastgeber der Fußball-EM. Die beiden großen Fußballclubs in Lissabon, Sporting und Benfica, bauten zu diesem Anlass neue Stadien, das **Estádio José Alvalade** und das **Estádio da Luz**.

Das Pokalfinale des portugiesischen Fußballverbands und die Estoril Tennis Open werden im **Estádio Nacional-Jamor** ausgetragen. Hallensport wie Tennis, Volleyball und Basketball findet im Pavilhão Atlântico statt. Motorsportfreunde zieht es nach Estoril zum **Autódromo Fernanda Pires da Silva**.

AUF EINEN BLICK

Tickets

ABEP
Praça dos Restauradores.
Stadtplan 7 A2.
☎ 21 342 53 60.

FNAC
Colombo Shopping-Center, Avenida Lusíada, Benfica.
☎ 707 313 435.

Kino und Theater

Chapitô
Costa do Castelo 7.
Stadtplan 7 C3.
☎ 21 886 73 34.

Cinemateca Portuguesa
Rua Barata Salgueiro 39.
Stadtplan 5 C5.
☎ 21 359 62 62.

King Triplex
Avenida Frei Miguel Contreiras 52a. **Stadtplan** 6 E1. ☎ 21 848 08 08.

Teatro Nacional Dona Maria II
Praça Dom Pedro IV.
Stadtplan 7 B3.
☎ 21 325 08 00.

Teatro da Trindade
Largo da Trindade 9.
Stadtplan 7 A3.
☎ 21 342 32 00.

Klassische Musik, Oper und Tanz

Centro Cultural de Belém
Praça do Império.
Stadtplan 1 C5.
☎ 21 361 24 00.
www. ccb.pt

Coliseu dos Recreios
Rua das Portas de Santo Antão 92. **Stadtplan** 7 A2. ☎ 21 324 05 80.

Fundação Calouste Gulbenkian
Avenida de Berna 45.
Stadtplan 5 B2.
☎ 21 782 30 00.
www.gulbenkian.pt

Teatro Camões
Parque das Nações.
☎ 21 892 34 77.

Teatro Nacional de São Carlos
Rua Serpa Pinto 9.
Stadtplan 7 A4.
☎ 21 325 30 00.
www.saocarlos.pt

World Music, Jazz, Pop und Rock

Enclave
Rua do Sol ao Rato 71a.
Stadtplan 4 D1.
☎ 21 388 87 38.

Hot Clube
Travessa da Galé 36.
Stadtplan 4 F1.
☎ 21 361 97 40.

Pavilhão Atlântico
Parque das Nações.
☎ 21 891 84 09.

Speakeasy
Cais das Oficinas, Armazém 115, Rocha Conde d'Óbidos.
Stadtplan 4 D4.
☎ 21 396 42 57.

Bars und Clubs

Alcântara-Mar
Rua da Cozinha Económica 11.
☎ 21 346 52 50.

Frágil
Rua da Atalaia 128.
Stadtplan 4 F2.
☎ 21 346 95 78.

Kapital
Avenida 24 de Julho 68.
Stadtplan 4 E3.
☎ 21 395 71 01.

Kremlin
Escadinhas da Praia 5.
Stadtplan 4 D3.
☎ 21 395 71 01.

Lux
Avenida Infante Dom Henrique.
Stadtplan 8 D5.
☎ 21 882 08 90.

W
Rua Maria Luísa Holstein 13. **Stadtplan** 3 A4.
☎ 21 363 68 30.

Sport-Events

Autódromo Fernanda Pires da Silva
Alcabideche, bei Estoril.
☎ 21 460 95 00.
www.circuito-estoril.pt

Estádio José Alvalade
(Sporting) Rua F. Stromp 2. ☎ 21 751 60 00.

Estádio da Luz
(Benfica) Avenida General Norton Matos 1500.
☎ 21 721 95 00.

Estádio Nacional-Jamor
Cruz Quebrada.
☎ 21 414 60 30.

Stadtplan siehe Seiten 166–179

Fado – Weltschmerz aus Lissabon

Genau wie der Blues ist der Fado Ausdruck von Sehnsucht und Trauer. Fado bedeutet wörtlich übersetzt »Schicksal« und wird für ein einzelnes Lied ebenso benutzt wie für die Gattung. Viel verdankt diese Musik der *saudade*, jenem Lebensgefühl gewordenen Seelenschmerz der Portugiesen, der die verzweifelte Suche nach etwas nie Gehabtem oder für immer Verlorenem widerspiegelt. Seit über 150 Jahren hört man die melancholischen Töne nahezu unverändert durch Lissabons Gassen wehen. Fado wird von Männern oder Frauen gesungen, immer aber von *guitarra* und *viola* begleitet. In Coimbra entstand eine weniger düstere Form des Fado.

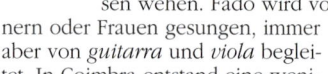
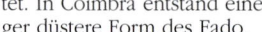
Guitarrista

In den 1920er Jahren galt der Fado als dekadent

Weibliche *fadistas* tragen zum Gedenken an Maria Severa einen schwarzen Schal.

Der *guitarrista* spielt die Melodie und legt gelegentlich ein Instrumentalsolo ein.

Maria Severa *(1810–1836) war die erste große* fadista *und Titelfigur des ersten portugiesischen Tonfilms (1931). Ihr skandalumwittertes Leben und ihr früher Tod haben die Geschichte des Fado wesentlich geprägt und neben dem Gesang auch Literatur und Theater inspiriert.*

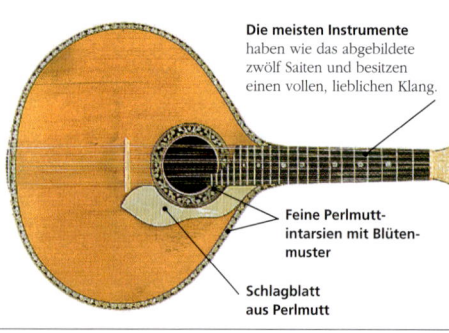

Die meisten Instrumente haben wie das abgebildete zwölf Saiten und besitzen einen vollen, lieblichen Klang.

Feine Perlmuttintarsien mit Blütenmuster

Schlagblatt aus Perlmutt

Guitarra

Die portugiesische *guitarra* ist ein mandolinenförmiges Instrument mit flachem Korpus und acht, zehn oder zwölf paarweise angeordneten Saiten. Seit dem 19. Jahrhundert hat sich das Instrument von einem schmucklosen zu einem oft kostbar dekorierten entwickelt. Der Klang der *guitarra* ist wesentlicher Bestandteil eines guten Fado und untermalt und stützt die Melodie des Gesangs.

Alfredo Duarte *(1891–1982) hat viele Fados geschrieben, die von Liebe, Tod, Sehnsucht, Trauer und Triumph handeln.* O Marceneiro *(Tischler), wie man ihn wegen seiner handwerklichen Begabung nannte, wird noch heute sehr verehrt. Seine Texte gehören ins Repertoire eines jeden* fadista.

Amália Rodrigues *(1921–1999), die dem Fado in den Nachkriegsjahren eine eigene Prägung gab und ihn weltweit bekannt machte, wird in Portugal wie eine Nationalheldin verehrt.*

Der Fado *kann sich auf die unterschiedlichsten Themen beziehen. Dieses Lied von 1910 beispielsweise feiert die junge liberale Republik. Obwohl schon 1904 die ersten Schallplatten aufgenommen wurden, sorgten vor allem solche Notenblätter für die weite Verbreitung.*

Die Gitarre *(portug.* viola*) dient ausschließlich zur rhythmischen Begleitung.*

Die schmerzvollen Klänge *haben Schriftsteller und Maler inspiriert.* O Fado *(1910) von José Malhôa (1855–1933) zeigt, wie der* fadista *die Zuhörerin vollkommen in seinen Bann zieht.*

Fado-Häuser

Die besten Fado-Häuser werden in der Regel von den *fadistas* selbst geführt. Bei ihnen überwiegt die Liebe zur Musik das kommerzielle Interesse – das Parreirinha de Alfama etwa gehört Argentina Santos *(großes Bild links)*. Hier lebt die Tradition des Fado fort, der in Alfama entstand, wo Cafés der Musik des Volkes ein Zuhause boten. In solchen Lokalen bekommt man außer Unterhaltung auch gutes Essen und vielleicht sogar Einblicke in die Volksseele geboten.

FADO IN LISSABON

Alle Lokale bieten Essen, Wein und Musik. Lohnenswert ist ein Besuch des Museu do Fado mit einer Ausstellung über die Geschichte des Fado.

Arcadas do Faia
Rua da Barroca 54–56. **Stadtplan** 4 F2. 21 342 67 42.

Bacalhau de Molho
Beco dos Armazéns do Linho 2. **Stadtplan** 8 E4. 21 886 50 88.

Clube de Fado
Rua São João da Praça 92. **Stadtplan** 8 D4. 21 885 27 04.

Parreirinha de Alfama
Beco do Espírito Santo 1. **Stadtplan** 7 E4. 21 886 82 09.

Restaurant Museu do Fado
Largo do Chafariz de Dentro 1. **Stadtplan** 8 E4. 963 156 978.

Senhor Vinho
Rua do Meio à Lapa 18. **Stadtplan** 4 D3. 21 397 74 56.

Stadtplan *siehe Seiten 166–179*

Grund-
informationen

Praktische Hinweise

Lissabon ist in den letzten Jahren immer moderner und kosmopolitischer geworden – mit allen Vor- und Nachteilen. Die Stadt ist heute viel besser auf Besucher eingestellt. Es gibt eine Reihe professioneller Tourismusbüros, darunter das Lisboa Welcome Center in der Baixa

Logo der Tourismusbüros

sowie Ask me Lisboa in Restauradores. Doch Lissabon ist auch teurer, verkehrsreicher und vielleicht etwas weniger exzentrisch geworden. Möchte man das alte Lissabon kennenlernen, sollte man sich Alfama ansehen. Das geht am besten zu Fuß oder – angesichts der steilen Hügel – mit der Tram.

Frontansicht des Museu Nacional de Arqueologia in Lissabon

Information

Die nationale Tourismusbehörde **Turismo de Portugal**, I.P., betreut die Website www.visitportugal.com, auf der Sie – ebenso wie telefonisch – Informationsmaterial anfordern können. Die Tourismusbüros vor Ort heißen entweder **Lisboa Welcome Center** oder **Ask me Lisboa**. In Lissabon gibt es Büros im Zentrum (Praça do Comércio und Praça dos Restauradores), am Bahnhof Santa Apolónia und am Flughafen sowie Kioske in der Rua Augusta und in Belém.

Die Adressen der Tourismusbüros in der Umgebung von Lissabon stehen in diesem Reiseführer in den Informationen am Beginn der Einträge zu den jeweiligen Orten.

Einreise und Zoll

Bürger der EU und der Schweiz brauchen lediglich einen gültigen Ausweis oder Pass, um nach Portugal einzureisen. Ein Aufenthalt von mehr als sechs Monaten erfordert eine Wohnerlaubnis.

Besucher aus der EU und der Schweiz dürfen Dinge für den privaten Gebrauch zollfrei einführen. Die Einfuhrbestimmungen für Tabak, Alkohol, Parfüm etc. entsprechen denen der anderen EU-Länder. Für Nicht-EU-Bürger ist die zollfreie Einfuhr von Waren beschränkt.

Eintrittskarten

Sprache

Geschriebenes Portugiesisch ähnelt dem Spanischen. Wenn Sie Spanisch beherrschen, wird es Ihnen nicht schwerfallen, portugiesische Texte zu lesen. Gesprochen hört sich Portugiesisch allerdings ganz anders an. Portugiesen werden nicht gern auf Spanisch angesprochen, doch immer mehr Portugiesen sprechen Englisch. Vielleicht versuchen Sie es in dieser Sprache und flechten ein paar Floskeln auf Portugiesisch ein. Einen Sprachführer mit den wichtigsten Redewendungen finden Sie auf den Seiten 191f.

Eintrittspreise

Fast alle Museen und Denkmäler, abgesehen von Kirchen, verlangen Eintritt. Im Sommer ist er meist höher als im Winter, am Sonntagvormittag dagegen oft kostenlos. Senioren und Kinder unter 14 Jahren erhalten eine Ermäßigung von 40 Prozent, Reisende unter 26 Jahren mit einem *Cartão Jovem* (Jugendausweis; www.geracao-c.com) oder einem internationalen Studentenausweis (ISIC = International Student Identity Card; www.isic.org) eine Ermäßigung von 50 Prozent.

Die Lisboa Card *(siehe S. 158)* umfasst den kostenlosen oder stark ermäßigten Eintritt zu den staatlichen Museen ebenso wie die kostenlose Benutzung aller öffentlichen Verkehrsmittel Lissabons *(siehe S. 158–161)*.

Öffnungszeiten

Die meisten größeren Museen haben von 10 bis 17 Uhr geöffnet mit einer Mittagspause zwischen 12 und 14 Uhr oder 12.30 und 14.30 Uhr. Kleinere Museen haben abweichende Öffnungszeiten. Staatliche Museen und einige Sehenswürdigkeiten bleiben in der Regel montags und an Feiertagen geschlossen.

Größere Kirchen gewähren den ganzen Tag über Zutritt, manche schließen auch einige Stunden zwischen 12 und 16 Uhr. Nur wenige kleinere Kirchen öffnen ausschließlich für Gottesdienste.

◁ **Blick auf Lissabon, im Vordergrund der Elevador de Santa Justa** *(siehe S. 46)*

Behinderte Reisende

Die Gegebenheiten haben sich in letzter Zeit deutlich verbessert. Es gibt einige Busse, in die man mit dem Rollstuhl einsteigen kann. Sie sind mit einem weißen Rollstuhlzeichen gekennzeichnet. Rampen und Lifte findet man jetzt an vielen öffentlichen Plätzen und Gebäuden, etwa in Shopping-Centern, Theatern, Museen sowie in Bahnhöfen und Metro-Stationen. Allerdings ist es in Letzteren nicht immer einfach, durch die Sperren zu kommen. Behindertengerechte Toiletten findet man am Flughafen und in großen Bahnhöfen. Oft sind auch Behindertenparkplätze ausgewiesen.

Die Benutzung der Braille-Schrift für Sehbehinderte ist auf dem Vormarsch.

Leider kann man nicht verschweigen, dass besonders die Altstadt von Lissabon mit ihren steilen Anstiegen und Treppen mit dem Rollstuhl schwer zu bewältigen ist. Eine Anzahl von Veranstaltern, z. B. **Accessible Portugal**, **Runa Reisen** und **Choose Portugal**, bieten Reisen nach Lissabon an, die speziell auf Besucher mit besonderen Bedürfnissen zugeschnitten sind.

Zeit

In Portugal gilt die Greenwich Mean Time (GMT). Es ist also eine Stunde früher als in vielen europäischen Ländern mit Mitteleuropäischer Zeit (MEZ) – 11 Uhr in Lissabon entspricht 12 Uhr in Berlin. Zeitgleich mit Deutschland werden vom letzten Sonntag im März bis zum letzten Sonntag im Oktober auch in Portugal die Uhren um eine Stunde vorgestellt.

Elektrizität

Die elektrische Spannung in Portugal beträgt wie überall in Europa 230 Volt, 50 Hz. Flache zweipolige Stecker passen immer.

Umweltbewusst reisen

Auch in Lissabon sind Klimawandel und Umweltbewusstsein immer mehr ein Thema. So wird seit einiger Zeit Abfall getrennt. Überall in der Stadt stehen »Müllinseln«, die Behälter für Papier sind – wie bei uns – blau, die für Plastik und Metall gelb, die für Glas grün. Für die Weihnachtsbeleuchtung der Stadt, auf die man nicht verzichten wollte, wurden an die

Biokuchen bei Quinoa

drei Millionen Energiesparlampen eingesetzt.

Das Inspira Santa Marta *(siehe S. 118)* ist Lissabons erstes Ökohotel. Es wurde mit dem Green Globe Certificate ausgezeichnet, u. a. weil es beim Bau auf umweltfreundliche Materialien wie Holz und Stein setzte und mit viel Glas dafür sorgt, dass Sonnenwärme und Tageslicht maximal genutzt werden können. Die Küche des Restaurants verarbeitet Bioprodukte.

Auch immer mehr Läden setzen auf Bioprodukte. So ist das Brot der Bäckerei **Quinoa** im Zentrum zu 100 Prozent aus biologisch erzeugten Zutaten gemacht. Frische Bioprodukte kann man auf dem Samstagsmarkt auf der Praça do Príncipe Real kaufen.

AUF EINEN BLICK

Information

Tourismusbüros:
Ask me Lisboa /
Lisboa Welcome
Center
Rua do Arsenal 23 (Ecke Praça do Comércio), 1100-038. **Stadtplan** 7 B5.
[21 031 27 00.
○ tägl. 9–20 Uhr.
www.visitlisboa.com
www.askmelisboa.com

Lisbon Shop
Rua do Arsenal 15.
Stadtplan 7 B5.
[21 031 28 20.
○ tägl. 9.30–19.30 Uhr.

Palácio Foz
Praça dos Restauradores.
Stadtplan 7 A2.
[21 346 33 14.
○ tägl. 9–20 Uhr.

Belém

Monasterio dos Jerónimos (Kiosk). **Stadtplan** 1 C4.
[21 365 84 35.
○ Mo–Sa 10–13, 14–18 Uhr.

Rua Augusta
Rua Augusta (Kiosk).
Stadtplan 1 C4.
[21 325 91 31.
○ tägl. 10–13, 14–18 Uhr.

Flughafen
[21 845 06 60.
○ tägl. 7–24 Uhr.

Bahnhof St. Apolónia
Stadtplan 8 F3.
[21 882 16 06.
○ Mo–Sa 8–13 Uhr.

Turismo de Portugal
www.visitportugal.com

Botschaften

Deutschland
Campo dos Mártires da Pátria 38,
1169-043 Lisboa.
Stadtplan 6 D5.
[21 881 02 10.
www.lissabon.diplo.de

Österreich
Avenida Infante Santo 43,
1399-046 Lisboa.
Stadtplan 3 C3.
[21 394 39 00.
www.aussenministerium.at/lissabon

Schweiz
Travessa do Jardim 17,
1350-185 Lisboa.
Stadtplan 3 C2.
[21 394 90 90.
www.eda.admin.ch/lisbon

Behinderte Reisende

Accessible Portugal
Rua João Freitas Branco 21d, 1500-714 Lissabon.
[21 720 31 30.
www.accessibleportugal.com

Choose Portugal
www.chooseportugal.com

Runa Reisen
www.runa-reisen.de

Umweltbewusst reisen

Quinoa
Rua do Alecrim 54,
Chiado, 1200-018 Lisboa.
Stadtplan 7 A4.
[21 347 39 26.

Stadtplan *siehe Seiten 166–179*

Sicherheit und Notfälle

Apothekenschild

Trotz der vergleichsweise niedrigen Kriminalitätsrate sollte man auch in Portugal die üblichen Vorsichtsmaßnahmen walten lassen, z. B. keinerlei Wertsachen im geparkten Auto liegen lassen. Besondere Achtsamkeit vor Taschendieben ist in Menschenmengen und in überfüllten öffentlichen Verkehrsmitteln angezeigt. Die Polizei ist hilfreich, arbeitet aber bürokratisch. Bei ernsthaften medizinischen Problemen wählen Sie die internationale Notrufnummer 112, bei leichteren Beschwerden berät man Sie in der Apotheke.

Polizei

In Lissabon und in anderen größeren Städten sorgt die *Policía de Segurança Pública* (PSP) für die öffentliche Sicherheit und Ordnung. Eine Unterabteilung der PSP patrouilliert in Lissabons Bahnhöfen und Metro-Stationen, vor allem nachts. Auf dem Land ist die Sicherheit in der Hand der *Guarda Nacional Republicana* (GNR). Eine Abteilung der GNR, die *Brigada de Trânsito*, erkennbar an der roten Armbinde, ist für den Verkehr zuständig.

Am Palácio Foz an der Praça dos Restauradores gibt es eine Touristenpolizei *(siehe S. 151)*, wo man auf jeden Fall Englisch, unter Umständen auch Deutsch spricht und auf die Belange von Besuchern eingestellt ist. In Eisenbahn- und Metro-Wagen steht ein Telefon für Notfälle zur Verfügung.

Diebstahl und Unfall

Einen Diebstahl sollten Sie sofort auf dem nächsten Polizeirevier anzeigen. Bei Verlust von Dokumenten wie dem Reisepass oder dem Personalausweis verständigen Sie zudem Ihre Botschaft. Viele Versicherungsgesellschaften verlangen, dass man den Diebstahl innerhalb von 24 Stunden meldet. Den Polizeibericht müssen Sie der Versicherung für eine Kostenerstattung vorlegen. In den Städten ist dafür die PSP, auf dem Land die GNR zuständig.

Bewahren Sie Ruhe und bleiben Sie höflich, um unnötige Verzögerungen zu vermeiden. Bei einem Autounfall auf dem Land kann man Sie auffordern, den anderen Fahrer zur Erledigung der notwendigen Formalitäten zum nächsten Polizeirevier zu begleiten. Bitten Sie gegebenenfalls um einen Dolmetscher.

Persönliche Sicherheit

Gewaltverbrechen sind in ganz Portugal, aber auch in der Hauptstadt Lissabon äußerst selten. Der Großteil der Urlauber kommt damit nicht in Berührung. Dennoch sollte man sich an die üblichen Vorsichtsmaßnahmen halten.

Wenig belebte Viertel wie die Baixa meiden Sie besser nach Einbruch der Dunkelheit. In Alfama, im Bairro Alto und in Cais do Sodré ist es keine gute Idee, nachts allein spazieren zu gehen. Tagsüber sollte man vor Taschendieben und – seltener – vor Handtaschenräubern auf der Hut sein.

Vermeiden Sie es auch, nachts Geld an einem Geldautomaten an einer dunklen, unbelebten Ecke abzuheben. Am besten ist es, einen Geldautomaten in einer Bankfiliale tagsüber zu nutzen.

Wenn Sie in einigen Vierteln »angemacht« oder verbal provoziert werden – achten Sie nicht darauf: In der Regel ist das nicht so gefährlich, wie es manchmal den Anschein hat.

Ansonsten gilt das übliche Verhalten: Tragen Sie nicht zu viel Bargeld bei sich, lassen Sie keine Wertsachen im Auto, achten Sie auf Kamera und Handy. Wenn Sie Opfer eines Diebstahls werden, leisten Sie keine Gegenwehr: Händigen Sie Wertsachen aus.

Vorsorge

Für Portugal sind keine besonderen Impfungen erforderlich. Das Leitungswasser kann man überall bedenkenlos trinken, auch wenn es in Lissabon nicht besonders gut schmeckt.

Von Mücken geht zwar nirgendwo eine Gefahr aus, dennoch können sie lästig sein. Im Sommer ist es also durchaus sinnvoll, ein Insektenschutzmittel dabeizuhaben. Zu jeder Jahreszeit dagegen sollten Sie sich gegen die Sonne schützen. Wählen Sie ein Mittel mit hohem Lichtschutzfaktor und tragen Sie in der prallen Sonne eine Kopfbedeckung. Nehmen Sie ausreichend Flüssigkeit zu sich.

Verkehrspolizist

PSP-Polizist

GNR-Polizist

Krankenwagen

Feuerwehrwagen

Polizeiwagen

Notfälle

Die Notrufnummer ist 112. Nachdem Sie die Nummer gewählt haben, geben Sie an, welche Hilfe Sie benötigen: Polizei *(polícia)*, Krankenwagen *(ambulância)* oder Feuerwehr *(bombeiros)*. Ist ärztliche Hilfe nötig, fahren Sie zur Notaufnahme *(serviço de urgência)* des nächsten Krankenhauses.

Auf Autobahnen und Hauptverkehrsstraßen kann man bei einem Unfall Hilfe über die orangefarbenen Notrufsäulen anfordern (es wird Portugiesisch gesprochen). Drücken Sie zunächst den Knopf, dann meldet sich die Vermittlung, die Sie weiterverbinden wird.

Medizinische Versorgung

Alle EU-Bürger genießen in Portugal aufgrund des europäischen Sozialversicherungsabkommens Krankenversicherungsschutz, wenn sie gesetzlich versichert sind und die Europäische Krankenversicherungskarte (EHIC) mitführen. Unabhängig davon wird empfohlen, eine Auslandsreise-Krankenversicherung abzuschließen, die

Risiken abdeckt, die von den gesetzlichen Kassen nicht übernommen werden (z. B. Rücktransport, Behandlung bei Privatärzten).

Im **British Hospital** in Lissabon sprechen die Ärzte Englisch, ebenso in den internationalen Gesundheitszentren in Estoril und Cascais an der Costa do Estoril. An der Algarve gibt es auch Deutsch sprechende Ärzte (Hinweise in den Tageszeitungen).

Apotheken

Eine Apotheke *(farmácia)* kann man leicht an ihrem grünen Kreuz erkennen. Apotheker sind bei der Diagnose kleinerer gesundheitlicher Probleme behilflich und können auch die entsprechende Behandlung vorschlagen. Apotheken dürfen Medikamente verkaufen, die in anderen Ländern rezeptpflichtig sind. Sie haben montags bis freitags von 9 bis 13 und von 15 bis 19 Uhr, samstags von 9 bis 13 Uhr geöffnet. Ein Aushang zeigt die nächste Notdienst habende Apotheke an.

Rechtsbeistand

Eine Rechtsschutzversicherung oder die Mitgliedschaft in einem Automobilclub hilft bei einem Autounfall, um Rechtsansprüche geltend zu machen. Haben Sie keine Versicherung abgeschlossen, können Sie sich an die Botschaft wenden oder an die **Ordem dos Advogados** (Rechtsanwaltskammer), die Ihnen auf Wunsch Deutsch sprechende Anwälte vermittelt.

Ein Verzeichnis von Dolmetschern finden Sie in den Gelben Seiten des Telefonbuchs *(Páginas Amarelas)* unter der Rubrik *Tradutores e Intérpretes.* Oder Sie kontaktieren die in Lissabon ansässige Firma **AP Portugal**.

Öffentliche Toiletten

Auf Portugiesisch heißen Toiletten *casa de banho*. Sind die üblichen Symbole für Damen- und Herrentoiletten nicht vorhanden, halten Sie Ausschau nach den Wörtern *homens* (Herren) und *senhoras* (Damen). Auf Autobahnen gibt es alle 25 bis 40 Kilometer in Raststätten oder Rastplätzen Toiletten. Die Benutzung der Damentoiletten ist zuweilen kostenpflichtig, Herrentoiletten kosten nichts.

Öffentliche Toiletten findet man auch in modernen Shopping-Centern und in Bahnhöfen. Außerdem stehen in Lissabon Toilettenhäuschen, die mit Münzen betrieben werden. In Cafés und Restaurants ist es höflich zu fragen, ob man die Toilette benutzen darf, wenn man nicht Gast ist.

AUF EINEN BLICK

Notrufnummern

Euro-Notruf (Polizei, Feuerwehr, Krankenwagen)
☎ 112.

Zentrales Polizeirevier
Largo do Regedor 2, Rossio, Lissabon. **Stadtplan** 7 B3.
☎ 21 342 73 80.

Touristenpolizei
Palácio Foz, Restauradores, Lissabon. **Stadtplan** 7 A3.
☎ 21 342 16 23/34.

Krankenhaus und Apotheken

British Hospital
Rua Tomás da Fonseca, Edifício B, Lissabon. ☎ 21 721 34 00.

Farmácia Barral
Rua Augusta 225, Baixa, Lissabon. **Stadtplan** 7 B3.

Farmácia Estácio
Praça D. Pedro IV 61, Rossio, Lissabon. **Stadtplan** 7 B3.

Rechtsbeistand

AP Portugal
Avda João Crisóstomo 30–5°, Lissabon. **Stadtplan** 5 B3.
☎ 21 330 37 59.

Ordem dos Advogados
Largo de São Domingos 14, 1°, Lissabon. **Stadtplan** 7 B3.
☎ 21 887 56 21.

Stadtplan *siehe Seiten 166–179*

Banken und Währung

Logo der BPI-Bank

Portugal gehört zu den Gründungsstaaten der europäischen Währungsunion und hat 2002 den Euro eingeführt. Waren früher Reiseschecks das zuverlässigste Zahlungsmittel, so haben sich heute auch in Portugal die gängigen Kreditkarten oder Bankkarten wie die girocard (EC-Karte) im Alltag durchgesetzt. Ob im Hotel, Restaurant oder in größeren Läden: Überall werden die Karten akzeptiert. Geldautomaten findet man in ganz Lissabon. Wer Geld tauschen muss, findet in der Rua Áurea in der Baixa, wo sich Bank an Bank reiht, die beste Gelegenheit dazu.

Bankhausfassade, Rua do Ouro

Öffnungszeiten der Banken

Banken haben in der Regel montags bis freitags von 8.30 bis 15 Uhr geöffnet, in den Stadt- und Ferienzentren oft bis 18 Uhr. Manche Banken öffnen auch am Samstagvormittag, aber die meisten bleiben am Wochenende und an gesetzlichen Feiertagen geschlossen.

Geldwechsel

Fremdwährungen kann man in Banken, Wechselstuben *(agências de câmbios)* und Hotels wechseln. Banken bieten in der Regel günstigere Kurse als Wechselstuben, Letztere jedoch deutlich günstigere Kurse als Hotels. Außerdem kann man von den längeren Öffnungszeiten und der schnelleren Abwicklung der Wechselstuben profitieren. Längere Wartezeiten fallen hier kaum an. Solide sind die Wechselbüros von Nova-Câmbios, die man in der ganzen Stadt findet. Allerdings lohnt sich hier ein Vergleich der Kurse und Gebühren.

Kreditkarten und Geldautomaten

Kreditkarten finden in Lissabon breite Anzeptanz – in so gut wie allen Hotels, in den meisten Restaurants, in größeren Läden und Kaufhäusern. In Supermärkten und kleineren Läden können Sie sehr oft ohne Aufpreis oder Gebühr mit der girocard (EC-Karte) bezahlen.

An Geldautomaten, *multibanco,* kurz *MB* genannt, können Sie jederzeit Geld abheben – entweder mit Kreditkarten wie **Visa** oder **MasterCard** (wenn diese mit einer PIN gekoppelt sind) oder mit der **girocard**. An den meisten Geldautomaten wird die Bedienung in mehreren Sprachen erklärt.

Die Gebühren pro Abhebung variieren je nach Kartenart und Bank zwischen drei und sechs Euro, können aber auch über zehn Euro betragen. Kostengünstiger als Abheben mit der Kreditkarte ist in der Regel der Einsatz einer girocard. Diese wird aber nicht von allen Automaten akzeptiert. Erkundigen Sie sich bei Ihrer Bank, bei welcher Bank(engruppe) Sie in Portugal Geld kostenlos abheben können. Einige Banken, etwa comdirect oder die Targobank, bieten Karten, mit denen Sie im Ausland an jedem Geldautomaten kostenlos abheben können.

Geldtransaktionen

In manchen Fällen ist eine EU-Standard-Überweisung sinnvoll, z. B. bei der Reservierung eines Hotels oder eines Mietwagens. Mit dem Formular können Sie kostengünstig Beträge bis zu 50 000 Euro innerhalb der EU überweisen. Sie benötigen dafür lediglich die IBAN (International Bank Account Number; Kontonummer) und die BIC (Bank Identifier Code; Bankleitzahl) des Empfängers.

Im Notfall kann es erforderlich sein, sich von zu Hause Geld schicken zu lassen. Diesen Service bietet **Western Union**, die in Lissabon mehrere Filialen unterhält und in Deutschland mit der Postbank zusammenarbeitet (nähere Informationen dazu unter www.postbank.de oder unter www.westernunion.de).

Bei allen Geldtransaktionen im Ausland müssen Sie – ebenso wie beim Geldwechsel und Einlösen von Reiseschecks – den Pass oder Personalausweis vorlegen.

AUF EINEN BLICK

Banken

Banco Bilbao Vizcaya Argentária
Avenida da Liberdade 222.
Stadtplan 5 C5.
℡ 21 311 72 00.

Banco Espírito Santo
Avenida da Liberdade 195.
Stadtplan 5 C5.
℡ 21 359 70 00.

Caixa Geral de Depósitos
Rua do Ouro (Rua Áurea) 49.
Stadtplan 7 B4.
℡ 707 242 424.

Western Union
Praça da Figueira 2, Rossio.
Stadtplan 7 B3.

Kartenverlust

Allgemeiner Notruf
℡ 0049 116 116.

American Express
℡ 707 50 40 50 oder
0049 69 97 97 1000.

Diners Club
℡ 21 315 98 56.

MasterCard
℡ 800 811 272.

Visa
℡ 800 811 824.

girocard/EC-Karte
℡ 0049 69 740 987.

Stadtplan siehe Seiten 166–179

Währung

Die europäische Gemeinschaftswährung Euro (€) gilt in 17 EU-Staaten: Belgien, Deutschland, Estland, Finnland, Frankreich, Griechenland, Irland, Italien, Luxemburg, Malta, Niederlande, Österreich, Portugal, Slowakei, Slowenien, Spanien und Republik Zypern. Escudo-Scheine sind ungültig, können aber bis 28.2.2022 bei der Banco de Portugal umgetauscht werden (www.bportugal.pt).

Alle Euro-Banknoten sind einheitlich gestaltet, bei den Münzen prägt jedes Land unterschiedliche Rückseiten. Seit 2004 kann jeder Eurostaat einmal jährlich eine Zwei-Euro-Gedenkmünze bedeutender Ereignisse (z. B. Olympische Spiele) herausgeben. Alle Münzen gelten in jedem Staat der Euro-Zone.

Euro-Banknoten

Euro-Banknoten gibt es in sieben Werten (5, 10, 20, 50, 100, 200 und 500 €). Die unterschiedlich großen Scheine wurden vom Österreicher Robert Kalina entworfen und zeigen Architekturelemente und Baustile verschiedener Epochen, eine Europakarte und die EU-Flagge mit den zwölf Sternen.

5-Euro-Schein
(Baustil: Klassik)

10-Euro-Schein (Baustil: Romanik)

20-Euro-Schein
(Baustil: Gotik)

50-Euro-Schein
(Baustil: Renaissance)

100-Euro-Schein (Baustil: Barock und Rokoko)

200-Euro-Schein
(Eisen- und Glasarchitektur)

500-Euro-Schein (Moderne Architektur des 20. Jh.)

2-Euro-Münze  **1-Euro-Münze**  **50-Cent-Münze**  **20-Cent-Münze**  **10-Cent-Münze**

Euro-Münzen

Euro-Münzen gibt es in acht Werten (2 €, 1 € sowie 50, 20, 10, 5, 2 und 1 Cent). Die einheitlichen Vorderseiten entwarf der Belgier Luc Luycx; die Rückseiten sind in jedem Land anders gestaltet. Auch San Marino, der Vatikanstaat und Monaco prägen eigene Münzen.

5-Cent-Münze

2-Cent-Münze

1-Cent-Münze

Kommunikation

Logo
der Post

Die Telekommunikation hat sich in Portugal in den letzten Jahren rasant entwickelt. Das Telefonfestnetz ist mittlerweile auf dem neuesten Stand, die Mobilfunknetze sind in Lissabon und Umgebung flächendeckend ausgebaut, und fast alle Mobilfunkanbieter haben Roaming-Abkommen mit anderen Ländern. Fast alle Portugiesen besitzen ein Handy, dennoch gibt es noch genügend öffentliche Telefone. In Lissabon findet man zahlreiche Internet-Cafés. Am Flughafen, in den meisten größeren Hotels und an vielen anderen Stellen in der Stadt hat man WLAN-Anschluss. Ausländische Zeitungen bekommt man am Tag des Erscheinens. Das Fernsehen sendet terrestrisch, via Kabel und via Satellit.

Mobiltelefone

Das Mobilfunknetz in Lissabon und Umgebung ist flächendeckend. Alle in Europa gängigen GSM-Handys funktionieren in Portugal problemlos. Wie überall bezahlen Mobiltelefonierer auch dort für Anrufe aus der Heimat. Dies kann teuer werden, obwohl die Roaming-Verordnung der EU verbindliche Obergrenzen für die Kosten sowohl für Vertrags- als auch für Prepaid-Kunden vorgibt (Stand 2012): Der Minutenpreis für ein abgehendes Telefonat beträgt demnach maximal 0,32 Euro, für ein ankommendes Gespräch

Wichtige Nummern

- Ländervorwahl Portugal: 00351.
- Vorwahl Lissabon: 21.
- Vorwahlen: D 0049, A 0043, CH 0041.
- Telefonauskunft: 118 (national) und 177 (international).
- Die Algarve erreicht man über Portimão (282), Faro (289) und Tavira (281). Die Vorwahl von Madeira ist 291.
- Deutschland Direkt: 800 800 490.
- Notrufnummern zur Sperrung von Handykarten: +49-172-12 12 (Vodafone), +49-1803-302 202 (T-Mobile), +49-177-177-1000 (E-Plus), +49-179-55 222 (O₂).

0,11 Euro. Eine SMS kostet maximal 0,10 Euro, Datenübertragung pro MB maximal 0,90 Euro (alle Angaben zuzüglich Mehrwertsteuer).

Wer im Land kostengünstig telefonieren will, kann sich problemlos eine portugiesische SIM-Karte mit Prepaid-Vertrag zulegen. Die drei großen Mobilfunkanbieter in Portugal sind **TMN**, **Vodafone** und Optimus. An fast jedem Kiosk kann man Prepaid-Karten kaufen.

Falls Ihnen Ihr Handy in Portugal abhandenkommt, sollten Sie, um größeren Schaden abzuwenden, die Nummer sperren lassen.

Öffentliche Telefone

Es gibt immer noch zahlreiche öffentliche Telefone, die in der Mehrzahl mit Telefonkarten, teils auch mit Münzen und mit Kreditkarten funktionieren. Man findet sie an der Straße sowie in den meisten Bars, Cafés und Einkaufszentren. Telefonkarten

Öffentliches Telefon vor einem Café in Lissabon

erhält man bei Postämtern, an Tabak- und Zeitungskiosken sowie in Telekommunikationsläden. Ein Ortsgespräch mit Karte kostet nur etwa drei Cent pro Gespräch.

Natürlich kann man auch im Postamt telefonieren. Man sucht sich eine freie Kabine und zahlt dann am Schalter. Auslandsgespräche und Verbindungen zu Mobiltelefonen sind zwischen 21 und 9 Uhr sowie an Wochenenden am günstigsten.

In Portugal sind alle Nummern neunstellig, inklusive Ortsvorwahl. Diese muss immer mitgewählt werden.

Eines der zahlreichen Internet-Cafés

R-Gespräche

Um ein kostenfreies R-Gespräch zu führen, wählen Sie die Gratis-Zugangsnummer von **Deutschland Direkt**. Stimmt der Gesprächspartner einer Kostenübernahme zu, können Sie kurze Zeit später mit dem Angerufenen telefonieren. Anrufe werden nur ins Festnetz übermittelt.

Internet

In Lissabon bietet eine Vielzahl von Internet-Cafés ihre Dienste an, vor allem in touristischen Vierteln wie Bairro Alto und Chiado. Man zahlt zwischen einem und drei Euro pro Stunde. Internet-Zugang bekommt man auch an den Bahnhöfen und Busbahnhöfen, in den meisten größeren Hotels, in manchen Pensionen, in der Hauptjugendherberge (Lisboa Central Hostel, Rua Rodrigues Sampaio, in der Nähe der Plaça Marquês de Pombal, Stadtplan 5 C5) und in manchen neueren Hostels.

WLAN-Hotspots findet man am Flughafen und in den modernen Shopping-Centern.

Postdienste

Die portugiesische Post, *Correios de Portugal*, arbeitet verhältnismäßig zügig. Ein Brief innerhalb der EU braucht in der Regel zwei bis fünf Tage, in andere Erdteile fünf bis zehn Tage.

Post gibt es als *Correio Azul* (Eilzustellung) und *Correio Normal* (Normalzustellung). Die blauen Postkästen sind für Briefe mit Eilzustellung, die roten für Briefe mit Normalzustellung. An den Postämtern findet man häufig Briefschlitze für Auslandssendungen. Es werden ein Eilbriefservice (EMS) und ein Service für Einschreiben *(correio registado)* angeboten.

Briefmarken können entweder bei der Post, in Läden mit dem *Correios*-Zeichen oder an Automaten erworben werden. Ein Standardbrief (bis 20 g) oder eine Postkarte ins europäische Ausland kostet 1,85 Euro (Eilzustellung) oder 0,68 Euro (normal).

Postämter haben montags bis freitags von 9 bis 18 Uhr geöffnet, das Hauptpostamt und einige größere Filialen montags bis freitags von 8.30 bis 22 Uhr und samstags von 9 bis 18 Uhr.

Falls Sie Päckchen oder Pakete von Lissabon ins europäische Ausland schicken wollen, nutzen Sie am besten einen internationalen Kurierdienst wie **FedEx** oder **DHL**. Ihre Sendung können Sie ganz bequem im Hotel abholen lassen.

Adressen in Lissabon

Lissabonner Adressen enthalten oft auch das Stockwerk und die Lage im Haus. Das Erdgeschoss heißt *rés-do-chão* (r/c), der erste Stock *primeiro andar* (1°), der zweite *segundo andar* (2°) usw. Jeder Stock ist in links, *esquerdo* (E oder Esq), und rechts, *direito* (D), unterteilt.

Zeitungen und Magazine

Die großen deutschsprachigen Zeitungen wie *Frankfurter Allgemeine Zeitung, Süddeutsche Zeitung* oder *Neue Zürcher Zeitung* sind in der Regel noch am Tag ihres Erscheinens an den Kiosken Lissabons erhältlich. Darüber hinaus führen die Kioske zahlreiche deutsche Illustrierte.

Zu den portugiesischen Tageszeitungen zählen der *Diário de Notícias* und der *Público*. Die *Portugal News* ist eine in Lissabon weitverbreitete, englischsprachige Zeitung. Das wöchentlich erscheinende Blatt bietet aktuelle Informationen zu Lissabon und Umgebung.

Eines der meistverbreiteten Veranstaltungsmagazine ist *Time Out Lisboa*, das wöchentlich auf Portugiesisch erscheint. Eine Sonderausgabe wird unter dem Titel *Lisbon for Visitors* monatlich auf Englisch gedruckt. Viele Informationen von *Time Out Lisboa* findet man auch im Internet unter: http://timeout.sapo.pt

Lissabonner Briefkästen
Eilzustellungsbriefe wirft man in die blauen (Correio Azul), *andere in die roten Kästen.*

Portugiesische Tageszeitungen

Fernsehen und Radio

Portugal hat zwei staatliche Fernsehanstalten, RTP1 und RTP2, sowie die privaten Kanäle SIC und TVI. Ausländische Filme laufen meist im Original mit portugiesischen Untertiteln. Internationale Sender können über Satellit empfangen werden. Im Sommer gibt es im portugiesischen Radio Beiträge in englischer und deutscher Sprache mit Infos für Urlauber.

Leerungszeiten   Briefkasten (Correio Azul)

Briefkasten (Correio Normal)

Stadtplan *siehe Seiten 166–179*

Anreise

Lissabon besitzt einen internationalen Flughafen, ein gutes Straßen- und Zugnetz sowie einen Hafen. Die Infrastruktur wurde durch den Bau neuer Ringstraßen und Autobahnen verbessert. Eine zweite, den Verkehr entlastende Brücke über den Tejo wurde 1998 fertiggestellt. Ein einzigartiges Erlebnis ist

Logo der portugiesischen Airline TAP

die Fahrt mit der Tram durch die alten Stadtteile Lissabons.

Während der Rushhour geht es auf Lissabons Straßen hektisch zu. Die Metro ist die schnellste Art der Fortbewegung. Das Busnetz ist gut, aber stauanfällig. Mit dem Zug kommt man bequem nach Cascais, Estoril und ins romantische Sintra.

Mit dem Flugzeug

Lissabon hat eine sehr gute Fluganbindung an die Haupt- und Großstädte Europas. **TAP Portugal**, die nationale Fluggesellschaft (heute wie die Lufthansa ein Mitglied der Star Alliance), fliegt mehrmals täglich von Frankfurt, mehrmals wöchentlich von Hamburg, Berlin und München sowie Wien und täglich von Zürich und Genf nach Lissabon. Die **Lufthansa** fliegt Lissabon von Frankfurt, Düsseldorf und München aus an. **Swiss** hat Direktflüge von Zürich und Genf nach Lissabon im Angebot. Austrian Airlines steuert die portugiesische Hauptstadt derzeit von Wien nicht an.

Die regionale Gesellschaft **PGA – Portugália Airlines** (die mittlerweile zur TAP gehört) bietet etliche Verbindungen im Inland und einige ausländische Destinationen an, **SATA** bedient in Kooperation mit TAP von Lissabon aus die Azoren.

Daneben gibt es von deutschen, österreichischen und Schweizer Flughäfen aus Charter- und Billigflüge. Diese Verbindungen werden überwiegend im Sommer angeboten, wenn die Zahl der Urlauber am größten ist. Charterflüge haben feste Reisetermine, bieten aber den kostengünstigsten Transport.

Die Preise der Linienflüge sind in der Regel im Sommer höher, ebenso um Weihnachten und Ostern. Auch hier

lohnt sich ein Preisvergleich: Je nach Auslastung und Buchungstermin werden zu allen Jahreszeiten auch preiswerte Tickets angeboten.

Flughafen Lissabon

Der Flughafen Portela (www.ana.pt) liegt nur sieben Kilometer nördlich des Stadtzentrums von Lissabon. Trotz seiner schönen, modernen Architektur ist er, gemessen an internationalen Standards, eher klein. Die gesamten Einrichtungen, die man im Allgemeinen von einem internationalen

Hinweisschilder am Flughafen Portela

Flughafen erwartet, sind jedoch vorhanden, etwa diverse Läden, Cafés, Bars, Restaurants, Banken, Post und Schalter internationaler Autovermietungen.

Es gibt zwei Terminals, die mit einem Shuttlebus miteinander verbunden sind. In Terminal 1 werden alle internationalen Flüge abgefertigt, in Terminal 2 Inlandsflüge.

Anbindung an den Flughafen

Die Nähe des Flughafens Portela zum Stadtzentrum spart Zeit und schont den Geldbeutel des Reisenden. Zahlreiche Taxis stehen am Taxistand vor dem Ankunftsterminal. Eine Fahrt ins Zentrum kostet zwischen 15 und 18 Euro, zwischen 22 und 6 Uhr mehr. Für jedes Gepäckstück werden zusätzlich 1,60 Euro fällig.

Der von Carristur betriebene Aerobus und der Aero-Shuttle haben Haltestellen gleich neben dem Taxistand. Sie verkehren zwischen 7.45 und 23 Uhr im 20- bis 30-Minuten-Takt zwischen Portela und Zentrum. Die Busse stoppen an wichtigen Plätzen der Innenstadt, etwa Oriente, Entrecampos, Sete Rios, Saldanha, Marquês de Pombal, Restauradores, Rossio, Praça do Comércio sowie dem Bahnhof Cais do Sodré. Der Fahrschein kostet 3,50 Euro, behält seine Gültigkeit für den Rest des Tages und gilt auch für alle Busse, Straßenbahnen und Standseilbahnen der Stadt.

Etwas günstigere städtische Carris-Busse (Nr. 5, 22, 44, 45, 83 und 745) halten vom Ausgang etwas weiter nach rechts. Sie bedienen eine Reihe von regulären Haltestellen in Lissabons Stadtzentrum. Den Fahrschein, der allerdings nicht zum Umsteigen berechtigt, können Sie für 1,75 Euro beim Fahrer lösen.

Außenansicht von Lissabons Flughafen Portela

Zufahrt zum Ponte 25 de Abril – eine der Haupt-zufahrtsstraßen nach Lissabon vom Süden her

Mit der Bahn

Östlich von Alfama, an der Avenida Infante Dom Henrique, befindet sich der Bahnhof **Santa Apolónia** für Fernverkehrszüge, die aus Coimbra, Porto und dem Norden Portugals sowie aus Madrid und Paris hier eintreffen. Der Bahnhof liegt 15 Minuten zu Fuß von der Praça do Comércio entfernt.

Im Bahnhof findet man ein Tourismusbüro (Öffnungszeiten: tägl. 8–13, 14–16 Uhr) sowie eine Wechselstube. Vor dem Haupteingang des Bahnhofs gibt es einen Taxistand.

Seit 1998 ist der imposante, moderne Bahnhof **Gare do Oriente** in Betrieb. Obwohl er weiter im Norden beim ehemaligen EXPO-Gelände im Parque das Nações liegt, ist er mit Bus und Metro hervorragend an die Stadt angebunden.

Züge aus dem Süden oder Osten überqueren den Tejo auf dem Ponte 25 de Abril und treffen in den Bahnhöfen **Entrecampos** und **Gare do Oriente** ein.

Vom Bahnhof **Cais do Sodré** fahren Züge in die Ferienorte Cascais und Estoril. Von den Bahnhöfen **Rossio, Roma Areeiro** und **Entrecampos** verkehren Züge nach Queluz und Sintra *(siehe S. 100–105).*

Das private Verkehrsunternehmen Fertagus betreibt Züge von **Roma Areeiro** ans Südufer des Tejo und weiter an die Costa da Caparica und nach Setúbal. Weitere Informationen zu Bahnreisen finden Sie auf Seite 163.

Mit dem Auto

Es gibt sieben Hauptzufahrtsstraßen nach Lissabon: zwei aus dem Süden und Osten, zwei aus dem Norden und drei aus dem Westen.

Reisende, die von der Algarve, aus dem Süden, aus Madrid oder aus östlicher Richtung in Lissabon eintreffen, benutzen meist die Autobahnen A2 bzw. A6 und die viel befahrene mautpflichtige Brücke Ponte 25 de Abril. Der ebenfalls mautpflichtige, deutlich teurere Ponte Vasco da Gama bietet sich an, wenn Sie in den Norden der Stadt fahren wollen.

Reisende aus Porto und dem Norden erreichen die Vororte Lissabons über die A1. Folgen Sie der Ausschilderung »Campo Grande«, dann »Centro«. Wenn Sie von Lissabon in die Seebäder Cascais und Estoril oder nach Sintra fahren wollen, verlassen Sie die A1 bei Alverca (20 km nördlich von Lissabon) und nehmen die A9, wo Sie die Hinweisschilder »Cascais« sehen. Reisende, die sich Lissabon von Cascais her nähern, benutzen die Autobahn A5. Die A8 ist die Hauptzufahrtsstraße aus dem Norden.

Informationen zum Autofahren in Lissabon finden Sie auf Seite 162.

Lissabons Brücken

Ein markanter Blickfang ist der Ponte 25 de Abril. Er stellt die Hauptverbindung zwischen Lissabon und dem südlichen Ufer des Tejo dar. Die 1962–66 erbaute Brücke benutzt man am besten außerhalb der Hauptverkehrszeiten. Um den Verkehrsfluss zu optimieren, wurde eine Gebühr (nur in Richtung Lissabon) eingeführt. Die Benutzung in umgekehrter Richtung ist kostenlos.

Der Ponte Vasco da Gama wurde unweit des Parque das Nações erbaut und 1998 eröffnet. Er stellt eine Verbindung zwischen dem Norden Lissabons und Montijo am Südufer des Tejo her, von wo aus eine Autobahn zur Algarve führt. Auch diese Brücke ist nur stadteinwärts mautpflichtig.

AUF EINEN BLICK

Mit dem Flugzeug

Flughafen Lissabon
☏ 21 841 35 00.
www.ana.pt

Lufthansa
☏ 707 782 782 (Lissabon).
☏ 01805 805 805 (D).
www.lufthansa.com

PGA – Portugália Airlines
☏ 707 205 700 (Lissabon).
www.flytap.com

SATA
☏ 707 227 282 (Lissabon).
☏ 06031 737 640 (D).
www.flysata.com

Swiss
☏ 808 200 487 (Lissabon).
☏ 0848 700 700 (CH).
www.swiss.com

TAP Portugal
☏ 707 205 700 (Lissabon).
☏ 01803 000 341 (D).
☏ 800 96 52 (CH).
www.flytap.com

Mit der Bahn

Cais do Sodré
Avenida 24 de Julho, Lissabon.
Stadtplan 4 F4.

Caminhos de Ferro (Staatliche Eisenbahn)
☏ 808 208 208.
www.cp.pt

Entrecampos
Rua Doutor Eduardo Neves, Lissabon.
Stadtplan 5 C1.

Gare do Oriente
Av. Dom João II, Parque das Nações, Lissabon.

Roma Areeiro
Avenida Frei Miguel Contreiras, Lissabon.
Stadtplan 6 E1.

Rossio
Praça Dom Pedro IV, Lissabon. **Stadtplan** 7 A3.

Santa Apolónia
Av. Infante Dom Henrique, Lissabon. **Stadtplan** 8 F3.

Stadtplan *siehe Seiten 166–179*

In Lissabon unterwegs

Metro-Logo

Die Schönheit Lissabons lässt Sightseeing zu Fuß und Spaziergänge zum Vergnügen werden. Die portugiesische Hauptstadt ist jedoch hügelig und selbst für sportliche Besucher ermüdend. Trams (*eléctricos*), Lift und Standseilbahnen (*elevadores*) stellen deshalb eine willkommene Abwechslung dar – bei der Fahrt bieten sich teilweise grandiose Stadtansichten. Am schnellsten erreicht man sein Ziel mit der Metro, Busse fahren in jeden Winkel der Stadt. Autofahren ist angesichts des Labyrinths aus Einbahnstraßen und ungeduldiger einheimischer Autofahrer eher schwierig. Taxis bieten eine bequeme Alternative und sind außerdem recht preiswert. Eine umweltfreundliche Möglichkeit der Stadtbesichtigung stellt der Segway dar.

Elektrischer Buggy von Red Tours

Umweltbewusst reisen

Lissabon hat sich auf seine Fahnen geschrieben, eine umweltfreundliche Stadt zu werden. Um der notorischen Verkehrsprobleme Herr zu werden, gibt es zahlreiche grüne Initiativen, unter anderem die der Verkehrsbetriebe Carris: Unter dem Motto »Menos Um Carro« (Ein Auto weniger) läuft eine Kampagne, die Lissabonner dazu bewegen soll, auf öffentliche Verkehrsmittel umzusteigen oder sich zu Fahrgemeinschaften zusammenzuschließen. Ideen, wie man den Autoverkehr verringern oder wenigstens flüssiger machen kann, können unter dem Motto »Índice de Mobilidade Sustentável« per E-Mail an Carris gesendet werden.

Mit Autogas/Flüssiggas (LPG) betriebene Privatfahrzeuge sind in Portugal eher selten, demzufolge ist auch das Netz von Tankstellen mit LPG dünn. Das Lissabonner Rathaus wirbt jedoch für die Umrüstung der Autos und gewährt jedem mit Flüssiggas betriebenen Auto 30 Minuten freies Parken im Zentrum. Seit einiger Zeit betreibt Carris immer mehr Busse mit diesem umweltfreundlicheren Kraftstoff.

Immer mehr Polizisten patrouillieren auf Lissabons Straßen auf Segways, den umweltfreundlichen zweirädrigen Elektrofahrzeugen. Segways und elektrisch betriebene Buggys befördern die Teilnehmer an Stadtführungen von Red Tours (Tel. 91 080 2000; www.redtourgs.com).

Die Eisenbahn ist in ganz Portugal elektrifiziert. Sie verkehrt zuverlässig auf vielen Strecken und ist relativ preiswert. Durch Lissabon, vor allem durch die touristisch interessanten Viertel, ziehen sich ein paar Straßenbahnlinien – eine unweltfreundliche, preiswerte und sehr angenehme Art, die Stadt kennenzulernen.

Radfahren ist im Zentrum von Lissabon nicht angesagt – vor allem wegen des Verkehrs und der vielen Hügel. Am Tejo verlaufen jedoch streckenweise Fahrradwege, vor allem in den Vierteln Alcântara und Belém sowie weiter außerhalb beim Parque das Nações. Auch in Cascais findet man Fahrradwege vor. Einige Unternehmen wie Lisbon Bike Tour (www.lisbonbiketour.com) und BikeIberia (www.bikeiberia.com) bieten Stadtführungen auf dem Fahrrad an und vermeiden dabei die Viertel mit den steileren Straßen.

Lissabon zu Fuß zu erkunden ist die schönste Art des Sightseeings. Tragen Sie für das Kopfsteinpflaster in Alfama und die Hügel stabiles Schuhwerk ohne hohe Absätze.

Öffentliche Verkehrsmittel

Der öffentliche Nahverkehr in Lissabon bietet eine große Auswahl an Verkehrsmitteln: alte und neue Straßenbahnen, Standseilbahnen, Lift, Busse und Metro. Das Spektrum ist breit gefächert: Die Straßenbahnen stammen zum Teil noch aus den frühen 20. Jahrhundert, Metrozüge und Busse sind meist sehr modern. Das Busnetz ist am ausgedehntesten, während die Straßenbahnen zwar nicht so weit fahren, jedoch eine gute Möglichkeit zum Sight-

---

Lisboa Card

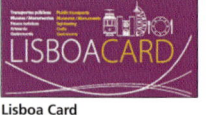

Lisboa Card

Der Urlauberpass ermöglicht die freie Benutzung der meisten öffentlichen Verkehrsmittel (außer Fähren und einigen Bussen) und bietet Rabatte bei Touren an: bei der Carris-Bustour (im offenen Bus), der Colinas-Tour in der roten Tram und den Transtejo-Flusstouren. Darüber hinaus ist der Eintritt in nationale Museen und andere Sehenswürdigkeiten enthalten, für weitere Museen gibt es Ermäßigungen. Den Pass gibt es für einen Tag (17,50 €), zwei (29,50 €) oder drei Tage (36 €). Man erhält die Lisboa Card in der Ankunftshalle der Flughafens, in allen Tourismusbüros, einigen Hotels, Reisebüros und bei Sehenswürdigkeiten sowie an den Carris-Kiosken (Informationen unter www.visitlisboa.com).

seeing bieten. Sie sind allerdings aufgrund der vielen Staus nicht immer pünktlich. Das effizienteste öffentliche Verkehrsmittel ist die Metro (*Metropolitano*).

Fahrkarten

Einzelfahrscheine für Busse, Trams, Standseilbahnen und Lift erhalten Sie beim Einsteigen. Ein Ticket für den Bus kostet 1,75 Euro, für die Tram 2,85 Euro, für die Standseilbahn 3,50 Euro und für den Lift 5 Euro. Preiswertere Mehrfahrten-Tickets auf Papier wurden durch Karten mit Chips ersetzt: 7 Colinas, Lisboa Viva und Viva Viagem. Die Viva-Viagem-Karte ist am praktischsten. Sie gilt für alle Verkehrsmittel des Carris-Netzwerks, kostet eine Grundgebühr von nur 0,50 Euro und kann je nach Bedarf ab einer Summe von zwei Euro aufgeladen werden. Beim Einsteigen hält man die Karte an den gelben Scanner. Bewahren Sie die Quittung, die Sie beim Kauf der Metro-Karte bekommen, auf, falls die Karte nicht funktioniert und Sie sie umtauschen müssen.

Die Viva-Viagem-Karte kann man an vielen Stellen in der Stadt kaufen: an einem der zahlreichen Carris-Kioske, in Bahnhöfen, in manchen Postämtern und an manchen Zeitungskiosken. Bei Besuchern beliebte Stellen sind der Elevador de Santa Justa, vor der Basílica da Estrela, an der Praça da Figueira und an der Praça Marquês de Pombal.

Eine empfehlenswerte Wahl für einen Kurzaufenthalt in Lissabon ist die Lisboa Card (*siehe Kasten links*). Diese Karte benutzt man für öffentliche Verkehrsmittel genauso wie die Viva-Viagem-Karte, zusätzlich bietet sie freien oder ermäßigten Eintritt für eine Reihe von Museen und Sehenswürdigkeiten.

Für die **Metro** gibt es keine Papierfahrkarten mehr. Hier braucht man die Viva-Viagem-Karte oder eine vergleichbare Karte mit Chip, die man an einem der Automaten oder am Schalter in der Metro-Station erwerben kann. Eine Einzelfahrt kostet 1,05 Euro für

eine Zone und 1,30 Euro für zwei Zonen. 4,60 Euro kostet eine Tageskarte. Die Karte mit Chip müssen Sie an der Sperre vor den Bahnsteigen und beim Verlassen der Metro-Station an den Scanner halten.

Kinder zwischen vier und zwölf Jahren, Studenten sowie Erwachsene über 65 zahlen den halben Fahrpreis. Kinder unter vier fahren kostenlos.

Metro

Am schnellsten und preiswertesten fährt man in Lissabon mit der *Metropolitano de Lisboa*. Die Stationen sind durch ein weißes »M« auf rotem Grund gekennzeichnet, Betriebszeit ist täglich von 6.30 bis 1 Uhr. Morgens und abends können die Wagen recht überfüllt sein.

Die Lissabonner Metro wurde im Dezember 1959 eröffnet und bestand damals aus einer Y-förmigen Linie, die zwischen Jardim Zoológico, Entrecampos und Restauradores verkehrte. Mittlerweile sind vier Metro-Linien mit 52 Stationen in Betrieb: Linha Azul (Blaue Linie), Linha Amarela (Gelbe Linie), Linha Verde (Grüne Linie) und Linha Vermelha (Rote Linie).

Die Metro ist an alle wichtigen Bus-, Bahn- und Fährverbindungen angeschlossen. Sie stellt zudem den Anschluss der Vororte Lissabons an das Geschäftszentrum am nördlichen Ufer des Tejo sicher. 2007 wurde die Erweiterung von Baixa-Chiado zum Bahnhof Santa Apolónia abgeschlossen – nach zehn Jahren Bauzeit. Damit gibt es praktische Umsteigeverbindungen auf die Bahn.

Das Metro-Netz soll noch um etliche Bahnhöfe erweitert werden. So wird derzeit an der Verlängerung der Linha Vermelha bis zum Flughafen gebaut (weitere Infos unter www.metrolisboa.pt).

Metro und Eisenbahn

LEGENDE

- Metro-Linie Azul
- Metro-Linie Amarela
- Metro-Linie Verde
- Metro-Linie Vermelha
- Eisenbahn
- Flughafen-Bus
- o Umsteigebahnhof

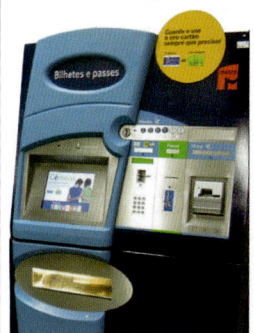

Automat für Metro-Tageskarten und alle Arten von Pässen

Der rote Klassiker: Colinas-Sightseeing-Tram

Tram

Die Tram *(eléctrico)* ist eines der angenehmsten Verkehrsmittel für die Besichtigung Lissabons. Es gibt fünf Tramrouten, der abgedeckte Bereich ist relativ klein. Straßenbahnen fahren am Fluss entlang nach Belém und in die hügeligen Teile Lissabons. Zwei Modelle von Wagen sind im Einsatz: die hübschen, alten Bahnen aus der Zeit vor dem Ersten Weltkrieg und die längeren, neueren Straßenbahnen mit modernem Innenraumdesign.

Folgende zwei Linien sind für Besucher besonders interessant: Tram 25 fährt vom Cemitério des Prazeres von Campo de Ourique an der Basílica da Estrela zur attraktiven Wohngegend Lapa auf einem steilen Hügel gegenüber dem Fluss. Sie fährt zum Fluss hinab an der Praça do Comércio vorbei bis zum Rand von Alfama und endet in der Rua da Alfândega.

Tram 28 fährt teils eine ähnliche Route, an der Estrela entlang, am Palácio de São Bento vorbei und wieder zum Bairro Alto und Chiado. Dann geht es zur Baixa hinab, an der Kathedrale vorbei und wieder hinauf zum Castelo São Jorge. Mit dieser Linie kann man eine schöne Rundfahrt durch das alte Lissabon machen (mehr Informationen unter: www.carris.pt).

Die roten Colinas- oder Tejo-Trams bieten ganzjährig Besichtigungsrundfahrten an. Sie beginnen an der Praça do Comércio, sind allerdings wesentlich teurer als eine normale Straßenbahnfahrt.

Standseilbahn und Lift

Wegen der zahlreichen Hügel sind Standseilbahnen und Lift (beide als *elevador* bezeichnet) eine bequeme Möglichkeit, vom Flussufer in die höher gelegenen Stadtteile zu gelangen, vor allem nach Bairro Alto.

Die Fahrt ist zwar relativ teuer, bietet aber eine grandiose Aussicht.

Der **Elevador da Bica** führt unweit des Bahnhofs Cais do Sodré zum unteren Ende des Bairro Alto. Der **Elevador da Glória** (mit einer Steigung von 18 Prozent) verbindet die Praça dos Restauradores mit dem oberen Ende des Bairro Alto. Der **Elevador da Lavra** bringt Sie von der Praça dos Restauradores zum Hospital São José. Die Fußgängerbrücke am Lift **Elevador de Santa Justa** verbindet die Baixa mit dem Bairro Alto *(siehe S. 46).*

Bus

Busse *(autocarros)* sind in Lissabon in der Regel gelb, ein paar auch orange. Sie fahren alle 15 Minuten von 5.30 Uhr bis 1 Uhr. Zwischen 1 und 5.30 Uhr verkehren diverse Nachtbusse.

Das Busnetz ist Lissabons ausgedehntestes Nahverkehrssystem: Busse fahren praktisch überallhin. Ihre Pünktlichkeit leidet allerdings unter den notorischen Staus auf Lissabons Straßen, was bedeutet, dass Sie häufig länger auf einen Bus warten müssen, der dann auch noch überfüllt ist. Die meisten Busse sind klimatisiert und haben in der Mitte eine Drehplattform.

Die Haltestellen sind mit *paragem* gekennzeichnet.

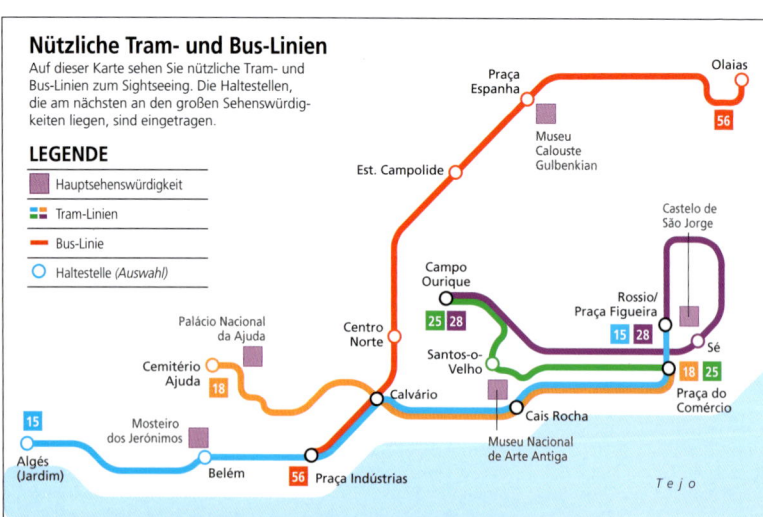

Nützliche Tram- und Bus-Linien

Auf dieser Karte sehen Sie nützliche Tram- und Bus-Linien zum Sightseeing. Die Haltestellen, die am nächsten an den großen Sehenswürdigkeiten liegen, sind eingetragen.

LEGENDE

- Hauptsehenswürdigkeit
- Tram-Linien
- Bus-Linie
- ○ Haltestelle *(Auswahl)*

Zielort und Nummer werden bei neueren Bussen vorne, bei älteren hinten angezeigt. Einzelfahrscheine können im Bus gekauft werden, die Viva-Viagem-Karte muss man am Lesegerät beim Einsteigen entwerten. Informationen zu Tickets *siehe S. 159*, weitere Infos unter www.carris.pt.

Eine bequeme Möglichkeit, sich zwischen den großen Museen und anderen Hauptsehenswürdigkeiten zu bewegen, ist die Fahrt mit einem Sightseeing-Bus von **Carristur** *(siehe Kasten Auf einen Blick S. 165)*. Es gibt zwei Routen: die Tejo-Tour, die bis nach Belém fährt, und die Olisipo-Tour, die an Lissabons Hauptmuseen vorbei bis zum Parque das Nações fährt. Sie können an jedem Stopp aus- oder einsteigen, das Ticket ist den ganzen Tag gültig.

Ein typischer gelber Bus in Lissabon

Zu Fuß in Lissabon unterwegs

Lissabon eignet sich wunderbar für Spaziergänge *(siehe S. 86–89)*. Dies gilt vor allem für ältere Viertel wie Alfama und Bairro Alto. Man darf allerdings nicht vergessen, dass Lissabon auf Hügeln erbaut wurde. Wenn Sie nicht einigermaßen trainiert – und hitzeunempfindlich – sind, ist es ratsam, die steilen Straßen mit öffentlichen Verkehrsmitteln zu meistern. Altmodische Straßenbahnen fahren fast bis zum Castelo de São Jorge hinauf. Sie können dann durch Alfama hinablaufen und dabei den Blick über Lissabon genießen. Der Elevador da Glória bietet sich an, um von der Praça dos Restauradores zum Bairro Alto hinaufzulaufen. Das Herz des kommerziellen (und touristischen) Lissa-

Lissabons Elevador da Glória im Bairro Alto

bon liegt im Chiado und in der Baixa, wo sich in den Fußgängerzonen geschäftige Passanten, Straßenkünstler und Straßenhändler drängen. Eine breite Palette von Läden, Kaufhäusern sowie Terrassencafés und Banken bieten ausgezeichnete Möglichkeiten, Souvenirs zu erstehen, Geld abzuheben oder das Flair bei einem Kaffee zu genießen.

Wer Lust auf mehr Ruhe und moderne Architektur hat, kann durch den Parque das Nações östlich des Stadtzentrums spazieren. Die Gegend am Fluss ist absolut eben, mit der Metro kommt man leicht dorthin. Hier gibt es auch zahlreiche Restaurants und Cafés mit Blick auf den Tejo.

Belém ist das andere, ältere Viertel am Fluss, wo man wunderbar spazieren kann. Von hier brachen die Entdecker zu ihren Weltreisen auf *(siehe S. 20f)*, der Padrão dos Descobrimentos *(siehe S. 68f)* erinnert daran.

Stadtführungen zu Fuß werden von Inside Tours (www.insidelisbon.com) und Lisbon Walker (www.lisbonwalker.com) angeboten. Die Touren sind oft themenorientiert und immer sehr informativ. Die meisten Führungen finden auf Englisch statt, man kann aber auch Führungen auf Deutsch arrangieren.

Taxi

Im Vergleich zu den meisten anderen europäischen Großstädten ist Taxifahren in Lissabon preiswert. Die Grundgebühr beträgt 2,50 €, bei telefonischer Bestellung ist sie höher. Dazu addiert sich der Preis pro gefahrenem Kilometer.

Die meisten Taxis sind beigefarben, es gibt jedoch auch noch einige ältere schwarze und grüne Modelle. Alle verwenden einen Taxameter. Auf dem Dach zeigen zwei grüne Leuchten neben dem »Taxi«-Schild den Tarif an: ein Licht (6–22 Uhr) bedeutet normaler Tarif, zwei Lichter erhöhter Tarif (22–6 Uhr, Wochenende). Pro Gepäckstück wird eine zusätzliche Gebühr von 1,60 Euro extra berechnet. Bei Fahrten außerhalb der Stadt ist der Preis verhandelbar (oft wird ein Zuschlag für die leere Rückfahrt fällig).

Wenn Sie ein Taxi heranwinken, sollten Sie auf die eingeschaltete »Taxi«-Leuchte achten. Ein Funktaxi, z. B. von **Autocoope**, **Retalis Rádio Taxis** oder **Teletáxis** kostet geringfügig mehr.

In den Tourismusbüros sind Taxigutscheine erhältlich. Sie garantieren einen festen Preis auf beliebten Strecken. Für die Fahrt zwischen Innenstadt und Flughafen müssen Sie mit etwa 15 bis 18 Euro rechnen.

AUF EINEN BLICK

24-Stunden-Taxi-Service

Autocoope
(21 793 27 56.

Retalis Rádio Táxis
(21 811 90 00.

Teletáxis
(21 811 11 00.

Autofahren in Lissabon

**Zeichen für kosten-
pflichtigen Parkplatz**

Es ist nicht besonders ratsam, in Lissabons Innenstadt Auto zu fahren. Sie ist mit schwer erkennbaren Einbahnstraßenschildern nur so gespickt. Zudem gibt es wegen der Fußgängerzonen eine ganze Reihe von Sackgassen. Auch wenn sich die Polizei gegenüber verwirrten Urlaubern meist verständnisvoll verhält, sind Bußgelder sofort zu bezahlen. Nur auf größeren Plätzen mit Kreisverkehr, etwa auf der Praça Marquês de Pombal und der Rotunda do Relógio am Flughafen, wird der Verkehr durch Ampeln geregelt. Ansonsten haben die Autos im Kreisverkehr Vorfahrt. Meiden Sie unbedingt den Berufsverkehr (8–10 und 17.30–20 Uhr) und fahren Sie bevorzugt am Wochenende, wenn es ruhiger zugeht.

Der Complexo das Amoreiras mit Zufahrt zu einer Tiefgarage

Parken

Einen freien Parkplatz an der Straße zu finden ist im Zentrum Lissabons nicht ganz einfach. So gut wie alle Parkplätze sind montags bis freitags zwischen 8 und 20 Uhr und am Samstagvormittag kostenpflichtig. Die Gebühr ist nicht besonders hoch (fast überall 0,25 € für 15 Minuten), doch die Parkzeit ist meist auf vier Stunden begrenzt. Den erforderlichen Parkschein lösen Sie am Automaten (der kein Wechselgeld herausgibt) und legen ihn gut sichtbar hinter die Windschutzscheibe. Falsch geparkte Autos können mit einer Kralle am Wegfahren gehindert oder sogar abgeschleppt werden. In diesem Fall müssen Sie sich an die Polizei (Tel. 21 342 73 80) oder an Ihren Autoverleiher wenden.

Längere Zeit kann man in einer der vielen Tiefgaragen Lissabons parken. Sie sind mit einem weißen »P« auf blauem Grund gekennzeichnet und zeigen mit einem roten Licht an, wenn sie besetzt (*completo*) sind, mit einem grünen Licht, wenn noch Plätze frei (*livre*) sind. In Tiefgaragen zieht man bei der Einfahrt ein Ticket und bezahlt vor der Ausfahrt am Automaten.

Die größten Tiefgaragen befinden sich unter der Praça Marquês de Pombal, der Praça da Figueira, der Praça dos Restauradores, Praça Luís de Camões und dem Complexo das Amoreiras.

Mietwagen

Die meisten großen internationalen Autovermieter haben Niederlassungen am Lissabonner Flughafen. Sie müssen für einen Mietwagen Ihren nationalen Führerschein (*carta de condução*) vorweisen, über 21 Jahre alt und über ein Jahr im Besitz eines Führerscheins sein.

Meist ist es billiger, schon vorab einen Wagen zu mieten. Die Preise sind im Sommer höher, viele Unternehmen haben Nebensaison- und Wochenendangebote. Der Preis hängt davon ab, ob eine Kilometerbegrenzung oder Vollkaskoversicherung (*todos-os-riscos*) enthalten ist. Meist ist das Auto bei Abholung vollgetankt – man sollte es auch so zurückgeben, da das Auftanken sonst nachträglich berechnet und von Ihrer Kreditkarte abgebucht wird.

Tanken

Benzin (*gasolina*) ist in Portugal relativ teuer. Die Preise sind im ganzen Land einheitlich. Es gibt zweierlei Sorten bleifreies Benzin (*gasolina sem chumbo*): Normal (95 Oktan) und Super (98 Oktan). Diesel (*gasóleo*) ist am billigsten.

Viele größere Tankstellen befinden sich am Rand Lissabons. In der Stadt haben nicht alle kleineren Tankstellen rund um die Uhr geöffnet. Normalerweise ist hier ein Tankwart tätig.

AUF EINEN BLICK

Autovermietung

Auto Jardim
☎ 21 846 29 16.

Avis
☎ 800 20 10 02.

Budget
☎ 808 25 26 27.

Guérin
☎ 707 272 007.

Hertz
☎ 21 942 63 00.

24-Stunden-Tankstellen

BP
Avenida Almirante Gago Coutinho, Areeiro.
Stadtplan 6 E1.

Galp
Avenida Engenheiro Duarte Pacheco, Amoreiras.
Stadtplan 5 A5.

Miranda & Ferrão
Avenida António Serpa 22, Campo Pequeno.
Stadtplan 5 C1.

Stadtplan *siehe Seiten 166–179*

In der Küstenregion Lissabon unterwegs

Logo der staatlichen Eisenbahngesellschaft

Lissabon und seine nähere Umgebung bieten zahlreiche Gelegenheiten für Ausflüge. Das gut ausgebaute Straßennetz sorgt dafür, dass Sie die meisten Sehenswürdigkeiten in nur etwa 30 Minuten Fahrt vom Stadtzentrum aus erreichen. Busse und Vorortzüge fahren nach Cascais und Estoril. Um die Palastanlage und den schönen Park von Sintra zu besuchen, nehmen Sie am besten den Zug oder buchen eine organisierte Bustour. Wer mit dem Auto nach Sesimbra oder in andere Gegenden südlich des Tejo will, nimmt besser eine der Fähren am Terreiro do Paço (Estação Fluvial) oder Cais do Sodré, statt über den meist verstopften Ponte 25 de Abril zu fahren. Der Fertagus-Zug überquert den Tejo auf der unteren Ebene des Ponte 25 de Abril. Am Südufer kann man dann für die Weiterfahrt einen Zug oder Bus besteigen.

Hochgeschwindigkeitszug in Lissabons Gare do Oriente

Mit der Bahn

Die staatliche Eisenbahngesellschaft Caminhos de Ferro Portugueses heißt seit Ende 2004 **Comboios de Portugal (CP)**, da die Schieneninfrastruktur seither von der neu gegründeten Rede Ferroviária Nacional (REFER) unterhalten wird. CP betreibt sämtliche Züge.

Es gibt vier Hauptlinien, die aus Lissabon herausführen. Bei Urlaubern ist die Linie vom Cais do Sodré nach Cascais an der Küste beliebt, ebenso die Linie nach Sintra, die von den Bahnhöfen Rossio, Entrecampos und Sete Rios aus abfährt und bis Sintra etwa 45 Minuten braucht.

Santa Apolónia ist der Bahnhof für Züge in den Norden sowie für die meisten Züge ins Ausland. Reisende, die von Lissabon Richtung Osten oder Süden fahren, steigen in den Bahnhöfen Gare do Oriente, Entrecampos oder Sete Rios ein und überqueren den Ponte 25 de Abril. Der 1998 eröffnete Gare do Oriente in der Nähe des Parque das Nações dient als internationaler Bahnhof und ist zugleich ein belebter Umsteigebahnhof für Nahverkehrszüge.

Züge nach Estoril und Cascais fahren vom Bahnhof Cais do Sodré ab. Die Route folgt der Küste. Die Fahrt dauert etwa 45 Minuten. Achten Sie auf die Zielorte auf den Anzeigetafeln, da einige Züge während der Stoßzeiten in Oeiras, Parede oder São João do Estoril enden.

Vom Bahnhof Cais do Sodré verkehren auch Züge nach Alcântara-Mar (5 Minuten Fahrt) und Belém (10 Minuten Fahrt).

Fahrkarten

Für Kinder im Alter von vier bis zwölf Jahren, Studenten (mit Studentenausweis) sowie Erwachsene über 65 Jahre gelten Ermäßigungen von 50 Prozent auf alle CP-Fahrscheine. Kinder unter vier Jahren fahren kostenlos. Es gibt keine speziellen Tarife für Gruppenreisen.

Wie bei der Metro wurden auch im Nahverkehr um Lissabon Tickets aus Papier durch Karten mit Chip ersetzt. Man kauft diese Karte am Automaten im Bahnhof, lädt sie mit der erforderlichen Summe auf und hält sie bei der Sperre zu den Bahnsteigen sowie beim Verlassen dieser Zone am Ankunftsort an einen Scanner.

Die Mitnahme von Fahrrädern ist in Zügen nach Sintra und Cascais ohne Gebühr in speziell markierten Wagen möglich. Schwarzfahren zieht ein Bußgeld nach sich (Informationen unter www.cp.pt).

Fassade des Bahnhofs Rossio an der Praça Dom Pedro IV

AUF EINEN BLICK

Zuginformation

Die Informationen, die Sie unter den folgenden Nummern erhalten, gelten für alle Züge, Bahnhöfe und Leistungen der Comboios de Portugal (CP).

☎ 808 208 208 *(innerhalb Portugals).*
☎ 00351 21 854 52 12 *(von außerhalb Portugals).*
www.cp.pt

Mit dem Bus

Personenfähre über den Tejo

Lissabons zentraler Bus-bahnhof ist **Sete Rios**. Da verschiedene Unternehmen miteinander konkurrieren, kann es verwirrend sein herauszufinden, welches Unternehmen Ihr Reiseziel anfährt.

Jedes Unternehmen hat sein eigenes Fahrpreissystem. Sie können das Ticket bei Antritt der Fahrt beim Fahrer lösen, haben aber die Möglichkeit, preiswertere Fahrscheine, die *modulos*, vorab bei den Verkaufsständen des jeweiligen Unternehmens zu erwerben. Es gibt keine Gruppenermäßigung. Kinder im Alter zwischen vier und zwölf Jahren zahlen nur den halben Preis.

Zwischen Lissabon und Cascais gibt es nur eine direkte Busverbindung, die von den Busunternehmen **Scotturb** und **Rodoviária de Lisboa** betrieben wird. Die stündlich verkehrenden Busse starten am Flughafen von Lissabon und fahren via Campo Grande nach Cascais. Die Rückfahrt erfolgt ebenfalls einmal pro Stunde. Die beiden Gesellschaften fahren stündlich abwechselnd.

TST (Transportes Sul do Tejo) fährt Orte südlich des Tejo an. Busse fahren von der Praça de Espanha (Metro-Station) zu Zielen wie der Costa da Caparica (60 Minuten) und Sesimbra (1:45 Stunden).

Wenden Sie sich an Rodoviária de Lisboa, wenn Sie in den Nordwesten von Lissabon fahren wollen. Die Busunternehmen **Rede Expressos** und **EVA** unterhalten Verbindungen in alle Landesteile. EVA fährt besonders oft an die Algarve. Beide sind am Busbahnhof Sete Rios an der Praça Marechal

Humberto Delgado zu finden, Rodoviária de Lisboa hingegen u. a. am Campo Grande.

Bis jetzt existiert keine Busverbindung von Lissabon nach Sintra, dafür gibt es ausgezeichnete Zugverbindungen (*siehe S. 163*). Scotturb bietet auch drei Linien von Cascais und Estoril nach Sintra an: Bus 403 startet alle 90 Minuten unweit des Bahnhofs Cascais und hält in Cabo da Roca. Bus 417 fährt von Cascais via Alcabideche. Bus 418 fährt stündlich vom Bahnhof in Estoril ab. Alle drei Busse halten am Bahnhof Sintra und im Zentrum. In Sintra unterhält Scotturb dienstags bis sonntags eine Verbindung vom Bahnhof zum Palácio da Pena und zum Castelo dos Mouros.

Bustouren

In Lissabon werden zahlreiche Bustouren mit einer großen Auswahl an Zielen angeboten. Sintra, Cabo da Roca, Estoril und Cascais sind im Rahmen eines Tagesausflugs leicht zu erreichen. Sie können sich auch nach Süden wenden und Sesimbra und die Serra da Arrábida besuchen oder aber Mafra im Norden. Die Preise hängen davon

ab, ob Mahlzeiten oder Veranstaltungen wie Stierkämpfe oder Fado inbegriffen sind. Die meisten Touren bieten Ermäßigungen für Kinder an. Die Fahrten kann man direkt beim Veranstalter, in einem Reisebüro oder in einigen Hotels buchen.

Fähren über den Tejo

Die meisten Fährverbindungen werden von **Transtejo** betrieben. Der Tejo kann an mehreren Stellen überquert werden. Diese Ausflüge sind nicht teuer und lohnen sich allein schon wegen des atemberaubenden Blicks auf Lissabon, selbst wenn Sie auf der anderen Seite nur kurz verweilen und mit der nächsten Fähre zurückfahren. Der ideale Zeitpunkt für so einen Kurztrip ist der frühe Abend, wenn die Sonne untergeht und die Lichter Lissabons aufleuchten.

Vom Terreiro do Paço (Estação Fluvial) legen Fähren nach Barreiro ab (tägl. 5.45–2.30 Uhr; Fahrtzeit 15 Min.). Fähren gehen auch vom Cais do Sodré nach Seixal und Montijo (tägl. 6–22.30 Uhr; Fahrtzeit 30 Min.). Fähren des Unternehmens Soflusa fahren alle 15 Minuten von der Praça do Comércio nach Barreiro (tägl. 5.45–2.45 Uhr). Von Belém verkehren Fähren nach Porto Brandão Trafaria (6.30–23.30 Uhr), von dort fährt ein Bus zum Strand von Caparica.

Mit dem Auto

Wenn Sie mit dem eigenen Auto fahren, müssen Sie neben dem Führerschein den Fahrzeugschein

Ein Überlandbus von einem der zahlreichen Reiseunternehmen

und einen Versicherungsnachweis (Grüne Karte) mit sich führen, bei einem Mietwagen die Unterlagen, die Sie von der Firma bekommen haben. Können Sie diese *documentos* bei einer Polizeikontrolle nicht vorlegen, wird ein Bußgeld erhoben. Neben Warndreieck und Verbandskasten müssen Sie in Portugal eine reflektierende Warnweste dabeihaben.

Das Straßennetz um Lissabon ist durch den Bau neuer Ringstraßen und Autobahnen deutlich verbessert worden. Verlassen Sie Lissabon in westlicher Richtung und liegt Ihr Ziel an der Costa do Estoril, ist die Autobahn A5 die schnellste Verbindung.

Vermeiden Sie die Stoßzeiten (8–10 und 17.30–20 Uhr). Auf die A5 gelangen Sie über die Ausfallstraße von der Praça de Espanha oder der Praça Marquês de Pombal.

Sollten Sie die malerische Küstenstraße (N6) vorziehen, folgen Sie für acht Kilometer der A5 aus Lissabon hinaus und biegen dann auf die Ave-

Schilder nach Estoril, nach Süden über die Brücke und nach Sete Rios

nida Marginal ab. Sintra erreichen Sie über die Autobahn A5 oder auf der IC19, die an Queluz vorbeiführt.

Die Orte Costa da Caparica, Tróia und Setúbal südlich des Tejo erreichen Sie über den Ponte 25 de Abril oder mit einer der Fähren, die vom Cais do Sodré oder Terreiro do Paço (Estação Fluvial) nach Cacilhas ablegen. Haben Sie den Fluss überquert, folgen Sie der Autobahn A2 in Richtung Süden.

Straßen und Maut

Die Autobahnen um Lissabon sind gebührenpflichtig, da die meisten vom privaten Betreiber **Brisa** unterhalten werden. Normalerweise sind sie die schnellste Reisemöglichkeit in Portugal.

Die Autobahngebühren können auf zwei Arten entrichtet werden. Die meisten Fahrer ziehen bei der Auffahrt auf die Autobahn ein Ticket *(título)* und zahlen, wenn sie von der Autobahn abfahren. Die Gebühr wird an der Mautstelle angezeigt.

Die zweite Möglichkeit richtet sich an die Ortsansässigen. Diese Autofahrer dürfen auf der Via-Verde-Fahrspur die Mautstelle passieren. Ihre Durchfahrt wird automatisch registriert und später in Rechnung gestellt. Es ist streng verboten, diese Fahrspur zu benutzen, wenn Sie nicht an diesem System teilneh-

men. Achten Sie darauf, dass Sie sich rechtzeitig auf der richtigen Spur einordnen, wenn Sie sich den Gebührenhäuschen nähern.

Pannenhilfe

Der portugiesische Automobilclub **ACP** (Automóvel Clube de Portugal) hat mit den meisten internationalen Automobilclubs – so auch mit dem ADAC – ein Abkommen über Pannenservice abgeschlossen. Um diesen in Anspruch nehmen zu können, müssen Sie einen Europa-Schutzbrief vorlegen.

Im Fall einer Panne *(avaria)* rufen Sie den ACP. Notrufsäulen befinden sich entlang den Autobahnen. Sofern Sie nicht einer mit dem ACP verbundenen Organisation angehören, wird ein privater Wagen geschickt. Die Pannenhilfe versucht, Ihr Auto vor Ort zu reparieren. Gelingt dies nicht, wird Ihr Wagen in eine Werkstatt abgeschleppt. Je nach Versicherungsschutz versucht der ACP, Ihnen für den Zeitraum der Reparatur einen Mietwagen zur Verfügung zu stellen.

In Portugal gelten bei Pannen internationale Regeln. Hierzu zählt das Aufstellen eines roten Warndreiecks hinter dem Wagen, um andere Fahrer zu warnen. Zudem muss man die reflektierende Warnweste, deren Mitnahme Pflicht ist, beim Verlassen des Autos anziehen.

AUF EINEN BLICK

Busunternehmen

EVA
Praça Marechal Humberto
Delgado, Rua das
Laranjeiras, Lissabon.
(21 358 14 66 oder
808 224 488.
www.eva-bus.com

Rede Expressos
Praça Marechal Humberto
Delgado, Rua das
Laranjeiras, Lissabon.
(21 358 14 66 oder
707 22 33 44.
www.rede-expressos.pt

Rodoviária de Lisboa
Av. do Brasil 45, Lissabon.
(21 792 8180.
www.rodoviaria
delisboa.pt

Scotturb
Rua de São Francisco 660,
Adroana, Alcabideche.
(21 469 91 00/25.
www.scotturb.com

Sete Rios Busbahnhof
Praça Marechal Humberto
Delgado, Rua das
Laranjeiras, Lissabon.
(21 358 14 66 oder
707 223 344.

TST
Praça de Espanha,
Lissabon. **Stadtplan** 5 A2.
(21 726 44 15.
www.tsuldotejo.pt

Bustouren

Carristur
(21 358 23 34.
www.yellowbustours.com

Cityrama
(21 352 25 94 oder
800 208 513.

Gray Line
(21 352 25 94 oder
800 208 513.

Portugal Tours
(21 352 25 94 oder
800 208 513.

Fähren

Transtejo
(21 882 46 74.
www.transtejo.pt

Auto

ACP (Pannenhilfe)
(707 50 95 10.

Brisa (Autobahnbetreiber)
www.brisa.pt

Stadtplan

Bei den Sehenswürdigkeiten, Hotels und Restaurants finden Sie jeweils zwei Verweise: Der erste (»Stadtplan«) bezieht sich auf den folgenden Stadtplan, der zweite (»Karte«) auf die Extrakarte zum Herausnehmen. Bei den Stadtplanverweisen bezeichnet die erste Zahl die Nummer der Karte, der nachfolgende Buchstabe und die zweite Zahl geben die jeweiligen Koordinaten an. Die Karte unten zeigt die Areale Lissabons, die im Stadtplan dargestellt werden. In der Legende finden Sie die Symbole von Sehenswürdigkeiten, Verkehrsmitteln, Servicestellen etc. Auf den folgenden Seiten ist ein Verzeichnis der Straßennamen und wichtiger Sehenswürdigkeiten abgedruckt.

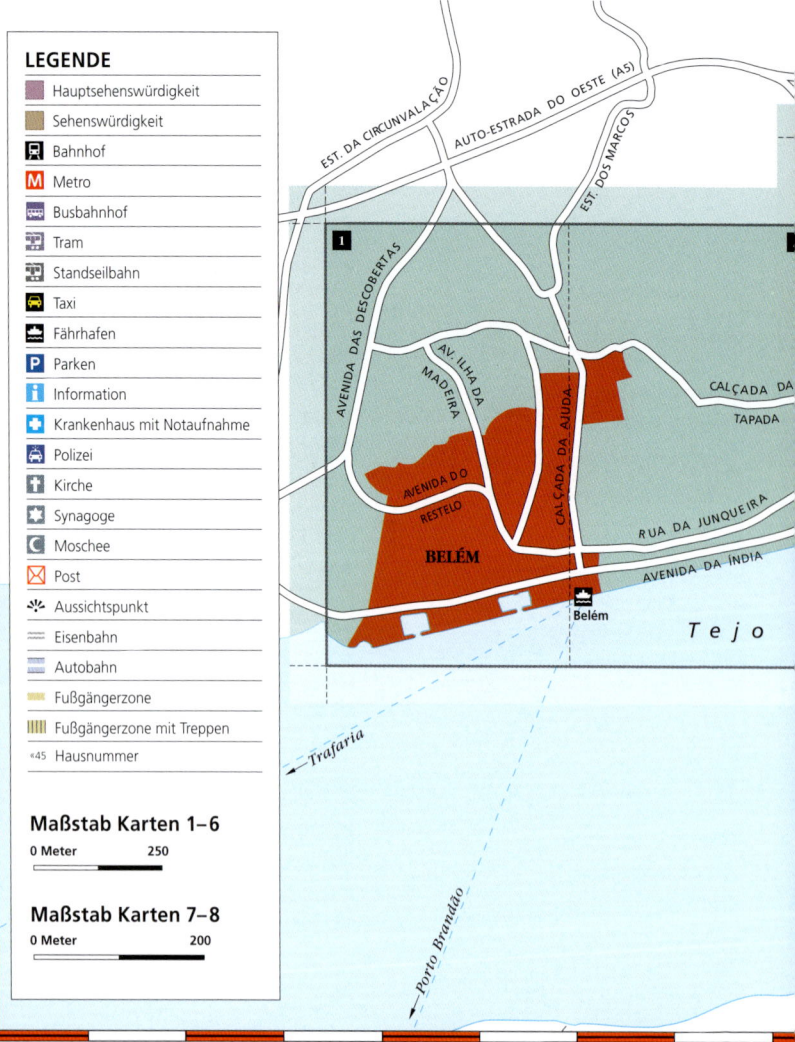

LEGENDE

- Hauptsehenswürdigkeit
- Sehenswürdigkeit
- Bahnhof
- M Metro
- Busbahnhof
- Tram
- Standseilbahn
- Taxi
- Fährhafen
- P Parken
- i Information
- Krankenhaus mit Notaufnahme
- Polizei
- Kirche
- Synagoge
- C Moschee
- Post
- Aussichtspunkt
- Eisenbahn
- Autobahn
- Fußgängerzone
- Fußgängerzone mit Treppen
- ‹45 Hausnummer

Maßstab Karten 1–6

0 Meter   250

Maßstab Karten 7–8

0 Meter   200

Kartenregister

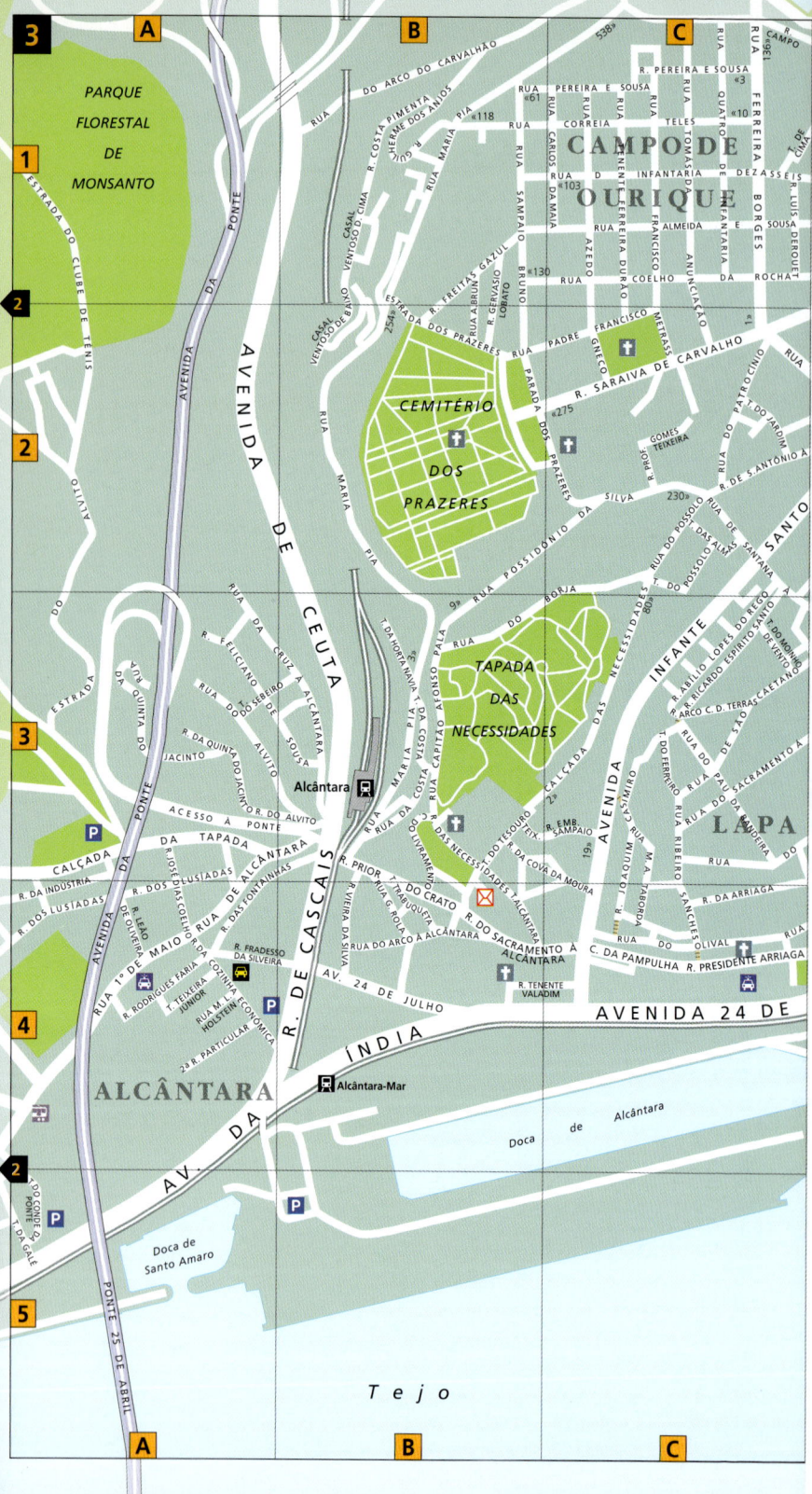

Textregister

Danksagung und Bildnachweis

Dorling Kindersley bedankt sich bei allen, die an der Herstellung dieses Reiseführers mitgewirkt haben.

Autoren
Susie Boulton studierte Kunstgeschichte in Cambridge. Die freiberufliche Reiseschriftstellerin ist auch Autorin des Vis-à-Vis-Bands *Venedig & Veneto*.

Sarah McAlister ist freiberufliche Autorin und Redakteurin der *Time-Out*-Reiseführer. Sie hat Portugal häufig besucht und kennt sich in Lissabon und Umgebung hervorragend aus.

Beratung
Martin Symington wurde in Portugal geboren und ist freiberuflicher Reiseschriftsteller. Er schreibt für britische Zeitungen wie den *Daily Telegraph* und den *Sunday Telegraph*. Er ist Autor der Reiseführer *The Loire Valley* (Hodder and Stoughton), *Portugal* (AA) und *Denmark* (AA/Thomas Cook). Für *The Algarve and Southern Portugal* (AA/Thomas Cook), *Portugal* (Insight) sowie die Vis-à-Vis-Titel *Großbritannien* und *Sevilla & Andalusien* hat er Beiträge verfasst.

Weitere Autoren
Paul Bernhardt, Mark Harding, Paul Vernon, Edite Vieira.

Grafik- und Redaktion
Gillian Allan, Douglas Amrine, Gillian Andrews, Paul Bernhardt, Uma Bhattacharya, Andrew Costello, Angela Marie Graham, Mark Harding, Vinod Harish, Mohammad Hassan, Paul Hines, Jasneet Kaur, Vincent Kurien, Esther Labi, Kathryn Lane, Maite Lantaron, Michelle de Larrabeiti, Caroline Mead, Sam Merrell, Adam Moore, Naomi Peck, Andrea Powell, Tom Prentice, Rada Radojicic, Mani Ramaswamy, Jake Reimann, Mihaela Rogalski, Ellen Root, Collette Sadler, Marta Bescos Sanchez, Sands Publishing Solutions, Azeem Siddiqui, Sadie Smith, Susana Smith, Rachel Symons, Amanda Tomeh, Tomas Tranæus, Ingrid Vienings, Fiona Wild.

Register
Hilary Bird.

Ergänzende Fotografien
Paul Bernhardt, Steve Gorton, John Heseltine, Dave King, Martin Norris, Ian O'Leary, Roger Philips, Clive Streeter, Peter Wilson.

Foto- und Kunstnachweis
Joy FitzSimmons, Veronica Wood.

Genehmigung für Fotografien
Dorling Kindersley bedankt sich bei folgenden Institutionen für die Hilfe und freundlich gewährte Erlaubnis zum Fotografieren:

Instituto Português do Património Arquitectónico e Arqueológico (IPPAR), Lissabon; Instituto Português de Museus (IPM), Lissabon; Museu do Mar, Cascais; Museu da Marinha, Lissabon; Fundação da Casa de Alorna, Lissabon; alle anderen Kirchen, Museen, Parks, Hotels, Restaurants und Sehenswürdigkeiten, deren Aufzählung den Rahmen dieses Abschnitts sprengen würde.

Besondere Unterstützung
Emília Tavares, Arquivo Nacional de Fotografia, Lissabon; Luísa Cardia, Biblioteca Nacional e do Livro, Lissabon; Marina Gonçalves und Aida Pereira, Câmara Municipal de Lisboa; Caminhos de Ferro Portugueses; Carris; Enatur, Lissabon; Karen Ollier-Spry, John E. Fells and Sons Ltd; Maria Helena Soares da Costa, Fundação Calouste Gulbenkian, Lissabon; Pilar Serras und José Aragão, ICEP, London; Instituto do Vinho de Porto, Porto; Simoneta Afonso, IPM, Lissabon; Mário Abreu, Dulce Ferraz, IPPAR, Lissabon; Pedro Moura Bessa und Eduardo Corte-Real, Livraria Civilização Editora, Porto; Metropolitano de Lisboa; Raquel Florentino und Cristina Leite, Museu da Cidade, Lissabon; Joao Castel Branco G. Pereira, Museu Nacional do Azulejo; die Mitarbeiter in den Fremdenverkehrsbüros und Rathäusern in Portugal.

Bildnachweis
o = oben; u = unten; m = Mitte; r = rechts; l = links; (d) = Detail.

Kunstwerke wurden mit freundlicher Genehmigung folgender Copyright-Inhaber gedruckt:
Terreiro do Paço von Dirk Stoop 22, Museu da Cidade, Lissabon.

Dorling Kindersley dankt folgenden Personen, Institutionen und Bildarchiven für die freundliche Genehmigung zur Reproduktion ihrer Fotografien:

AISA: 18mr, 19ol/ur, 66u

Alamy Images: Ace Stock Limited 86mo; David Angel 89ol; Peter Forsberg 127ol; John Warburton-Lee Photography/Ian Aitken 126ml; Reinhard Kliem 156ur; Hideo Kurihara 11ml; Landmarks series/José Elias 40 (vordere Umschlaginnenseiten ur); Iain Lowson 163or;

Sprachführer Portugiesisch

Im Notfall

Hilfe!	Socorro!	[su'koʀu]
Stopp!	Páre!	[pɛ'rə]
Rufen Sie einen Arzt!	Chame um médico!	[ʃe'mə ũ 'mɛdiku]
Rufen Sie einen Krankenwagen!	Chame uma ambulância!	[ʃe'ma 'umɐ ẽmbu'lẽsjə]
Rufen Sie die Polizei!	Chame a policia!	[ʃe'ma ɐ pu'lisjə]
Rufen Sie die Feuerwehr!	Chame os bombeiros!	[ʃe'ma us bõm'beiruʃ]
Wo ist das nächste Telefon?	Há um telefone aqui perto?	[ʾa ũ 'tɛlɛ'fɔnə ɐ'ki 'pɛrtu]
Wo ist das nächste Krankenhaus?	Onde é o hospital mais próximo?	['ondə ɛ u uʃpi'taɬ maiʃ 'prɔsimu]

Grundwortschatz

Ja	Sim	[sĩ]
Nein	Não	[nẽu]
Bitte	Por favor/Faz favor	[pur fe'vor/fɐz fe'vor]
Danke	Obrigado/Obrigada	[ubri'gadu/ubri'gadɐ]
Entschuldigung	Desculpe	[diʃ'kulpə]
Auf Wiedersehen	Adeus	[ɐ'ðeuʃ]
Guten Tag (bis 12 Uhr)	Bom dia	[bõ 'diə]
Guten Tag	Boa tarde	['boɐ 'tarðə]
Gute Nacht	Boa noite	['boɐ 'noitə]
gestern	ontem	['õntẽi]
heute	hoje	['oʒə]
morgen	amanhã	[ame'ɲẽ]
hier	aqui	[e'ki]
dort	ali	[e'li]
Was?	O quê?	[u kɐ]
Welches?	Qual?	[kwaɬ]
Wann?	Quando?	['kwẽndu]
Warum?	Porquê?	['purkə]
Wo?	Onde?	['ondə]

Nützliche Redewendungen

Wie geht es Ihnen?	Como está?	['komu iʃte]
Danke, gut.	Bem, obrigado/obrigada.	['bẽi ubri'gadu/ubri'gadɐ]
Sehr erfreut.	Encantado/encantada.	[ẽŋkẽn'tedu/ẽŋkẽn'tedə]
Bis bald.	Até logo.	[e't 'lɔgu]
In Ordnung.	Está bem.	[iʃte bẽi]
Wo ist/sind …?	Onde está/estão …?	['ondə iʃte/iʃtẽu …]
Wie weit ist es bis …?	A que distância fica …?	[e kə diʃ'tẽsjə fi'kɐ …]
Wie komme ich nach …?	Como se vai para …?	['komu sə vai 'perɐ …]
Sprechen Sie Deutsch?	Fala alemão?	['fɐlɐ 'elɐmẽu]
Ich verstehe nicht.	Não compreendo.	[nẽu kõm'prjẽn'du]
Könnten Sie langsamer sprechen?	Pode falar mais devagar por favor?	['puðə fe'lar maiʃ dɐve'gar pur fe'vor]

Nützliche Wörter

groß	grande	['grẽndə]
klein	pequeno	[pɐ'kenu]
heiß	quente	['kẽntə]
kalt	frio	['friu]
gut	bom	[bõ]
schlecht	mau	[mau]
genug, ziemlich viel	bastante	[bes'tẽntə]
geöffnet	aberto	[e'bɛrtu]
geschlossen	fechado	[fiʃe'ðu]
links	esquerda	[iʃker'ðə]
rechts	direuta	[di'reutə]
geradeaus	em frente	[ẽi 'frẽntə]

nah	perto	['pɛrtu]
weit	longe	['lõʒə]
hinauf	para cima	['perɐ 'simə]
hinunter	para baixo	['perɐ 'baiʃə]
früh	cedo	['sedu]
spät	tarde	[ter'ðə]
Eingang	entrada	[ẽn'traðɐ]
Ausgang	saida	[se'idə]
Toiletten	casa de banho	['kazɐ də 'beɲu]
mehr	mais	[maiʃ]
weniger	menos	['menuʃ]

Telefonieren

Ich möchte ein Ferngespräch führen.	Quero fazer uma chamada internacional.	[kɐ'ru fe'zer 'umɐ ʃe'mɐdə ĩntɐr- nẽsju'naɬ]
Kann ich eine Nachricht hinterlassen?	Posso deixar uma mensagem?	['pɔsu dei'ʃar 'umɐ mẽ'saʒẽi]

Shopping

Wie viel kostet das?	Quanto custa isto?	['kwẽntu 'kuʃtɐ iʃ'tu]
Ich hätte gern …	Queria …	[kɐ'riɐ]
Ich schaue nur.	Estou só a ver.	[iʃtou sɔ ɐ ver]
Akzeptieren Sie Kreditkarten?	Aceita cartões de crédito?	[esei'tɐ ker'toiʃ dɐ 'krɛditu]
Wann öffnen/schließen Sie?	A que horas abre/fecha?	[ɐ kɐ 'ɔrɐʃ 'ebrɐ/fiʃe]
dieses	este	['eʃtɐ]
jenes	esse	['eʃɐ]
teuer	caro	['karu]
preiswert	barato	[bɐ'ratu]
Größe (Kleidung)	tamanho	[tɐ'meɲu]
weiß	branco	['brẽŋku]
schwarz	preto	['pretu]
rot	vermelho	[var'mɛʎu]
gelb	amarelo	[eme'rɛlu]
grün	verde	['verðə]
blau	azul	[e'zuɬ]
Antiquitätenladen	loja de antiguidades	['lɔʒɐ dɐ ẽnti- gwi'ðadəʃ]
Apotheke	farmácia	[fer'masjə]
Bäckerei	padaria	[pɐðe'riɐ]
Bank	banco	['bẽŋku]
Buchhandlung	livraria	[livre'riɐ]
Fischladen	peixaria	[peiʃe'riɐ]
Friseur	cabeleireiro	[kɐbɐlei'reiru]
Kiosk	quiosque	['kjɔʃkɐ]
Konditorei	pastelaria	[pɐʃtɐle'riɐ]
Metzgerei	talho	['taʎu]
Markt	mercado	[mɐr'kaðu]
Postamt	correios	[ku'rejuʃ]
Reisebüro	agência de viagens	[e'ʒẽsjə dɐ 'vjaʒɐnʃ]
Schuhgeschäft	sapataria	[sepɐte'riɐ]
Supermarkt	supermercado	[super- mer'kaðu]
Tabakladen	tabacaria	[tɐbɐke'riɐ]

Sightseeing

an Feiertagen geschlossen	fechado para férias	[fiʃe'ðu 'perɐ 'ferjeʃ]
Bahnhof	estação de comboios	[iʃte'sɐu dɐ kõm'bɔjuʃ]
Busbahnhof	estação de autocarros	[iʃte'sɐu dɐ autu'kaʀuʃ]
Garten/Park	jardim	[ʒɐr'dĩ]
Kathedrale	sé	[sɛ]
Kirche	igreja	[i'greʒə]
Museum	museu	[mu'zeu]
Tourismusbüro	posto de turismo	['poʃtu dɐ tu'riʒmu]

Im Hotel

Haben Sie ein freies Zimmer?	**Tem um quarto livre?**	['təm ũ 'kwartu 'livrə]
Zimmer mit Bad/ Dusche	**um quarto com casa de banho/ duche**	[ũ 'kwartu kõ 'kazɐ də 'bɐɲu/du'ʃə]
Einzelzimmer/ Doppelzimmer	**quarto indivi- dual/de casal**	['kwartu ĩdɐ- viˈdwał/də ke'zał]
Schlüssel	**chave**	['ʃavə]
Ich habe ein Zimmer reserviert.	**Tenho um quarto reservado.**	['tɐɲu ũ 'kwartu REzər'vaðu]

Im Restaurant

Haben Sie einen Tisch für…?	**Tem uma mesa para…?**	['təm 'umɐ 'mezɐ 'perɐ…]
Ich möchte einen Tisch reservieren.	**Quero reservar uma mesai.**	[ka'ru REzər'var 'umɐ 'mezɐi]
Die Rechnung, bitte.	**A conta por favor**	[ɐ 'kõtɐ pur fe'vor]
Ich bin Vegetarier.	**Sou vegetariano/a.**	[sou 'viʒɐ- te'rjɐnu/ɐ]
Ober, bitte (Anrede)	**Por favor!**	[pur fe'vor]
Speisekarte	**a lista**	[ɐ 'liʃtɐ]
Weinkarte	**lista de vinhos**	['liʃtɐ də 'viɲuʃ]
Glas	**um copo**	[ũ 'kɔpu]
(halbe) Flasche	**(meia) garrafa**	['mejɐ gɐ'ʀafɐ]
Gabel	**um garfo**	[ũ 'garfu]
Löffel	**uma colher**	['umɐ ku'ʎɛr]
Teller	**um prato**	[ũ 'pratu]
Frühstück	**pequeno almoço**	[pɐ'kenu ał'mosu]
Mittagessen	**almoço**	[ał'mosu]
Abendessen	**jantar**	[ʒɐ̃'tar]
Hauptgericht	**prato principal**	['pratu prĩsi'pał]
Tagesgericht	**prato do dia**	['pratu du 'diɐ]
Vorspeise	**entrada**	[ẽ'tradɐ]
Nachtisch	**sobremesa**	[soßrɐ'mezɐ]
halbe Portion	**meia-dose**	['mejɐ du'sɐ]
blutig	**mal passado**	[mal pe'seðu]
mittel	**médio**	['mɛdju]
durchgebraten	**bem passado**	[bẽi pe'seðu]

Auf der Speisekarte

abacate	[ɐbɐ'katɐ]	Avocado
açorda	[ɐsur'dɐ]	Brotsuppe (oft mit Seafood)
açúcar	[ɐ'sukar]	Zucker
água mineral (com/sem gás)	['agwɐ minɐ'rał kõ/sẽi gaʃ]	Mineralwasser mit/ohne Koh- lensäure
alho	['aʎu]	Knoblauch
amêijoas	[ɐ'meiʒwaʃ]	Herzmuscheln
arroz	[ɐ'roʃ]	Reis
atum	[ɐ'tũ]	Thunfisch
aves	['avɐʃ]	Geflügel
azeite	[ɐ'zeitɐ]	Olivenöl
bacalhau	[bɐkɐ'ʎau]	Kabeljau
batatas	[bɐ'tatɐʃ]	Kartoffeln
batatas fritas	[bɐ'tatɐʃ fri'teʃ]	Pommes frites
bica	['bikɐ]	Espresso
bife	['bifɐ]	Steak
bolo	['bolu]	Kuchen
borrego	[bɔ'ʀegu]	Lamm
caça	['kasɐ]	Wild
café	[kɐ'fɛ]	Kraut
camarões	[kɐmɐ'ʀõʃ]	Krabben
caracol	[kɐrɐ'kɔł]	Schnecke
carne	['karnɐ]	Fleisch
cebola	[sɐ'bolɐ]	Zwiebel
cerveja	[sɐr'veʒɐ]	Bier
chá	[ʃa]	Tee
cherne	['ʃɛrnɐ]	Seebarsch
chocolate	[ʃuku'latɐ]	Schokolade
churrasco	[ʃu'ʀasku]	Spießbraten
cogumelos	[kugu'mɛłuʃ]	Pilze
enguia	[eɲ'giɐ]	Aal

fiambre	['fjẽmbrɐ]	Schinken
fígado	['figɐðu]	Leber
frango	['frɐ̃gu]	Huhn
fruta	['frutɐ]	Frucht, Obst
gelado	[ʒɐ'łɐðu]	Eiscreme
goraz	[gu'raʃ]	Brasse
leite	['leitɐ]	Milch
linguado	[lĩ'gwaðu]	Seezunge
lulas	['luɫɐʃ]	Tintenfisch
manteiga	[mẽ'teigɐ]	Butter
ostra	['oʃtrɐ]	Auster
ovo	['ovu]	Ei
pão	['pɐ̃u]	Brot
pato	['patu]	Ente
peixe	['peiʃɐ]	Fisch
polvo	['poɫvu]	Krake
porco	['porku]	Schweinefleisch
queijo	['keiʒu]	Käse
sanduíche	[sɐn'dwiʃɐ]	Sandwich
sopa	['sopɐ]	Suppe
tamboril	[tẽm'boriɫ]	Seeteufel
vinagre	[vi'nagrɐ]	Essig
vinho branco/tinto	['viɲu 'brɐ̃ku/'tĩtu]	Weiß-/Rotwein
vitela	[vi'tɛlɐ]	Kalbfleisch

Zahlen/Zeit

0	zero	['zeru]
1	um/uma	[ũ/'umɐ]
2	dois/duas	[doiʃ/'duɐʃ]
3	três	[treʃ]
4	quatro	['kwatru]
5	cinco	['sĩku]
6	seis	[seiʃ]
7	sete	['sɛtɐ]
8	oito	['oitu]
9	nove	['nɔvɐ]
10	dez	[dɛʃ]
11	onze	['õzɐ]
12	doze	['dozɐ]
13	treze	['trezɐ]
14	catorze	[kɐ'torzɐ]
15	quinze	['kĩzɐ]
16	dezasseis	[dɐzɐ'seiʃ]
17	dezassete	[dɐzɐ'sɛtɐ]
18	dezoito	[dɐ'zoitu]
19	dezanove	[dɐzɐ'nɔvɐ]
20	vinte	['vĩtɐ]
21	vinte e um	['vĩtɐ i ũ]
30	trinta	['trĩtɐ]
40	quarenta	[kwɐ'rẽtɐ]
50	cinquenta	[sĩ'kwẽtɐ]
60	sessenta	[sɐ'sẽtɐ]
70	setenta	[sɐ'tẽtɐ]
80	oitenta	[oi'tẽtɐ]
90	noventa	[nu'vẽtɐ]
100	cem	[sẽi]
101	cento e um	['sẽtu i ũ]
102	cento e dois	['sẽtu i doiʃ]
200	duzentos	[du'zẽtuʃ]
300	trezentos	[tre'zẽtuʃ]
400	quatrocentos	[kwatru'sẽtuʃ]
500	quinhentos	[ki'ɲẽtuʃ]
600	seiscentos	[seiʃ'sẽtuʃ]
700	setecentos	[sɛtɐ'sẽtuʃ]
800	oitocentos	[oitu'sẽtuʃ]
900	novecentos	[nɔvɐ'sẽtuʃ]
1000	mil	[miɫ]
eine Minute	um minuto	[ũ mi'nutu]
eine Stunde	uma hora	['umɐ 'ɔrɐ]
eine halbe Stunde	uma meia-hora	['umɐ 'mejɐ 'ɔrɐ]
Montag	segunda-feira	[sɐ'gundɐ'feirɐ]
Dienstag	terça-feira	['tersɐ'feirɐ]
Mittwoch	quarta-feira	['kwartɐ 'feirɐ]
Donnerstag	quinta-feira	[kĩtɐ'feirɐ]
Freitag	sexta-feira	[seiʃtɐ'feirɐ]
Samstag	sábado	['sabɐðu]
Sonntag	domingo	[du'mĩ̦gu]

Vis-à-Vis-Reiseführer

Ägypten Alaska Amsterdam Apulien Argentinien Australien Bali & Lombok Baltikum Barcelona & Katalonien Beijing & Shanghai Belgien & Luxemburg Berlin Bologna & Emilia-Romagna Brasilien Bretagne Brüssel Budapest Bulgarien Chile Chicago China Costa Rica Dänemark Danzig & Ostpommern Delhi, Agra & Jaipur Deutschland Dresden Dublin Florenz & Toskana Florida Frankreich Genua & Ligurien Griechenland Griechische Inseln Großbritannien Hamburg Hawaii Indien Irland Istanbul Italien Japan Jerusalem Kalifornien Kambodscha & Laos Kanada Kanarische Inseln Karibik Kenia Korsika Krakau Kroatien Kuba Las Vegas Lissabon Loire-Tal London Madrid Mailand Malaysia & Singapur Mallorca, Menorca & Ibiza Marokko Mexiko Moskau München & Südbayern Neapel Neuengland Neuseeland New Orleans New York Niederlande Nordspanien Norwegen Österreich Paris Peru Polen Portugal Prag Provence & Côte d'Azur Rom San Francisco St. Petersburg Sardinien Schottland Schweden Schweiz Sevilla & Andalusien Sizilien Spanien Stockholm Südafrika Südtirol & Trentino Südwestfrankreich Thailand Thailand – Strände & Inseln Tokyo Tschechien & Slowakei Türkei USA USA Nordwesten & Vancouver USA Südwesten & Las Vegas Venedig & Veneto Vietnam & Angkor Washington, DC Wien

DORLING KINDERSLEY
www.traveldk.com

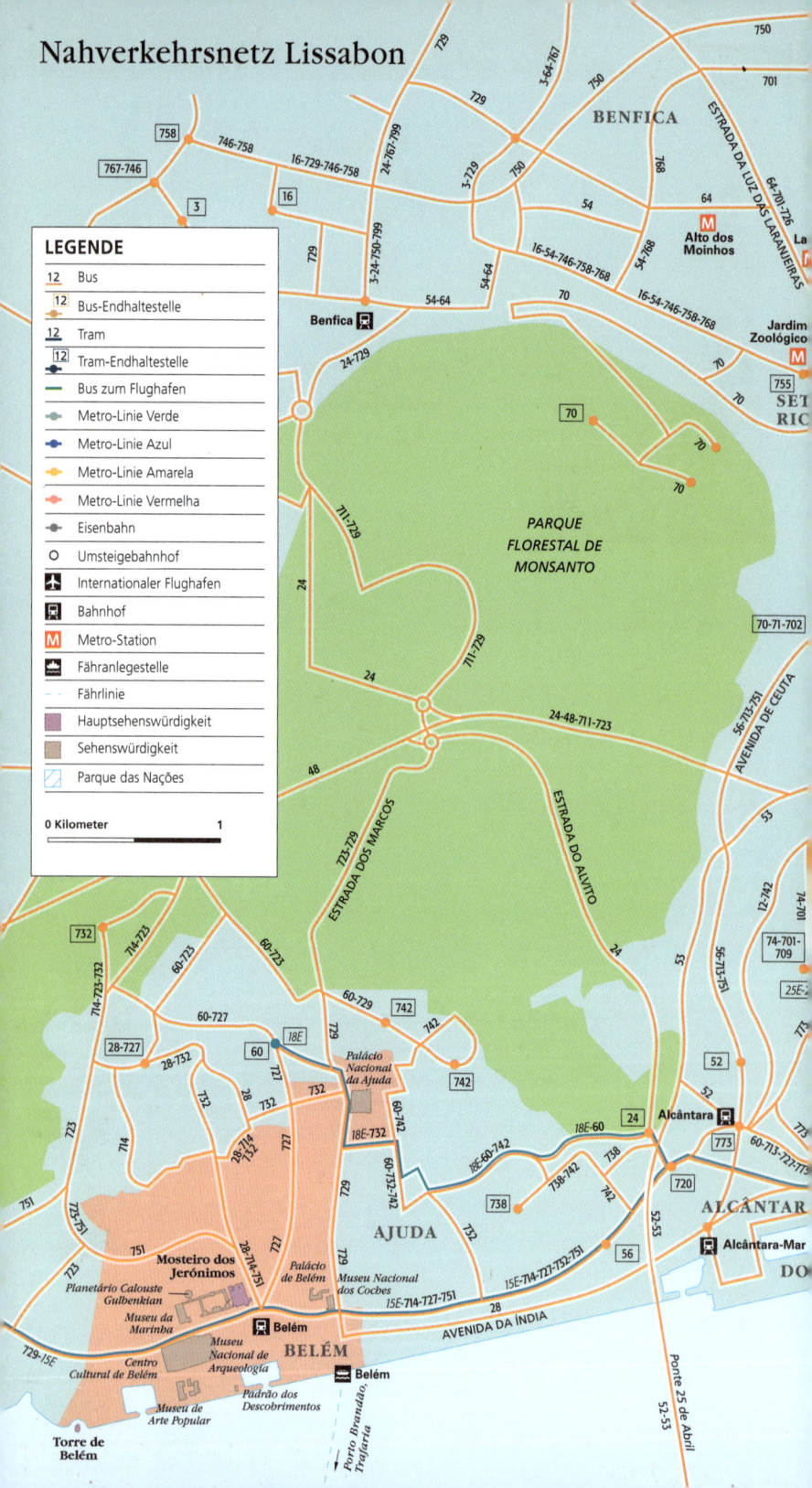